あなたの予想と馬券を変える
革命競馬

30年後まで使える

王様の競馬教科書

田端 到

はじめに

初心者のための競馬本をまとめたい。

競馬に興味を持った人が、自分の頭で楽しみながら推理して、できれば馬券で勝てるようになるガイドブックを著したい。

本書はそこから始まりました。

振り返れば30年以上、競馬の文章を書き続けてきましたが、最近競馬を始めた人に「王様の本ならどれを読めばいいですか?」と質問されたときに、推薦できる入門書がないのです。

ちなみに王様というのは、私の競馬業界でのニックネームのようなものなので、気にしないでください。

「競馬なんて考えても当たらない。まじめに考えるだけ無駄だよ」

これは私が最も嫌う考え方。明らかな間違いです。

競馬がなぜ楽しいのか。

それは、正しい筋道《すじみち》で考えれば考えるほど、正解にたどり着く確率が上がり、ご褒美としてお金がもらえるからです。競馬は正しく考えれば、勝てるようになる。勝てない人は、正しく考えていないからです。

「こっちは趣味でやってるんだから、勝てなくてもいいんだよ。馬を見てるだけで楽しいんだから」

この考え方は否定しません。競馬の楽しみ方は人それぞれであり、馬券に執着する人もいれば、馬を応援することに楽しみを見出す人もいる。

でも、できれば馬券で勝ちたい人が多数派でしょう。勝てなくても、せめて負けないくらいには馬券力を上達させたい。馬券で負けてばかりでは、好きな馬の応援馬券も買えないし、一口クラブに出資もできない。

馬券のコツを、単純化する考え方も好きではありません。

「血統さえ覚えれば、馬券で勝てるようになるぞ」

「パドックや調教で馬の体調を見抜くことが、勝利者への唯一の道だ」

「競馬でいちばん大事なのは展開だ」

そのような一点突破のやり方が有効になることもあるでしょう。しかし、最初からそれをやるべきではない。

なるべく多くのファクターを、バランス良く、正しい考え方で総合的に取り入れること。これが馬券で負けないために大切な、最初に心がけるべきアプローチです。そこから先へ進む段階で、自分に合うファクターを掘り下げていけばいい。

私も今では血統の専門家のような扱いをされていますが、20代で最初に出した本は、騎手や調教師などの「人間」に注目する章が前半で、血統に注目する章は後半でした。

私が馬券で勝つことにこだわるのは、それが競馬をより深く、より長く楽しむことにつながると信じているからです。

競馬は広大な海のようなもの。馬の写真を撮ったり、「推し」の対象として応援するのも楽しいけれど、それだけでは競馬の奥深い領域に触れられない。目の前に大きな海が広がっているのに、浅瀬でちゃぷちゃぷと遊んでいるようなものです。本当の海の深さ、美しさは、テトラポッドの向こう側へ行ってみないとわからない。

せっかく目の前に海があるのなら、一度、もぐってみようではありませんか。もぐった後で、自分は浅瀬で遊ぶのがちょうどいいと引き返すならそれでいい。一度ももぐらずに浅瀬で遊び続けるのは、もったいなさすぎるし、競馬の奥深さを知らないまま終わってしまう。

競馬のシステム上、競馬ファン全員が馬券で勝つことは無理です。しかし、この種の本を手に取る熱心な馬券好きは、せいぜい競馬ファンの1%でしょう。そのくらいの割合なら、全員が勝てるようになる余白はある。

本書の読者が全員、勝ち組に回る可能性はゼロではありません。そうなって欲しいと本気で思っています。

田端 到

30年後まで使える王様の競馬教科書　目次

本書は亀谷競馬サロンのホームページに連載されたコラムに加筆、再構成したものである。

装丁●橋元浩明（sowhat.Inc.） 本文DTP●オフィスモコナ

写真●野呂英成　武田明彦　馬柱●優馬

※名称、所属は一部を除いて 2024 年1月 15 日時点のものです。

※成績、配当、日程は必ず主催者発行のものと照合してください。

馬券は必ず自己責任において購入お願いいたします。

第1章
結果を決める適性・走力の二本柱
適性編

なぜ1番人気馬が負けるのか

最初に知っておくべき大切なことを挙げます。

競馬は必ずしも、強い馬（走るのが速い馬）が勝つ競技ではありません。レースの結果を決める二大要素は、各馬の「適性」と「走力」です。

適性とは「直線の長いコース向きか、短いコース向きか」「急坂のあるコース向きか、平坦コース向きか」「短距離向きか、長距離向きか」といった向き・不向きのことです。

走力とは、走るのが速いか、遅いか。絶対能力といった呼び方をされる場合もあります（第2章で詳述）。

競馬を覚えたての人がとまどうのは、断然の1番人気馬が結構な確率であっけなく負けてしまうことではないでしょうか。

例えば２０２２年のＧⅠにおける1番人気の成績は次の通りです。

計24レースの1番人気は【４－２－２－16】。

たったの４頭しか勝ってない。天皇賞・秋をイクイノックスが勝つまで、１番人気は15連敗しました。

なぜ最も勝つ確率が高いと判断された馬が、こんなにコロコロと負けてしまうのか。それは競馬の結果が「走力」だけでは決まらないからです。

もっとはっきりいえば、結果は「走力」よりも「適性」で決まります。

だから、ヨーロッパの最強馬がジャパンＣに来日して、東京芝２４００ｍを走っても強くない。それはイギリスやフランスの競馬場と、日本の競馬場が全然違うからです。

起伏の激しいコースでチャンピオンになった馬が、平坦のコースでチャンピオンになれるものではない。日本の馬も、東京競馬場で強い馬が阪神競馬場では強くない例が山ほどあります。合うか合わないか、これが適性です。

では、どこに注目して各馬の「適性」を見極めていけばいいのか。また、どのようにして各馬の「走力」を判断するべきなのか。

第1章では、まず「適性」の重要項目をピックアップしながら見ていきます。

適性を読む――重要ファクター1「当該競馬場成績」

ゴールドシップから学ぶコース適性

競馬予想の基本は各馬の「適性」を把握すること。

プロの競馬記者や馬券師なら、1週間かけて、ひとつのレースの全出走馬を検討する時間もあるでしょうが、一般ファンはそこまでやる必要はありません。まずは最低限の、最も重視するべきファクターから順に見ていきます。

適性をつかむための最重要項目は次の3つ。

1：各馬の当該競馬場成績
2：各馬の当該距離成績
3：各馬のローテーション成績

1の「当該競馬場成績」とは。今回が東京競馬場の芝レースなら、これまでの「東京芝成績」を指します。今回が阪神のダートのレースなら、これまでの「阪神ダート成績」を指します。

名馬ゴールドシップを例にします。

ゴールドシップは2012年の皐月賞、菊花賞、有馬記念、13年、14年の宝塚記念、15年の天皇賞・春などを制した芦毛の名馬。抜群のスタミナを持ち、距離が長くなるほど強さを発揮するステイヤーでした。

戦歴の派手さもさることながら、父ステイゴールド譲りの激しくヤンチャな気性で知られ、ライオンのような声で吠えて他馬を威嚇したとか、騎手や調教助手を調教中に何度も振り落としたとか、単勝1倍台の宝塚記念で大出遅れをやらかして数十億円を一瞬でパーにしたとか、ワイルドなエピソードには事欠かない個性派でした。

ただし、誤解されている面もあります。

●ゴールドシップ

28戦13勝　栗東・須貝尚介厩舎　父ステイゴールド　母ポイントフラッグ

日付	開催	レース名	クラス	年齢	騎手	人	着	上り3F		距離	馬場
151227	中山	有馬記念	GⅠ	6	内田博幸	1	8	35.2	芝	2500	良
151129	東京	ジャパンC	GⅠ	6	横山典弘	2	10	34.5	芝	2400	良
150628	阪神	宝塚記念	GⅠ	6	横山典弘	1	15	35.1	芝	2200	良
150503	京都	天皇賞・春	GⅠ	6	横山典弘	2	1	35.0	芝	3200	良
150322	阪神	阪神大賞典	GⅡ	6	岩田康誠	1	1	35.5	芝	3000	良
150125	中山	AJCC	GⅡ	6	岩田康誠	1	7	34.4	芝	2200	良
141228	中山	有馬記念	GⅠ	5	岩田康誠	1	3	33.9	芝	2500	良
141005		凱旋門賞	GⅠ	5	横山典弘	7	14		芝	2400	良
140824	札幌	札幌記念	GⅡ	5	横山典弘	1	2	35.3	芝	2000	良
140629	阪神	宝塚記念	GⅠ	5	横山典弘	1	1	35.2	芝	2200	良
140504	京都	天皇賞・春	GⅠ	5	ウイリアムズ	2	7	34.2	芝	3200	良
140323	阪神	阪神大賞典	GⅡ	5	岩田康誠	1	1	34.5	芝	3000	良
131222	中山	有馬記念	GⅠ	4	ムーア	2	3	37.8	芝	2500	良
131124	東京	ジャパンC	GⅠ	4	内田博幸	2	15	34.7	芝	2400	良
131006	京都	京都大賞典	GⅡ	4	内田博幸	1	5	34.8	芝	2400	良
130623	阪神	宝塚記念	GⅠ	4	内田博幸	2	1	35.2	芝	2200	良
130428	京都	天皇賞・春	GⅠ	4	内田博幸	1	5	37.0	芝	3200	良
130317	阪神	阪神大賞典	GⅠ	4	内田博幸	1	1	36.8	芝	3000	良
121223	中山	有馬記念	GⅠ	3	内田博幸	1	1	34.9	芝	2500	良
121021	京都	菊花賞	GⅠ	3	内田博幸	1	1	35.9	芝	3000	良
120923	阪神	神戸新聞杯	GⅡ	3	内田博幸	1	1	34.5	芝	2400	良
120527	東京	日本ダービー	GⅠ	3	内田博幸	2	5	33.8	芝	2400	良
120415	中山	皐月賞	GⅠ	3	内田博幸	4	1	34.6	芝	2000	稍重
120212	東京	共同通信杯	GⅢ	3	内田博幸	2	1	33.3	芝	1800	良
111224	阪神	ラジオNIKKEI杯	GⅢ	2	安藤勝己	3	2	35.3	芝	2000	良
111001	札幌	札幌2歳S	GⅢ	2	安藤勝己	2	2	35.6	芝	1800	稍重
110910	札幌	コスモス賞	OP	2	秋山真一郎	1	1	36.5	芝	1800	良
110709	函館	2歳新馬	新馬	2	秋山真一郎	2	1	34.9	芝	1800	良

人＝人気、着＝着順、馬場＝馬場状態

現役時代を知らないファンには「気まぐれ」で「いつ走るか、いつやらかすか、わからないタイプ」だったと思っている人もいるようですが、実際には得意な競馬場と苦手な競馬場がはっきりした馬でした。

ゴールドシップの戦歴。主な競馬場4場の成績は次の通り。

・阪神【6－1－0－1】複勝率87・5％
・中山【2－0－2－2】複勝率66・7％
・京都【2－0－0－3】複勝率40・0％
・東京【1－0－0－3】複勝率25・0％

最も得意だったのは阪神でした。宝塚記念2連覇、阪神大賞典3連覇。着外の1回は大出遅れの2015年宝塚記念で、これを除けば7戦6勝。盤石の強さでした（次ページの表）。

最も苦手だったのは東京です。GⅢの共同通信杯を勝った以外は、3戦して馬券圏内なし。ダービー5着、ジャパンC15着、ジャパンC10着。上位人気を背負って三度、GⅠで馬群に沈みました。

ゴールドシップは気まぐれで好走と凡走が分かれたわけではありません。気性どうこうの前に、合う競馬場と、合わない競馬場がはっきりしていただけです。

では、得意な競馬場と、苦手な競馬場はどんな理由で分かれるのか。

自動車を思い浮かべてください。フェラーリの高級車と、国産の小型車が、競走したらどっちが速いでしょうか。

５００ｍの直線コースで競走したら、勝ち負けは見えています。もしスタートで小型車が飛び出したとしても、長い直線のどこかで、フェラーリがぶおーんと追い抜いていく。

しかし、カーブ続きの小回りコースだったら、どうでしょう。小型車は器用にカーブを回り、瞬時に加速と減速ができる長所を活かして走れます。一方、フェラーリはたぶん小回りカーブが得意ではない。自慢のエンジンを全開にするタイミングがないまま、走力を

●ゴールドシップの阪神競馬場成績【6-1-0-1】

日付	開催	レース名	クラス	年齢	騎手	人	着	上り3F		距離	馬場
150628	阪神	宝塚記念	GⅠ	6	横山典弘	1	15	35.1	芝	2200	良
150322	阪神	阪神大賞典	GⅡ	6	岩田康誠	1	1	35.5	芝	3000	良
140629	阪神	宝塚記念	GⅠ	5	横山典弘	1	1	35.2	芝	2200	良
140323	阪神	阪神大賞典	GⅡ	5	岩田康誠	1	1	34.5	芝	3000	良
130623	阪神	宝塚記念	GⅠ	4	内田博幸	2	1	35.2	芝	2200	良
130317	阪神	阪神大賞典	GⅡ	4	内田博幸	1	1	36.8	芝	3000	良
120923	阪神	神戸新聞杯	GⅡ	3	内田博幸	1	1	34.5	芝	2400	良
111224	阪神	ラジオNIKKEI杯	GⅢ	2	安藤勝己	3	2	35.3	芝	2000	良

●ゴールドシップの東京競馬場成績【1-0-0-3】

日付	開催	レース名	クラス	年齢	騎手	人	着	上り3F		距離	馬場
151129	東京	ジャパンC	GⅠ	6	横山典弘	2	10	34.5	芝	2400	良
131124	東京	ジャパンC	GⅠ	4	内田博幸	2	15	34.7	芝	2400	良
120527	東京	日本ダービー	GⅠ	3	内田博幸	2	5	33.8	芝	2400	良
120212	東京	共同通信杯	GⅢ	3	内田博幸	2	1	33.3	芝	1800	良

活かせずに終わってしまう。

長い直線が最後に待っている競馬場と、小回りカーブが続く競馬場では、勝ち負けが簡単にひっくり返る。これが競馬のおもしろいところで、各馬がどっちに向くかを見極めることが、馬券的中への最大のカギを握るのです。

長い直線の代表的なコースが東京競馬場。小回りカーブが続くコースが阪神の内回り（宝塚記念や阪神大賞典が行なわれる）と、中山競馬場です。

ゴールドシップは、豪快な高級車のイメージかもしれませんが、実際は小回り向きの馬でした。小型車ではないので、ジープにしておきます。

ジープは四輪駆動で小回りが利き、雨が降った悪路にも強い。反面、長い直線のスピード勝負や、切れ味比べは得意ではない。だから、ジープ型は阪神の内回りや中山が得意で、東京は苦手。ゴールドシップの成績がそのまま当てはまります。中山も皐月賞と有馬記

2023年 7月23日(日) 3回中京8日目 16頭 15:35発走 晴 勝率
11R 第71回中京記念
3歳以上・オープン・G3(ハンデ)(国際)(特指) コース図 芝1600m (B) 良

枠	番	馬名S	C	性齢	替 騎手	斤量	芝1600m		中京・芝成績	
1	1	ヴァリアメンテ		牡5	*西村淳也	55	1- 0- 0- 1	50.0%	0- 1- 0- 0	100.0%
1	2	シュリ	C	牡7	*荻野極	57	4- 1- 0- 6	45.5%	2- 0- 0- 4	33.3%
2	3	アドマイヤビルゴ		牡6	*岩田望来	57.5	0- 0- 1- 2	0.0%	1- 1- 1- 2	40.0%
2	4	メイショウシンタケ		牡5	*藤岡康太	57	1- 1- 0- 6	25.0%	0- 0- 0- 2	0.0%
B3	5	ワールドウインズ		セ6	幸英明	56	0- 1- 0- 8	11.1%	0- 0- 0- 1	0.0%
3	6	セルバーグ		牡4	松山弘平	55	3- 0- 3- 4	30.0%	1- 0- 2- 1	25.0%
4	7	アナゴサン		牡5	*国分恭介	55	1- 0- 1- 2	25.0%	0- 3- 0- 1	75.0%
4	8	サブライムアンセム		牝4	三浦皇成	55	1- 1- 0- 5	28.6%	1- 1- 0- 1	66.7%
5	9	ホウオウアマゾン	C	牡5	坂井瑠星	58	3- 3- 0- 6	50.0%	1- 0- 0- 0	100.0%
5	10	ウイングレイテスト	C	牡6	松岡正海	57	2- 6- 4-10	36.4%	0- 0- 1- 1	0.0%
6	11	ディヴィーナ		牝5	M．デム	54	3- 0- 0- 6	33.3%	4- 1- 0- 1	83.3%
6	12	ダノンスコーピオン		牡4	*横山和生	59	3- 0- 2- 3	37.5%	未	
7	13	ベジャール		牡4	*菅原明良	55	0- 0- 1- 2	0.0%	未	
B7	14	カイザーミノル		牡7	横山典弘	56	2- 2- 2- 8	28.6%	0- 0- 1- 4	0.0%
8	15	ミッキーブリランテ	C	牡7	和田竜二	57	3- 3- 2-12	30.0%	1- 0- 0- 2	33.3%
8	16	ルージュスティリア		牝4	川田将雅	53	3- 0- 0- 3	50.0%	2- 0- 0- 0	100.0%

念を制した得意な競馬場でした。

コース適性だけでも獲れた2023年中京記念

では、具体的に予想をする際に、どこを見ればいいのか。

馬券の検討には人それぞれ、ネットの出馬表を使う人もいれば、スポーツ新聞の人も、競馬ソフトの人もいます。私はTARGETという競馬ソフトを使用しているので、それを例に説明します。

上に掲載したのが2023年の中京記念の出馬表です。このソフトは自分が表示したい項目をカスタマイズできる機能があり、各馬の「芝1600m成績」と「中京・芝成績」を表示した画面です。

表示されている「中京・芝成績」が、最重要項目1の「各馬の当該競馬場成績」にあたり、「芝1600m成績」が最重要項目2の「各馬の当該距離成績」にあたります。

1の「当該競馬場成績」を見ていきます。中京芝の成績です。

中京で行なわれるレースは何よりも中京の成績が大事である。この考え方を「そりゃそうだろう」と思うか、「同じ中京でも下級条件の成績かもしれないし、そこまで大事じゃないだろう」と思うかは、おそらく人によって大きく違うポイントです。

23年の中京記念。中京芝の複勝率が66％以上だった馬（出走2回以上）は5頭いました。内枠から順に、

セルバーグ【1－0－2－1】
アナゴサン【0－3－0－1】
サブライムアンセム【1－1－0－1】
ディヴィーナ【4－1－0－1】
ルージュスティリア【2－0－0－0】

この5頭が中京芝に適性を持つ馬として、第1項目の段階でピックアップするべき馬たちです。この馬たちをそのまま買えという意味ではなく、消さずに残すべき馬というニュアンスです。

5頭の結果はどうだったか。セルバーグ1着、ディヴィーナ2着、ルージュスティリア3着、サブライムアンセム5着、アナゴサン6着。

手品みたいに決まりました。1着から3着を占めたばかりか、5頭すべてが6着以内。きれいすぎて、こじつけみたいです。セルバーグは8番人気、サブライムアンセムは11番人気という伏兵でした。中京成績だけで、こんな人気薄が拾えてしまう。

最新の例として、24年の中山金杯を追加します。

このレースで驚いたのは、マテンロウレオが3番人気だったことです。

ここまで中山成績は【0－0－0－5】。外回りの芝2200mならともかく、内回りの芝2000mは4回走って馬券圏内なし、二桁着順2回。明らかに苦手と判明しているにも関わらず、3番人気になりました。当該競馬場成績を重視しない人が多いから、こんなおかしな人気になってしまう。

結果、マテンロウレオはぎこちない走りで7着。勝ったのは中山【1－0－0－0】だったリカンカブールでした。このファクターを軽く見てはいけません。

適性を読む――重要ファクター2「当該距離成績」

たった200mの明暗、距離適性に泣いた馬

適性をつかむために最も重視するべき3項目。2番目の「当該距離成績」について見ていきます。

1800mのレースなら各馬の「1800mの距離成績」を、2000mのレースなら各馬の「2000mの距離成績」を確認する。これが当該距離成績を重視する考え方です。

このときに大事なのは、1800mは得意なのに2000mは得意じゃない馬や、1600mは得意だけど1400mは得意じゃない馬など、わずかな距離の違いで成績の変わる馬を見つけ出すことです。

2023年のクイーンSから、2番人気だったルビーカサブランカをピックアップします。前項と同様に「当該距離成績」と「当該競馬場成績」を表示した出馬表を次ページに載せます。

ルビーカサブランカの距離成績。

・芝1800mは【1−1−2−8】、そのうち重賞【0−0−0−3】
・芝2000mは【3−5−3−5】、そのうち重賞【1−2−0−3】
・芝2200mは【1−0−0−1】、そのうち重賞【0−0−0−1】

一目瞭然。芝2000mが最も得意な距離で、芝1800mでは成績が落ちる。重賞の連対も芝2000mのみ。芝1800mでは後方から差を詰めるものの、わずかに届かず4着か5着を繰り返している。これがルビーカサブランカの距離適性です。

クイーンSは芝1800mの重賞です。一方、ルビーカサブランカが前走2着した函館記念は芝2000mの重賞です。

Ａ「１８００ｍと２０００ｍなんか似たようなもの。そんな違いは気にしないよ！」
Ｂ「ルビーカサブランカが芝１８００ｍでイマイチなのは知ってるけど、ルメールが乗るなら買わないと！」
Ｃ「２０００ｍの得意な馬が、前走２０００ｍで好走して、今回１８００ｍで人気になっている。これは迷わず消しだ！」

　ＡＢＣ、どれが正しい選択でしょうか。正解はそのたびに違うかもしれない。でも、自分はこんな場合にＡＢＣのどれを選ぶのか、そのフォームは持っておくべきです。

　当該距離成績を重視する考え方なら、Ｃの一択です。クイーンＳで注目するべきは芝１８００ｍの成績であって、芝２０００ｍの成績ではないからです。結果、ルビーカサブランカは４着に敗れました。

　他の馬についても見てみます。前記の出馬表（Ｐ１５）で、芝１８００ｍ成績のところにパーセントが記

2023年 7月30日(日) 1回札幌4日目 14頭 15:35発走 曇　勝率 連
11R 第71回北海道新聞杯クイーンS
3歳以上・オープン・G3(別定)(牝)(国際)(特指)　コース図 芝1800m (A) 良 小回

枠	番	馬名S	性齢	替 騎手	斤量	単勝	芝1800m		札幌・芝成績	
1	1	コスタボニータ	牝4	松山弘平	55	7.5	1- 0- 0- 1	50.0%	未	
2	2	ウインピクシス	牝4	*横山武史	55	18.4	4- 0- 0- 3	57.1%	未	
3	3	ライトクオンタム	牝3	*武豊	52	9.0	未		未	
3	4	ルビーカサブランカ	牝6	*ルメール	55	5.5	1- 1- 2- 8	16.7%	0- 0- 1- 2	0.0%
4	5	サトノセシル	牝7	*佐々木大	55	9.5	1- 1- 2- 3	28.6%	0- 1- 0- 1	50.0%
B4	6	ローゼライト	牝5	*鮫島克駿	55	131.8	0- 0- 1- 6	0.0%	1- 0- 1- 1	33.3%
5	7	ドゥーラ	牝3	斎藤新	51	4.5	2- 0- 0- 1	66.7%	2- 0- 0- 1	66.7%
5	8	キタウイング	牝3	*江田照男	52	19.1	未		未	
B6	9	グランスラムアスク	牝4	*古川奈穂	55	42.2	4- 0- 1- 3	50.0%	0- 0- 0- 2	0.0%
6	10	イズジョーノキセキ	牝6	岩田康誠	57	17.1	4- 2- 1- 2	66.7%	未	
7	11	ジネストラ	牝5	三浦皇成	55	7.8	0- 0- 0- 1	0.0%	1- 0- 0- 0	100.0%
7	12	ミスニューヨーク	牝6	*M．デム	56	8.3	4- 1- 3- 5	38.5%	未	
8	13	ビジン	牝4	*藤岡佑介	55	46.7	0- 0- 0- 1	0.0%	未	
8	14	トーセンローリエ	牝3	*吉田隼人	51	27.9	未		未	

されているのは連対率です。

連対率50%以上の馬をピックアップすると、コスタボニータ、ウインピクシス、ドゥーラ、グランスラムアスク、イズジョーノキセキ。この5頭が「当該距離成績の優秀な馬」です。

結果はどうだったか。1着ドゥーラ、2着ウインピクシス、3着コスタボニータ、全部入ってます。鮮やかすぎて、逆にうさんくさい。きれいに当てはまった例を後から探してきたみたいです。

でも、違います。この原稿を最初に発表したのはクイーンSの翌週でした。前項の中京記念「当該競馬場成績」も、最初に発表したのは中京記念の翌週でした。

当たった例を探して引っ張り出してきたのではなくて、先週終わったばかりの重賞がきれいに当てはまる。それだけこの考え方の汎用性が高く、使える馬券術だということです。

1800mのリアルスティール

過去の名馬にも、距離がほんの少し違っただけで成績が大きく変わった馬はたくさんいます。リアルスティールを紹介しましょう。

リアルスティールは父ディープインパクト、全妹にラヴズオンリーユー。牝系は名馬ミエスクにさかのぼり、祖母がキングマンボの全妹という良血馬でした。

芝1800mの共同通信杯を快勝し、クラシックの主役候補の1頭となったものの、皐月賞は2着、ダービーは4着、菊花賞は2着。GIでは惜敗が続きました。

しかし、4歳で芝1800mのドバイターフに遠征すると、世界の強豪相手に快勝。初のGIタイトルを手にします。

ならば日本でもGIをと期待されましたが、結局、国内のGIは勝てず、芝1800mの毎日王冠で勝利を追加。すべての勝ち星が芝1800mという「1800mの最強馬」として君臨しました。

・芝1800m【4-1-2-1】
・芝2000~2400m【0-3-0-3】

●リアルスティール 17線4勝 栗東・矢作芳人厩舎 父ディープインパクト 母ラヴズオンリーミー

日付	開催	レース名	クラス	年齢	騎手	人	着	上り3F		距離	馬場
180603	東京	安田記念	GⅠ	6	岩田康誠	4	15	34.8	芝	1600	良
180331		ドバイターフ	GⅠ	6	バルザローナ	1	3		芝	1800	良
171029	東京	天皇賞・秋	GⅠ	5	シュミノー	3	4	39.5	芝	2000	不良
171008	東京	毎日王冠	GⅡ	5	M.デムーロ	3	1	32.8	芝	1800	良
170226	中山	中山記念	GⅡ	5	戸崎圭太	2	8	34.6	芝	1800	良
161127	東京	ジャパンC	GⅠ	4	ムーア	2	5	35.1	芝	2400	良
161030	東京	天皇賞・秋	GⅠ	4	M.デムーロ	7	2	33.5	芝	2000	良
160605	東京	安田記念	GⅠ	4	福永祐一	2	11	34.6	芝	1600	良
160326		ドバイターフ	GⅠ	4	ムーア	4	1		芝	1800	良
160228	中山	中山記念	GⅡ	4	福永祐一	2	3	34.1	芝	1800	良
151025	京都	菊花賞	GⅠ	3	福永祐一	2	2	35.1	芝	3000	良
150927	阪神	神戸新聞杯	GⅡ	3	福永祐一	1	2	34.0	芝	2400	良
150531	東京	日本ダービー	GⅠ	3	福永祐一	2	4	34.3	芝	2400	良
150419	中山	皐月賞	GⅠ	3	福永祐一	2	2	34.5	芝	2000	良
150322	中山	スプリングS	GⅡ	3	福永祐一	1	2	33.6	芝	1800	良
150215	東京	共同通信杯	GⅢ	3	福永祐一	3	1	34.0	芝	1800	良
141227	阪神	2歳新馬	新馬	2	福永祐一	1	1	33.3	芝	1800	良

これがリアルスティールの距離成績です。芝２０００ｍから２４００ｍは６回走って、このうち４回は１番人気か２番人気だったのに、一度も勝てませんでした。こういう馬がいるのです。

さらに、この話には続きがあります。リアルスティールは現在、種牡馬として活躍中。１年目産駒は２０２４年４歳、２年目産駒は24年３歳です。リアルスティール産駒の距離別成績の勝利数トップ５（23年10月まで）がこれ。

・１位　芝１８００ｍ／16勝
・２位　ダ１８００ｍ／12勝
・３位　芝１６００ｍ／８勝
・４位　芝２０００ｍ／７勝
・５位　芝１２００ｍ／４勝

種牡馬としても「１８００ｍ巧者」ぶりが表れています。「１８００ｍのリアルスティール」は産駒にも伝わっているのです。

適性を読む——重要ファクター3「ローテーション成績」

走り時をつかむ方法とは

適性をつかむために重視するべき項目、3つ目は「各馬のローテーション成績」です。

「ローテーション成績」に、厳密な定義はありません。休み明けの成績が良いか、良くないか。レース間隔を詰めたときの成績が良いか、良くないか。叩かれて（レースを使い込んで）成績が上昇するタイプか、下降するタイプか。

これらを総合して「ローテーション成績」と呼び、今回は得意なローテか、得意ではないローテかを、出走全馬について見ていくのです。

全馬などというと「うわ、面倒くさそう」と思うかもしれませんが、一度見れば、次回以降は補足修正なので時間はかかりません。何か傾向を見つけた馬は「休み明け走る」などとメモしておき、毎回それを見ればいい。

2023年7月のクイーンSを例に挙げます。出馬表はP14を参照してください。各馬のローテ成績は、近走しか掲載されていない新聞ではわかりにくい。デビューからの戦績が、レース間隔とともにわかる環境が必要です。

①番のコスタボニータ。戦歴を見てひとめで気づくのは、休み明けの安定感です。レース間隔10週以上（新馬を含む）だと、2着、2着、1着、1着、1着。連対率100％の【3－2－0－0】。

それ以外のレース間隔だと、5着、1着、4着、14着、3着、6着。こちらは【1－0－1－4】

コスタボニータは間隔の空いたローテーションで大きくプラスの馬とわかります。これがローテ成績です。

クイーンCは間隔10週の休み明けで、3着でした。

続いて②番のウインピクシス。この馬も間隔14週の休み明けでした。過去の休み明けは、新馬の1着と、22年8月の4着、この2回だけ。他のレースを見ても、間隔の空いたローテが得意かどうかは判断しにくい。

間隔4週（中3週）のときは【2－0－0－0】なので、これはいつか使えるかもしれないとメモしておきます。クイーンSは2着でした。

こんなふうに全馬を見ていきますが、すべての馬にわかりやすい傾向があるわけではありません。コスタボニータのように明確な傾向のある馬のほうが少ない。それでOKです。特徴のある馬が何頭か見つかれば充分です。

クイーンSのメンバーでは、イズジョーノキセキにも特徴が見つかります。

休み明けの成績は、6着、1着、4着、1着、1着、2着、5着、1着、10着。全5勝のうち、休み明けで4勝を挙げ、22年の府中牝馬Sの勝利も含まれます。

さらに休み明け【4－1－0－4】のうち、道悪だったレースを除くと【4－1－0－1】という見事な成績になる。イズジョーノキセキは、間隔の空いたローテで、良馬場だと能力を出す馬とわかります。

他を見ても、間隔8週の垂水Sで1着、間隔6週の有馬記念で4着と好走しており、どうやら間違いない。クイーンSは休み明けで5着でしたが、いつか役に立つ日が来るかもしれません。

ここでは重賞を例題にしましたが、ローテーション成績は条件戦の馬たちにおいて、もっと有効なファクターになります。

重賞レベルの馬は、目標のレースが何カ月も前から決まっていて、そこに向かって仕上げていきます。しかし、条件戦の馬たちはもっと大雑把だったり、目標のレースがあっても除外で予定が変わったり、オープン馬ほどローテーションがきっちりしていません。だからこそ、得意・不得意の傾向も出やすい。

そしてローテーション成績に注目する癖をつけておくと、それが積み重なって「厩舎の特徴」や「血統の傾向」に気づくことがよくあります。

休み明けに走る厩舎、走らない厩舎、レース間隔を詰めたときに穴が多い血統など、馬券の大事なポイントを発見するのです。

叩き2戦目で走った藤原英昭厩舎の名馬2頭

２０２１年のダービー馬シャフリヤールを例に挙げましょう。

数々の名馬を育てきた藤原英昭厩舎の馬で、この厩舎には知る人ぞ知るローテの特徴があります。休み明けはあまり走らず、休み明け２戦目にベストパフォーマンスを発揮するのです。

休み明けの共同通信杯３着の後、毎日杯１着、ダービー１着。

休み明けの神戸新聞杯４着の後、21年ジャパンＣ３着。

休み明けの天皇賞・秋５着の後、22年ジャパンＣ２着。

国内の主なレースを抜き出すと、こうなります。神戸新聞杯は単勝1・8倍という断然人気でありながら、4着に敗れました。

他にもストレイトガールという、ＧＩを３勝した藤原英昭厩舎の馬がいましたが、ＧＩ勝ちのヴィクトリアマイル２勝と、スプリンターズＳ１着は全部、休み明けで負けた後の２戦目でした。馬を仕上げるための厩舎の得意ローテーションなのです。

普段から各馬のローテに注意しておくと、このような馬券に直結する傾向を見つけることができるようになります。

その意味でもローテーション成績は超重要な項目であり、必ず検討するべきファクターといえます。

●シャフリヤール

13戦4勝（現役・2023年12月末時点） 栗東・藤原英昭厩舎 父ディープインパクト 母ドバイマジェスティ

日付	開催	レース名	クラス	年齢	騎手	人	着	上り3F		距離	馬場
231224	中山	有馬記念	GⅠ	5	松山弘平	8	5	34.8	芝	2500	良
231104		BCターフ	GⅠ	5	C.デムーロ	5	3		芝	2400	良
230820	札幌	札幌記念	GⅡ	5	横山武史	5	11	39.0	芝	2000	稍重
230325		ドバイSC	GⅠ	5	C.デムーロ	3	5		芝	2410	良
221127	東京	ジャパンC	GⅠ	4	C.デムーロ	1	2	33.7	芝	2400	良
221030	東京	天皇賞・秋	GⅠ	4	C.デムーロ	2	5	33.6	芝	2000	良
220615		プリンスオブウェールズ	GⅠ	4	C.デムーロ	2	4		芝	1990	良
220326		ドバイSC	GⅠ	4	C.デムーロ	4	1		芝	2410	良
211128	東京	ジャパンC	GⅠ	3	川田将雅	2	3	34.4	芝	2400	良
210926	中京	神戸新聞杯	GⅡ	3	福永祐一	1	4	36.6	芝	2200	不良
210530	東京	日本ダービー	GⅠ	3	福永祐一	4	1	33.4	芝	2400	良
210327	阪神	毎日杯	GⅢ	3	川田将雅	2	1	34.1	芝	1800	良
210214	東京	共同通信杯	GⅢ	3	福永祐一	2	3	33.4	芝	1800	良
201025	京都	2歳新馬	新馬	2	福永祐一	1	1	34.6	芝	1800	良

休み明け2戦目以降に好成績のシャフリヤール。

第2章
結果を決める 適性・走力の二本柱
走力編

走力（絶対能力）の正しいジャッジ

予想の最初に検討するべきファクター。第1章では「各馬の適性を把握するための最重要項目」を３つ紹介しました。

第2章では「各馬の走力（絶対能力）を見極めるための最重要項目」を３つ提案します。

走力（絶対能力）とは、走るのがどのくらい速いか遅いか。

距離や競馬場はさておき「この馬は2勝クラスだと常に上位だけど、３勝クラスだと展開に恵まれたときだけ上位に来るくらいの走力」というような意味です。

あなたが「長距離適性C、短距離適性A」で、日本代表のマラソンランナーが「長距離適性A、短距離適性C」でも、一緒に短距離競走をしたら日本代表のマラソンランナーが勝ってしまうでしょう。「走力」が違うからです。

どんなに適性をつかんでも、走力を正しく判断できなければ、馬券は当たりません。

走力を見極める——重要ファクター1「クラス成績」

各馬の走力を見極めるための最重要項目、ひとつ目は「クラス別の成績」をピックアップします。

今回のレースが３勝クラスなら、出走各馬の「３勝クラスの成績」に注目します。ひとつ下の「2勝クラスの成績」も確認したほうがいいでしょう。下のクラスをアッという間に突破した馬なのか、時間をかけてやっと抜け出した馬なのか。これらをチェックしながら、各馬の走力を把握していきます。

今回のクラスで安定して通用する走力を持っているのか、展開や馬場が向いたときだけ好走する走力なのか、それとも上位に入るのが難しい走力なのか。

「オープン大将」という呼び方を聞いたことがあるでしょうか。オープンクラスのレースには強い。しかし、重賞になると勝てない。これがオープン大将です。

その壁を正しく見極められれば、オープン特別のレースだけ馬券を買い、重賞では消せばいいのだから、取捨が楽になります。

ダイワキャグニーという馬がいました。9歳までオープンを張り、2023年に引退した馬です。

5歳までの主な勝ち鞍は、プリンシパルS、キャピタルS、メイS（連覇）、オクトーバーS。オープンだけで5勝の荒稼ぎ。しかし、重賞になると足りない。

6歳の6月にエプソムCを制して待望の重賞制覇を飾りましたが、その前までは重賞【0－0－2－10】、オープン特別【5－0－1－3】。

なぜこんなに違うのかと不思議に思うくらいで、これこそオープン大将という呼び名が昔から存在する理由です。クラスがひとつ上がると、途端に通用しなくなる馬はたくさんいます。

同じ例は条件馬にも山ほどあります。2勝クラスでは通用しても、3勝クラスでは通用しない。このような壁を見極めるためのファクターが「クラス成績」なのです。

2023年9月30日、中山の勝浦特別（ダート1200m※馬柱P24～25）を例題に挙げましょう。2勝クラスの特別戦です。

1番人気はリラックス。前走で1勝クラスを勝ち上がったばかりの3歳馬です。2番人気はレッドヒルシューズ。こちらも前走で1勝クラスを勝ち上がったばかりの3歳馬でした。

こんなふうに該当クラスに実績のない馬が人気を集めているときに「クラス成績」は威力を発揮します。

これが夏のローカルなら、1勝クラスを勝ってすぐに2勝クラスでも通用する例は多いのですが、秋の中央開催ではそう簡単ではない。下のクラスから上がってきたばかりの馬を疑い、2勝クラスに実績のある馬を探します。

出走馬を見ると、2勝クラスで3着以内に来たこと

中山 10R 発馬 15.10

勝浦特別

(混) 三才上 2勝 定量

項目	1 白1	2 白1	3 黒2	4 黒2	5 赤3	6 赤3	7 青4	8 青4	9 黄5	10 黄5	11 6
父	スクリーンヒーロー(長)	トーセンラー(中)	イスラボニータ(マ中)	キンシャサノキセキ(マ)	ビーチパトロール	ヴァンセンヌ(マ)	アドマイヤマックス(マ)	イスラボニータ(マ中)	ロードカナロア(マ)	ディスクリートキャット(マ)	マクフィ(マ)
馬名	イラーレ	ジャガード	リラックス	フリートオブフット	タリア	ヤマニンプレシオサ	アラクレ	ピンクセイラー	ヨール	スムースベルベット	ブランデーロック
母	ラペ 3勝(マ)	オーガンディー 2勝(短)	ベストロケーション 5勝(マ)	シーイズトウショウ 7勝(マ)	トリアンドルス 公(短)	ヤマニンスフィアー 3勝(中)	シーギリヤガール 1勝(短)	ヴィーナスベルト 1勝(短)	トップオブドーラ 3勝(短)	ロードヴルール 3勝(短)	グローリールピナス 4勝(短)
毛色 斤量 性齢	栗 56 牝4	芦 58 牡5	芦 56 牡3	鹿 56 牝4	鹿 54 牝3	黒鹿 56 牝6	黒鹿 56 牝4	栗 56 牝4	鹿 56 牝4	鹿 54 牝3	栗 58 牡4
騎手	替 松岡	替 吉田豊	田辺	替 西村淳	戸崎圭	替 大野	替 丹内	替 菅原明	替 嶋田	内田博	替 原
厩舎	北出	美 和田雄	美 久保田	美 奥村武	美 矢野英	美 辻	美 清水英	美 小笠	美 手塚	美 手塚	美 小桧山
賞金	900	900	900	900	900	900	900	900	900	900	900
総賞金	3872	2181	2330	2545	2803	3900	2040	2020	2742	2364	4963
馬主	ノースヒルズ	栗坂崇	中西純穂	シルクR	ディアレストC	土井肇	ビッグレッドF	岡田牧雄	藤田在子	ミルF	新井利宜
生産者	ノースヒルズ	岡田S	社台F	ノーザンF	ディアレストC	廣田光夫	ビッグレッドF	岡田S	天羽禮治	ミルF	川上牧場
佐藤直文			◎	◯	△	△			△	▲ B	
小野智美			◎		◎				△		
久光匡治			◎	△	注			△			△
西田美佐子	△		◯	△	◎			▲	△	注	
中田博士	△		◯	△	注				△	△	
本紙武井	西		△	△	△				△	▲	
持ちタイム	1126⑤ 1083② 1213②	1301⑯ 中1085③ 東1224⑨ 1311⑬	中10 ④ 東ダ1 1❸ 東1 41③	函1088③ 東1223⑥	中 1③ 1 5⑦ 1 6⑭	1474⑧ 小1084⑪ 東1210⑧ 阪1344③	新56.2⑦ 福1089⑦ 東1213⑫ 中1369⑩	中1083①	⑪ 中 ③ 新 ① 東 ①	1118⑦ 1089⑤ 東1218⑤ 中1350⑫	1284⑤ 1083③ 新1215⑧ 東1356⑧
上り最高 騎乗成績	33.4② 初騎乗	33.5⑬ 0001	33.7④ 2011	33.5⑥ 初騎乗	34.1③ 0010	33.5⑥ 初騎乗	33.2⑦ 1103	33.8① 初騎乗	33.9⑪ 0002	34.3⑤ 1000	32.4③ 0025
クラス実績	0001	0 0 0 14	0001	0012	0111	0 0 5 22	0002	0000	0123	0000	0008
当該条件	初コース	0015	0001	0003	0010	1003	0101	2001	0111	0101	0114
前走4	2小 2月12日 ② 四才上 8 1勝 9ﾄ18頭 1089 52古川奈 M⑩⑩⑪ 442 人気6 中位まま 4¾ 343外346 インプロバイザ 1082 0.7	3中 3月26日 ❷ 四才上 8 2勝 12ﾄ13頭 外1124 57永野 H⑬⑬⑬ 420 人気13 後直だけ 2¼ 361内363 アイルビーザワ 1119 0.5	3中 4月9日 ⑥ 三才 1 未勝 8ﾄ16頭 ダ1115 56田辺 H③②② 502 人気1 楽抜出 3½ 334中381 ライブリームー 1121 0.6	3福 11月13日 ④ 三才上 1 牝1勝 9ﾄ16頭 1103 54菅原明 M⑩⑩⑩ 440 人気2 中位差切 1¼ 356外347 テンメジャーガ 1105 0.2	1札 8月6日 ⑥ 三才上 1 牝1勝 2ﾄ16頭 1107 52佐々木 M①①① 432 人気6 逃楽勝 2½ 345内362 コーリングユー 1111 0.4	2阪 3月25日 ① 丹波 6 2勝 7ﾄ10頭 外1349 53団野 S⑨⑨⑦ 474 人気7 後方差詰 6身 375中338 レベレンシア 1339 1.0	1新 5月21日 ⑧ 四才上 9 1勝 3ﾄ16頭 内1234 56丹内 M④⑤⑦ 446 人気10 好位一杯 7¼ 344中371 カールスモーキ 1222 1.2	1函 6月24日 ⑤ 三才上 4 1勝 6ﾄ11頭 1102 52小林美 M⑤⑤⑤ 452 人気4 中位伸も 2½ 350中352 スズノナデシコ 1098 0.4	2中 3月11日 ⑤ 四才上 2 2勝 11ﾄ16頭 外1084 52小林美 S②②② 442 人気3 先行伸 ½身 342中342 ウィリン 1083 0.1	3中 3月25日 ❶ 三才 2 1勝 3ﾄ11頭 外1115 54嶋田 H②③③ 496B 人気3 好位伸 3½ 345内370 アンビバレント 1109 0.6	1京 4月30日 ④ 御池 11 2勝 11ﾄ12頭 外1221 58幸 S⑪⑪⑪ 468 人気4 後方まま 7¾ 368外342 ラクスパラディ 1208 1.3
前走3	1京 5月14日 ⑧ 四才上 5 1勝 8ﾄ13頭 内1092 56武豊 M⑥⑦⑦ 442 人気2 中位伸も 1¼ 350中342 フローレンスハ 1090 0.2	3中 4月15日 ❼ 四才上 11 2勝 12ﾄ16頭 外1109 57永野 M⑬⑮⑮ 426 人気13 後方まま 6¾ 358内351 ジャスパークロ 1098 1.1	3東 6月3日 ❶ 三才上 3 1勝 7ﾄ16頭 ダ1231 55田辺 S②②② 510 人気4 先行粘る 6½ 352中362 メイデンタワー 1221 1.0	2中 3月11日 ⑤ 四才上 6 2勝 7ﾄ16頭 外1089 56菅原明 S⑦⑦⑦ 444 人気6 中位まま 3½ 348中341 ウィリン 1083 0.6	2札 8月20日 ④ 手稲 11 牝2勝 9ﾄ14頭 1121 54佐々木 H①①② 436 人気3 逃一杯 10身 342中379 ワックスフラワ 1105 1.6	1京 5月27日 ⑪ 四才上 12 2勝 1ﾄ14頭 外1214 56岩田康 S⑪⑥⑥ 472 人気11 中位一杯 7身 354内352 メイショウペッ 1202 1.2	3東 6月3日 ❶ 三才上 1 1勝 11ﾄ18頭 1228 56丹内 M③②③ 444 人気13 好位抜出 ½身 353中358 ハッピーパンニ 1229 0.1	2函 7月9日 ④ 三才上 3 1勝 7ﾄ11頭 1091 56横山武 S⑤⑤⑤ 452 人気4 中位伸 ¾身 350中341 ポルタフォルト 1090 0.1	2東 4月22日 ① 四才上 5 牝2勝 13ﾄ14頭 1214 52小林美 S④③③ 442 人気2 好位一息 2¼ 350中345 ピラティス 1210 0.4	1福 4月15日 ③ 雪うさぎ 5 1勝 10ﾄ16頭 1101 54黛 H⑤⑤⑤ 494B 人気2 向正不利 5身 338中363 リトルウインデ 1093 0.8	2東 5月20日 ⑨ 鷹 8 2勝 4ﾄ9頭 1224 58吉田豊 S⑨⑨⑨ 474 人気6 後方まま 1¾ 377中329 ハギノメーテル 1221 0.3
前走2	3阪 6月4日 ② 三才上 1 1勝 5ﾄ14頭 内1092 56亀田 S⑤⑥⑤ 442 人気3 G前差す クビ 355外337 サウンドクレア 1092 0.0	1札 8月6日 ⑥ 札幌スポ 5 2勝 7ﾄ11頭 1111 58亀田 H⑨⑩⑨ 414 人気10 後方差詰 2¼ 352外359 シャークスポッ 1107 0.4	2福 7月1日 ❶ 三才上 1 1勝 15ﾄ16頭 1080 55田辺 M⑤②② 506 人気1 先行抜出 クビ 343中367 セキテイオー 1080 0.0	1新 5月20日 ⑦ 9 2勝 5ﾄ16頭 内1105 56石橋脩 S⑪⑭⑮ 440 人気7 後方差詰 3身 361中344 マイネルレノン 1099 0.6	2札 8月26日 ⑤ WAJS 2 2勝 4ﾄ14頭 1092 54リスポリ H③②② 434 人気7 一旦抜出 アタマ 334内358 ドーバーホーク 1092 0.0	3阪 6月18日 ⑥ 9 2勝 10ﾄ11頭 外1356 56菱田 S⑨⑨③ 472 人気9 逃上一杯 9¾ 378外343 ベルクレスタ 1339 1.7	3東 6月17日 ⑤ 12 2勝 10ﾄ13頭 1213 56柴田大 S⑤③② 448 人気10 好位一杯 5¾ 355中346 デュガ 1202 1.1	2函 7月16日 ⑥ 三才上 3 1勝 12ﾄ13頭 1108 56横山武 M⑦⑧⑧ 454 人気2 中位伸 3½ 355中353 クールムーア 1102 0.6	1新 5月20日 ⑦ 3 2勝 16ﾄ16頭 内1101 56横山琉 S⑤⑥⑦ 436 人気4 中位伸 ¾身 354外347 マイネルレノン 1099 0.2	2福 7月15日 ⑤ 三才上 7 牝1勝 1ﾄ14頭 1114 53嶋田 S④⑥⑥ 494B 人気2 中位まま 2身 359中355 サウンドクレア 1110 0.4	2札 8月12日 ① 5 2勝 4ﾄ11頭 1284 58武豊 S⑩⑪⑪ 462 人気7 殿り差詰 1½ 365外344 レイベリング 1281 0.3
前走	3小 9月3日 ⑧ 西日新聞 8 2勝 4ﾄ17頭 1086 56幸 M⑫⑭⑩ 462 人気6 後方差詰 2½ 341外345 ロードラスター 1082 0.4	2札 9月2日 ⑦ 14 2勝 4ﾄ16頭 1109 58亀田 M⑪⑩⑪ 424 人気15 中位一杯 4¾ 353中356 クールムーア 1101 0.8	4中 9月9日 ① 4 2勝 4ﾄ10頭 外1081 56田辺 M⑦⑥⑤ 498 人気2 後方追上 ½身 344中337 ハギノモーリス 1081 0.0	2福 7月22日 ⑦ 3 2勝 13ﾄ15頭 1094 56Mデムーロ M⑥⑤④ 444 人気5 好位伸 1¾ 344中350 ブーケファロス 1091 0.3	4中 9月9日 ① 3 2勝 9ﾄ10頭 外1081 54戸崎圭 M②③③ 428 人気3 先行粘る クビ 340中341 ハギノモーリス 1081 0.0	3ヵ月余 放牧 乗込み4週間 仕上り○ 連対体重 462～464 3ヵ月以上休 ①②③外 1002	2福 7月9日 ④ 7 2勝 8ﾄ13頭 1089 56柴田大 M⑧⑦⑧ 450 人気12 中位まま 2¾ 343中346 サンティーテソ 1084 0.5	4中 9月17日 ④ 三才上 1 1勝 7ﾄ16頭 外1083 56戸崎圭 M⑨⑨⑦ 444 人気2 中位抜出 1½ 345外338 グランプレジー 1086 0.3	2福 7月9日 ④ 8 2勝 3ﾄ13頭 1092 56田中勝 M⑤⑦⑧ 440 人気7 中位まま 4¾ 343内349 サンティーテソ 1084 0.8	2福 7月23日 ⑧ 三才上 1 1勝 4ﾄ13頭 1092 53内田博 M③④③ 490B 人気5 好位抜出 ½身 341内351 サウザンサニー 1093 0.1	2札 9月2日 ⑦ 9 2勝 11ﾄ16頭 1105 58武豊 M⑯⑯⑭ 462 人気4 出遅る 2½ 360外345 クールムーア 1101 0.4

持ちタイム: 1000 / 芝 1200 / 1400 / 1600

レコード 1.06.7 12年9月 ロードカナロア 57岩田康

中山10R

組	オッズ
1-1	☆
1-2	26.7
1-3	46.9
1-4	☆
1-5	98.1
1-6	71.9
1-7	83.6
1-8	36.4
2-2	20.9
2-3	7.9
2-4	19.9
2-5	16.5
2-6	12.1
2-7	14.1
2-8	6.1
3-3	☆
3-4	35.1
3-5	29.1
3-6	21.3
3-7	24.8
3-8	10.7
4-4	☆
4-5	73.4
4-6	53.8
4-7	62.5
4-8	27.2
5-5	☆
5-6	44.6
5-7	51.9
5-8	22.6
6-6	☆
6-7	38.0
6-8	16.5
7-7	☆
7-8	19.2
8-8	81.6

軸馬 15
単穴 12
連 13 10 3

2 1 7

2023年９月30日・中山10Ｒ勝浦特別（３歳上２勝クラス、芝1200m良）

1着⑤タリア　（3番人気）
2着⑨ヨール　（8番人気）
3着①イラーレ　（7番人気）
・・・・・・・・・・・・・・・・・・・
6着⑮レッドヒルシューズ　（2番人気）
7着③リラックス　（1番人気）

単⑤ 490 円
複⑤ 200 円
　⑨ 430 円
　① 410 円
馬連⑤－⑨ 4790 円
馬単⑤→⑨ 7470 円
3連複①⑤⑨ 19160 円
3連単⑤→⑨→① 97200 円

16 桃8	15	14 橙7	13	12 緑
ノックオンウッド	レッドヒルシューズ	トーセントラム	タツダイヤモンド	コラリン
フランケル(マ中)	ハーツクライ(中断)	ヴァンキッシュラン(中断)	サトノダイヤモンド(中断)	ダイワメジャー(マ中)
トゥアーニー1仏(短)	ヤマノラヴ1勝(マ)	ローザデルドバイ愛(中)	オリオンザブラック3勝(短)	モルジアナ4勝(短)
黒鹿 58 騸5	栗 54 牝3	鹿 56 牡3	鹿 56 牡3	栗 56 牝4
替 佐々木	替 横山武	替 田中勝	替 三浦	替 北村宏
美 堀	栗 武英	美 小桧山	栗 鮫島	美 木村
900	900	900	900	1000
2270	2960	2539	1833	3290
シルクR	呉本昌時	島川隆哉	野田政義	シルクR
ひ タイヘイ牧場	ひ チャンピオンズF	日 エスティF	ひ ニッコウF	安 ノーザンF
注	△	…	△	△
△	▲	△	△	注
…	△	…	○	▲
…	△	…	…	△
…	◎	△	…	▲
…	◎ 西	△	○ 西	注
1124⑨	①(6 21)	1296⑤		札 57.2④
中 1084⑥	③	札 1096①	京 1082⑬	中 1088①
東 1213⑧	阪 ②	東 1212⑩		東 1216④
1301④		東 1327⑤	1352③	
33.6⑥ 初騎乗	34.0⑥ 初騎乗	33.0① 1003	32.5⑬ 初騎乗	33.1③ 初騎乗
0006	0000	0000	0000	0000
0001	初コース	初コース	初コース	1000
3東 22年6月	3阪 6月3日	2東 5月27日	2小 2月11日	5東 21年11月
① 8	1 三才上 9	⑪ 10	❶ 1	① 京王2才 4
2勝 2ﾃ13頭	1勝 5ﾃ9頭	1勝 13ﾃ13頭	未勝 16ﾃ18頭	GII 10ﾃ14頭
1213	外 1342	1212	1088	1216
54 石橋脩	53 富田	53 佐藤	56 藤岡康	54 ルメール
S ①①①	S ②③③	S ⑫⑪⑪	H ⑥⑦⑥	S ⑩⑧⑧
498 B 7	448 人気5	440 人気10	486 人気1	434 人気1
逃一杯 7身	好位一杯 7¼	出遅る 5½	好位差切 クビ	出遅る 2¼
345中355	356内353	364外334	341中347	360中336
アネゴハダ	フルメタルボディ	シャドウフューー	ゴコウサス	キングエルメス
1201 1.2	1329 1.3	1203 0.9	1089 0.1	1213 0.3
2福 22年7月	3阪 6月17日	2札 8月19日	1新 4月29日	1東 22年1月
② さくらん 8	⑤ 三才上 10	③ 5	① ゆきつばき 1	① クロッカス 3
2勝 4ﾃ14頭	牝1勝 1ﾃ16頭	1勝 8ﾃ14頭	1勝 10ﾃ16頭	L 3ﾃ9頭
1093	内 1219	1296	内 1093	1221
57 石橋脩	50 今村	55 古川吉	56 秋山真	54 ルメール
H ⑦⑧⑨	M ②③④	S ④③②	H ⑦⑨⑦	S ⑥⑤⑤
490 人気5	446 人気5	434 人気12	478 人気3	444 人気2
中位まま 2¾	脚余す 4½	好位一息 2¼	中位抜出 1¼	中位伸 1¾
341中352	342内356	358外358	346内347	369中331
ファイアダンサ	マンドローネ	ビジュノワール	ルーラルハピネ	トウシンマカオ
1087 0.6	1212 0.7	1293 0.3	1095 0.2	1218 0.3
2中京 3月11日	3小 8月12日	2札 8月27日	1京 5月27日	3中京 22年5月
① 9	① 三才上 2	❻ 三才上 5	⑪ 葵 13	⑦ 葵 13
2勝 1ﾃ16頭	1勝 8ﾃ18頭	1勝 5ﾃ14頭	GIII 13ﾃ18頭	GIII 16ﾃ17頭
ダ 1124	1078	1317	内 1082	1094
58 松若	54 坂井	52 佐藤	56 菱田	54 池添
M ③④③	M ②②②	M ⑦⑥⑥	S ⑱⑱⑱	M ⑮⑭⑭
504 人気5	446 人気8	436 人気10	476 人気13	450 人気2
好位一杯 3¾	先行粘る 1身	中位伸も 4身	後直だけ 6½	出遅る 7身
354内370	332中346	365中374	357中325	345中349
ウナギノボリ	アンフィニドー	セーヌドゥレー	モズメイメイ	ウインマーベル
1117 0.7	1077 0.1	1310 0.7	1071 1.1	1082 1.2
2福 7月22日	3小 8月20日	2札 9月3日	4ヵ月休	16ヵ月休
⑦ 8	④ 三才上 1	⑧ 三才上 1	放牧	骨折・爪不安
2勝 15ﾃ15頭	1勝 14ﾃ16頭	1勝 12ﾃ16頭	乗込み5週間	乗込み4週間
1098	1077	1096	仕上り○	仕上り○
58 津村	54 坂井	56 古川吉	連対体重	連対体重
M ①②②	M ①①①	M ⑮⑭⑨	478～486	432キロ
490 人気7	446 人気1	430 人気13		
先行一杯 4½	逃切る 2½	後方追込 クビ	3ヵ月以上休	3ヵ月以上休
340中358	330内347	351外345	①②③外	①②③外
ブーケファロス	ヨウシタンレイ	サウザンサニー	0001	0002
1091 0.7	1081 0.4	1097 0.1		

・太枠が連対馬の2勝クラスでの馬券圏内
・上段のアミオビ部分が各馬のクラス実績

のある馬が4頭、2着以内に来たことのある馬は2頭います。⑤タリアと⑨ヨールです。

タリアは前走も2勝クラスの中山芝1200mの特別戦で3着しており、当然有力です（3番人気）。ヨールも2勝クラスの芝1200mで3回馬券になったことがあり、実績上位なのに、ここが休み明けだったことと前走で敗れていたためか、人気薄でした。

結果はどうなったか。1着タリア、2着ヨール。馬連は4790円でした。

こんな例は星の数ほどあります。今回のクラスに連対実績のあった2頭を買うだけで馬連48倍ですよ！

走力を見極める——重要ファクター1補足「同クラスのレベル差の判断」

クラスの話はとても大事なので、もう少し補足します。「同じクラスでもレベルの差がある」という考え方です。

例えば同じレースに、前走2勝クラスで5着だった馬と、前走2勝クラスで2着だった馬が出ていたら、どちらの能力が高いと思いますか。

これだけでわかるわけはありません。わかるわけないのですが、実際には前走2着の馬のほうが人気になる例をよく見かけます。

これを「後出し」と思う人は、ずっと馬券で負け続けます。そうか、今週から同じことをやってみようと思う人が、勝ち組に入るんだと思います。

もちろん、すべてのレースが鮮やかに決まるわけではないけれど、この見方を続けていくと「クラス実績がないのに人気になっている馬は、どんなときに危なくて、どんなときに買うべきなのか」「クラス実績があるのに人気薄の馬は、どんなときに積極的に買うべきなのか」が、わかってきます。

ただし、高齢馬の場合はいくらクラス実績があっても、近走が不振ならすぐに飛びついてはいけません。

しかし、着順だけで判断するのは誤りです。同じクラスでもレベルに差があり、それは出走馬を見なくても番組的に決まっている場合があるからです。

2勝クラスなら、次の3つのレベルに分かれます。まず芝の場合。

- 「2A」……2勝クラスの特別戦
- 「2B」……2勝クラスの平場戦
- 「2C」……裏開催の2勝クラス

これだけです。一番レベルが高いのは特別戦。それより下が平場戦。それより下に位置づけられるのが、ローカルの裏開催の2勝クラスです。この2Aクラスの着順と、2Bクラスの着順と、2Cクラスの着順を同等に扱ってはいけません。

とてもシンプルながら、初心者にはぜひ薦めたい考え方です。

続いてダートの場合。

- 「2A」……2勝クラスの特別戦
- 「2B」……2勝クラスの平場戦
- 「2C」……牝馬限定戦の2勝クラス

ダートは牝馬限定戦のレベルがガクンと落ちるため、これをレベルCに位置づけます。同じ2勝クラスでも、2Bと2Cの着順は同等に扱うべきではありません。短距離戦なら牝馬限定戦のレベルが下がらないケースもありますが、ダート1800mなどの中距離戦はレベルの差がつきます。

じゃあ、牝馬限定の特別戦はCなのかAなのか、どっちなんだという、その辺は適宜調整して判断してください。原則としてダートの牝馬戦なら、特別戦でもCです。

この考え方を前提にすると、冒頭の質問も意味が変わってきます。

同じレースに、前走2勝クラスで5着だった馬と、前走2勝クラスで2着だった馬が出ていたら、どちらの能力が高いと思いますか。

これが「2Aクラスで5着」と、「2Cクラスで2着」なら、前者の価値が高い。きわめて基本的なことですが、馬柱を見るときに、本当にこれをわかったうえで見ているかどうか。

1勝クラスも同じです。1A、1B、1Cに分けてみる。

この把握がいかに大切か、出馬表に書き込んでみるとわかります。馬柱のレースのひとつひとつに「2A」とか「2B」とか書き込む。

そうすると、ほお、この馬は2Aのレースだと能力が足りないけど、2Bのレースだと好勝負しているぞとか、こっちの馬はいつもCのレースに出走して、1勝クラスを勝ち上がったときもCだった、といった傾向が見えてきます。

競馬予想の基本は走力の比較です。その比較の際に、

同クラスのレベル分け例
（芝・2勝クラス）

2A…安房特別　2B…平場
2C…胎内川特別（裏開催・新潟）

同クラスのレベル分け例
（ダート・2勝クラス）

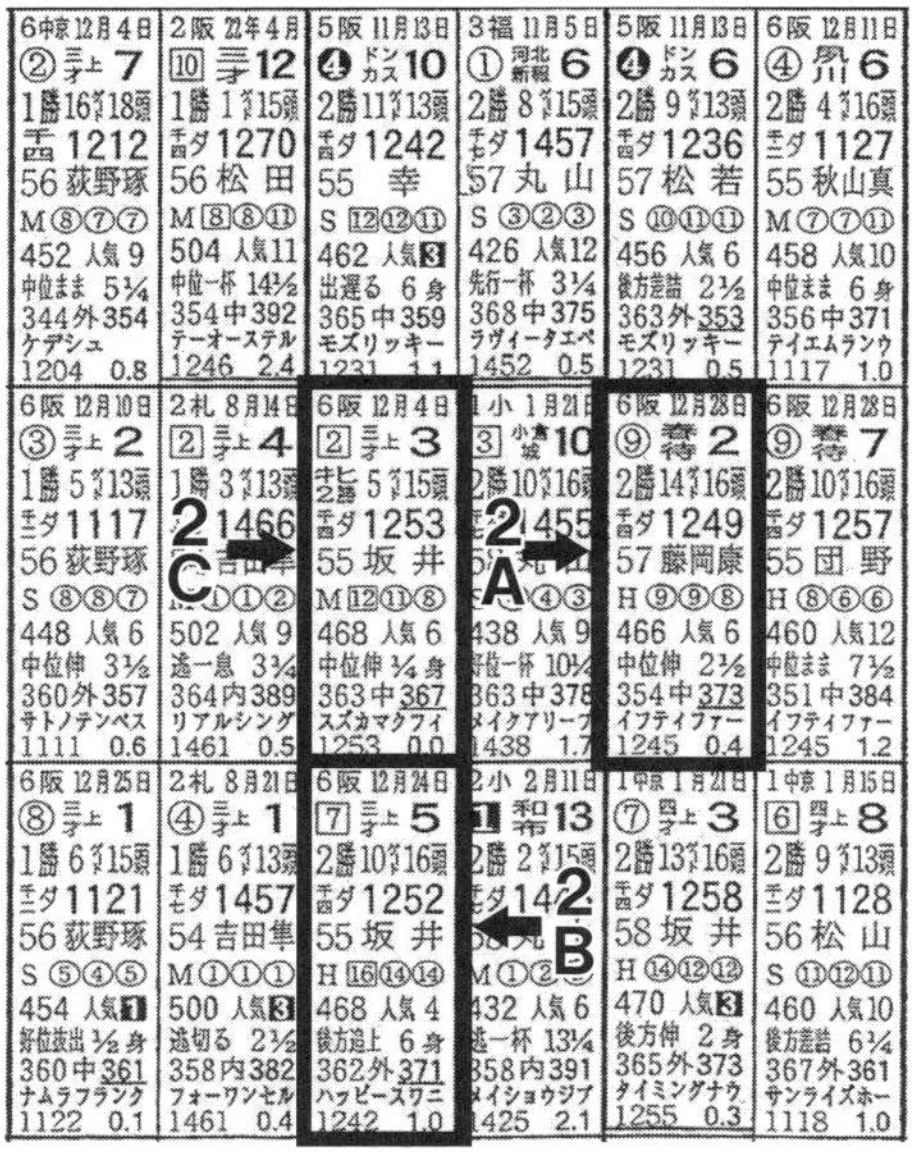

2A…春待特別　2B…平場　2C…牝馬限定戦

同じクラスのレースでも最初からレベルの差があるという仕組みを理解して、Ａ・Ｂ・Ｃのクラス分けの見方を身につけておきましょう。

走力を見極める——重要ファクター2「馬場と枠順の前走補正」

各馬の走力（絶対能力）を見極めるための重要項目2つ目は「前走の馬場と枠順の補正」です。

前走の結果は、今回の人気に大いに影響します。前走が同じクラスで2着なら今回は人気になるだろうし、前走が10着なら人気になりにくい。

しかし、単純に着順だけで「前走は好走だった」「前走は凡走だった」と判断していいのかといえば、そうではありません。

●前走は「インコースを通った馬が有利」だった場合

競馬場の馬場は生き物のように、絶えず変化します。インコースが有利な週もあれば、アウトコースが有利な週もある。だから、インコース有利のレースで内を通った馬は恵まれた着順と見なす必要があります。

逆にインコース有利のレースで外を通った馬は、恵まれなかった着順（走力を出し切れなかった着順）と見なします。

これが「馬場補正」です。トラックバイアス（コースの内外による有利不利の偏り）という呼び方をすることもあります。アウトコースが有利だったレースなら、内と外が逆になります。

●前走は「内枠の馬が有利なレース」だった場合

今度は枠順です。内枠が有利だったレースで内の枠順だった馬は、恵まれた着順と見なす必要があります。内枠が有利だったレースで外の枠順だった馬は、恵まれなかった着順（走力を出し切れなかった着順）と見なします。

これが「枠順補正」です。ほとんど馬場補正と一緒ですが、外枠から出てインコースを通る馬もいるので、少々違います。

この見方でレース内容を検証して、前走の着順をそのまま受け止めていいのか、補正する必要があるのかを判断します。

もちろん、前々走も、その前も、全部検証するべきなのですが、ひとまず前走だけは必ず気にしてみることをオススメします。

スプリンターズS逆転勝利のジャンダルムに学ぶ

例題として、2022年のスプリンターズSを勝ったジャンダルムを取り上げましょう。同馬は単勝8番人気、単勝20・3倍の人気薄でした。

なぜスプリンターズSを例題にするかというと、芝1200mのレースは通ったコースの有利不利や、枠順の有利不利が出やすく、「馬場と枠順補正」がきわめて重要だからです。

コンマ1秒を争う電撃の短距離戦で、内と外に有利不利があれば、着順など簡単にひっくり返ってしまいます。

夏のローカルは芝1200mの重賞やオープン特別がたくさん組まれ、その延長線上にあるのがスプリンターズSですから、そこに至るまでの各レースの「馬場と枠順補正」が、スプリンターズSを的中させるカギになります。

ジャンダルムの22年スプリンターズS、その前走は北九州記念の17着でした。

この北九州記念は1着ボンボヤージ（馬番①番）、2着タイセイビジョン（馬番③番）という、内を通った馬に有利なレースでした。JRAのホームページで動画を確認してください。

北九州記念のレース映像を見ると、掲示板に載った5頭は、4コーナー手前ですべて内にいます。スタート後、47秒あたりでレース動画を静止させるとわかりやすい。

最内を通った1着の①ボンボヤージ、2着③タイセイビジョンの他、4着②のアネゴハダも、5着の⑨モントライゼも内。３着の⑯ナムラクレアは４角で内へ入ろうとして行けず、一度は外へ持ち出して、また内へ切り込みました。

一方、馬群の外にはオレンジの帽子（７枠）とピンクの帽子（８枠）が並んでいるのがわかります。外枠の馬はこうして外を回され、距離ロスを余儀なくされました。大外のピンク帽の馬が⑰ジャンダルムです。

つまり、ジャンダルムの22年北九州記念（17着）は、内を通った馬が上位独占したレースで、８枠から大外を回された〝走力を出し切れなかった着順〟だったと

2022年・北九州記念

8 17 桃	2 3	2 白	1 1
キトゥンズジョイ	タートルボウル	キズナ	ロードカナロア
外 ジャンダルム	タイセイビジョン	アネゴハダ	ボンボヤージ
ビリーヴ10勝	ソムニア1勝	イニシャルダブル未勝	ディープインアスク未勝
黒鹿 58 牡7	栗 57 牡5	青鹿 49 牝3	鹿 51 牝5
荻野極	川田	酒井	川須
池江寿	西村	佐々木晶	梅田智
10,050	7800	1500	2400
23,960	20,900	6440	5453
前田幸治	田中成奉	岡浩二	廣崎利洋
アメリカ	ノーザンF	サンデーヒルズ	ASK STUD
△△△△△B△	▲◎注▲注▲	◎注▲○△△	
17	2	4	1
中1073① 阪119[illegible]③ 中1309③	小106[illegible]④ 東1[illegible]⑫ 東1328④	小1065③ 東[illegible]① 阪1338⑮	小1[illegible]69① 東1[illegible]11⑩ 阪1353⑩
芝32.6④ 3013	芝32.7⑦ 0101	西33.4① 0010	西33.1⑤ 3104
5 1 3 17 0 0 0 1	2 5 0 10 0 1 0 1	0 0 3 3 0 0 2 0	0 0 0 8 2 1 0 2
2中 3月5日 ③オーシャ 1 GIII 7ゲ15頭 芝外1079 56荻野極 M⑤③② 510B人気2 先行抜出 3/4身 337中342 ナランフレグ 1080 0.1	1阪 2月27日 ⑥阪急 8 GIII 9ゲ14頭 芝内1208 56幸 S⑬⑨⑧ 482人気3 中位一杯 5½ 347外348 ダイアトニック 1199 0.9	2阪 4月10日 ⑥桜花 15 牝GI 15ゲ18頭 芝外1338 55幸 S⑫⑩⑦ 436人気16 中位一杯 6身 356外346 スターズオンア 1329 0.9	2中 3月5日 ③オーシャ 11 GIII 6ゲ15頭 芝外1086 54吉田豊 M⑬⑬⑬ 444人気13 後方まま 4身 345内341 ジャンダルム 1079 0.7
2中京 3月27日 ⑥高松 11 GI 8ゲ18頭 芝1087 57荻野極 M①②② 514B人気13 先行一杯 2¼ 334中353 ナランフレグ 1083 0.4	3中 4月10日 ⑥春雷 2 L 13ゲ16頭 芝外1073 57菅原明 S⑪⑪⑪ 476人気2 中位伸 3身 345外328 ヴェントヴォー 1068 0.5	3東 6月4日 ①由比 1 2勝11ゲ13頭 西1201 52菅原明 S③⑤⑤ 436人気1 中位一気 [illegible]身 353中334 ルルローズ 1206 0.5	3東 6月26日 ⑧パラダイ 10 L 16ゲ16頭 西1211 52永野 S⑪⑫⑫ 436人気15 後直だけ 5¼ 361外337 リフレイム 1202 0.9
4ヵ月半 放牧 乗込み6週間 仕上り○ 連対体重 480～510 3ヵ月以上休 ①②③外 1 0 0 5	3小 7月3日 ②CBC賞 2 GIII 8ゲ17頭 芝1064 57川田 H⑬⑭⑫ 478人気3 内つき伸 3½ 329内335 テイエムスパー 1058R0.6	3小 7月3日 ②CBC賞 3 GIII 2ゲ17頭 芝1065 49藤懸 H③③③ 436人気1 好位粘る 4身 321内344 テイエムスパー 1058R0.7	2福 7月17日 ⑥福島TV 13 オープン 16ゲ16頭 芝1101 54石橋脩 S⑯⑯⑯ 430人気11 出脚鈍い 3¾ 362外339 オパールシャル 1094 0.7

2022年スプリンターズS

2 白
キトゥンズジョイ
外 ジャンダルム
ビリーヴ10勝
黒鹿 57 牡7
荻野極
池江寿
10,050
23,960
前田幸治
アメリカ
B…西
1
芝2013③ 中1173① 阪1196③ 中1309③
芝32.6④ 3014
5 1 3 18 2 0 0 1
2中 3月5日 ③オーシャ 1 GIII 7ゲ15頭 芝外1079 56荻野極 M⑤③② 510B人気2 先行抜出 3/4身 337中342 ナランフレグ 1080 0.1
2中京 3月27日 ⑥高松 11 GI 8ゲ18頭 芝1087 57荻野極 M①②② 514B人気13 先行一杯 2¼ 334中353 ナランフレグ 1083 0.4
4小 8月21日 ④北九記念 17 GIII 17ゲ18頭 芝1089 58荻野極 M⑥⑦⑧ 510B人気9 外々回る 11¾ 333外356 ボンボヤージ 1069 2.0

8番人気1着。単勝2030円

●ジャンダルム

30戦7勝　栗東・池江泰寿厩舎　父キトゥンズジョイ　母ビリーヴ

日付	開催	レース名	クラス	年齢	騎手	人	着	上り3F		距離	馬場
221211		香港スプリント	GⅠ	7	レーン	6	12		芝	1200	良
221002	中山	スプリンターズS	GⅠ	7	荻野極	8	1	34.6	芝	1200	良
220821	小倉	北九州記念	GⅢ	7	荻野極	9	17	35.6	芝	1200	良
220327	中京	高松宮記念	GⅠ	7	荻野極	13	11	35.3	芝	1200	重
220305	中山	オーシャンS	GⅢ	7	荻野極	2	1	34.2	芝	1200	良
220130	中京	シルクロードS	GⅢ	7	荻野極	5	13	35.3	芝	1200	良
211003	中山	スプリンターズS	GⅠ	6	浜中俊	4	11	33.8	芝	1200	良
210912	中京	セントウルS	GⅡ	6	浜中俊	6	4	32.6	芝	1200	良
210822	小倉	北九州記念	GⅢ	6	福永祐一	1	7	34.1	芝	1200	稍重
210411	中山	春雷S	L	6	荻野極	1	1	33.8	芝	1200	良
210228	阪神	阪急杯	GⅢ	6	荻野極	4	3	34.1	芝	1400	良
201226	阪神	阪神C	GⅡ	5	荻野極	8	7	34.5	芝	1400	良
201018	新潟	信越S	L	5	荻野極	6	1	34.3	芝	1400	良
200913	中山	京成杯AH	GⅢ	5	藤井勘一郎	11	4	35.3	芝	1600	良
200816	新潟	関屋記念	GⅢ	5	藤井勘一郎	14	11	35.1	芝	1600	良
200404	中山	ダービー卿CT	GⅢ	5	藤井勘一郎	2	10	36.2	芝	1600	良
200315	中山	東風S	L	5	藤井勘一郎	1	10	37.2	芝	1600	稍重
200118	中山	ニューイヤーS	L	5	藤井勘一郎	3	1	36.2	芝	1600	稍重
191019	東京	富士S	GⅢ	4	藤井勘一郎	9	18	35.2	芝	1600	稍重
190908	中山	京成杯AH	GⅢ	4	藤井勘一郎	10	3	34.2	芝	1600	良
190721	中京	中京記念	GⅢ	4	藤井勘一郎	11	6	35.2	芝	1600	稍重
190203	東京	東京新聞杯	GⅢ	4	武豊	8	14	33.7	芝	1600	良
181118	京都	マイルCS	GⅠ	3	武豊	11	16	33.5	芝	1600	良
181020	東京	富士S	GⅢ	3	武豊	6	7	33.8	芝	1600	良
180527	東京	日本ダービー	GⅠ	3	武豊	11	17	35.3	芝	2400	良
180415	中山	皐月賞	GⅠ	3	武豊	4	9	35.4	芝	2000	稍重
180304	中山	弥生賞	GⅡ	3	武豊	4	3	34.1	芝	2000	良
171228	中山	ホープフルS	GⅠ	2	武豊	4	2	36.2	芝	2000	良
171111	京都	デイリー杯2歳S	GⅡ	2	アッゼニ	5	1	34.4	芝	1600	良
170909	阪神	2歳新馬	新馬	2	武豊	2	1	33.7	芝	1600	良

判断できます。
ならば、この結果を鵜呑みにしてはいけない。馬場・枠順の補正をするべきレースです。補正どころか、ノーカウントでもいい。

そして迎えたのが次走の22年スプリンターズS。ジャンダルムは1枠②番の内枠を引き当てました。G1ウイークの中山は内が有利な馬場になることが多く、絶好の枠順です。

これまで一桁馬番だったレースをさかのぼると、22年オーシャンS（⑦番）は1着。22年高松宮記念（⑧番）は11着に失速したものの、直線で先頭に立ち、差し馬が上位に来た中で0秒4差と善戦している。

さらにジャンダルムには、「ローテーション成績」に顕著な傾向がありました。休み明け初戦より、叩き2戦目に良化して好走が多いのです。右ページの戦歴で確かめてください。

こうして外を通った馬が不利の北九州記念17着 → 内を通った馬が有利のスプリンターズS1着、というジャンダルムの逆転劇が成功します。

予想の際に「北九州記念の着順は補正しなくてはならない」と理解していれば、高松宮記念の惜敗などから考えてもノーマークにはできなかったはず。これが馬場・枠順補正の大切さです。

もうひとつおまけを。

ジャンダルムは母ビリーヴの仔という血統でも知られます。ビリーヴは2002年のスプリンターズSと、03年の高松宮記念の二冠を制した名短距離馬でした。

ビリーヴのスプリンターズS優勝は1番人気の順当勝ちでしたが、高松宮記念は3番人気で、単勝1010円の好配当になりました。なぜ人気を落としていたかといえば、前走の阪急杯で9着に敗れていたためです。

阪急杯は馬番⑩番から先行できず9着 → 高松宮記念は馬番①番から先行して優勝。

これがビリーヴの03年高松宮記念が好配当になった

理由です。ジャンダルムのスプリンターズSの激走は、母とよく似た親子二代の逆転劇だったのです。

走力を見極める——重要ファクター3「前走のレベル判断」

1頭1頭の走力を見極めるための重要項目、その1は「クラス成績」、その2は「馬場と枠順の補正」ときて、その3は「前走のレベル判断」です。

前走の着順だけを見て、好走か凡走かを判断するのは良くない。これは前項でも触れた通りです。

前走は強いメンバーが集まった「レベルの高いレース」なら、5着でも価値がある。前走は強いメンバーがいなかった「レベルの低いレース」なら、2着でも価値は高くない。これがレベル比較です。

レースレベルの把握方法はいろいろありますが、3つ挙げます。

1：事前の予想段階において、自分の判断で、A・B・Cのレベル分けをしておく

各レースの検討をする際に、「このレースは2勝クラスにしてはいい馬が揃った」とか、「重賞とは名ばかりで、ほとんど1勝馬じゃないか」と、自然にレベル判断をしているはずです。

このような事前のレベル判断は、大事にしたほうがいい。レースが終わってからだと、タイムに惑わされたり、見た目の派手さに目が曇ったりしやすいのですが、レース前の印象は的確なものです。

予想の段階で、そのレースは該当クラスにおいてAレベルなのか、Bレベルなのか、Cレベルなのかをメモしておくと、のちのち役に立ちます。

2：レース後にタイムやラップでレベル判断をする

これはオーソドックスな方法です。私はあまりタイムを重視しない派なので具体的なやり方には言及しませんが、短距離戦ではタイムが重要な指標になりますし、走破タイムやラップからレースのレベル判断をします。

「2歳戦で後半1000mを58秒未満で走った馬は重賞級」といった指標もあります。

3:そのレースで走っていた馬の次走成績を確認する

最近、実践する人が増えたテクニックです。ある程度、日が経過しないとできない方法ですが、そのレースで2着だった馬は次走どうだったのか、3着だった馬は次走どんな走りをしたのか、これらを調べることでレースレベルの判断をします。

1頭1頭の次走成績を調べるのは大変と思われるかもしれませんが、今は競馬ソフトのボタンひとつで調べる機能があります。私が使用しているTARGETは、これができます。

新潟2歳S・10番人気2着ショウナンマヌエラの場合

2023年の新潟2歳S（馬柱P36〜37）を例題にしてみましょう。各馬が勝ち上がったレースにおいて、2着以下の馬の次走成績を調べます。

1番人気アスコリピチェーノが勝ったのは6月24日の東京の新馬戦。その出走馬の次走を確認すると、3着馬と5着馬と6着馬が次走に2着しています。これはまあまあレベルが高いメンバーだったと判断できる内容です。

しかし、もっと上のレースがありました。新潟2歳Sを人気薄で2着に粘ったショウナンマヌエラが勝った、7月9日の中京の新馬戦です。上位馬の次走を次ページ下の表にまとめました。

2着馬から5着馬まで全部、次走で好走しているのがわかります。3着だったシカゴスティングは、ここから2連勝してオープンのフェニックス賞を制しました。レベルの高いレースだったのです。

正直に告白すると、これに気づいたのは新潟2歳Sのレース後で、私は新潟2歳Sのショウナンマヌエラを無印にしてしまうという大失敗をやらかしました。表面的な勝ちタイムだけ見て「1分37秒9は、やけに遅いな。スローに恵まれた逃げ切りか」と、深く検討

新潟 11R WIN5⑤ 発馬 15.45 第43回 新潟2歳ステークス GIII 二オープン・馬齢

	白1	黒2	赤3	青4	5
父	キンシャサノキセキ	ダイワメジャー	エイシンヒカリ	イントゥミスチーフ	オルフェーヴル
馬名	ホルトバージ	ヴァンヴィーヴ	エンヤラヴフェイス	ルージュスタニング	ルクスノア
母・馬実績	ブレインズウーマン亜	サンドスラッシュ愛	タイキアプローズ未出	ボインビューティー未出	サトノアリシア3勝
毛色・斤量	鹿 55 牝2	栗 55 牝2	黒鹿 55 牡2	鹿 55 牝2	鹿 55 牝2
騎手	替岩田康	Mデムーロ	菱田	替菅原明	永島
厩舎	寺島	牧浦	森田	友道	平田
賞金	400	400	400	400	400
馬主名	YGGホースC	エデンA	STレーシング	東京HR	ルクス
牧場名	谷川牧場	下河辺牧場	チャンピオンズF	ノーザンF	ノーザンF
最高	天1474① 京1365⑦	東1232③ 天1507①	京1353①	京1367①	京1370①
上り最高・騎乗成績	天34.3⑦ 初騎乗	舌33.8③ 1010	天34.3① 1000	天34.3① 初騎乗	天35.1① 1000
芝重実績	○0000	○0000	○0000	○0000	○0000
母の父	ゼンセイショナル	ホーリーローマンエ	デヴィルズバッグ	ジャイアンツコーズ	ハービンジャー
兄弟	ミーナティエルナ（現） アイランドガール（未勝）	エールヴィフ（2勝） プリモプレミオ（1勝）	サミットストーン（4勝） ブルロック（5勝）	初仔 近親アロゲー	ルクス（未勝）
レース診断			上昇度○ 2番手から最速の上がりを駆使して突き放す	上昇度◎ 迫られるとその分伸びて危なげなし。好素材	上昇度○ 好位イン待機から楽々抜け出す。センス上々

●ショウナンマヌエラが勝った7月9日の新馬戦上位馬の次走成績

1着	ショウナンマヌエラ	→	新潟2歳S2着
2着	ウインディオーネ	→	未勝利戦2着
3着	シカゴスティング	→	未勝利戦1着
4着	バウンシーステップ	→	未勝利戦2着
5着	モアニ	→	未勝利戦3着

2023年８月27日・新潟11Ｒ新潟２歳Ｓ（２歳ＧⅢ、芝1600m良）

１着⑫アスコリピチェーノ
（１番人気）
２着⑥ショウナンマヌエラ
（10 番人気）
３着⑪クリーンエア
（４番人気）

単⑫ 370 円
複⑫ 160 円
⑥ 1060 円
⑪ 200 円
馬連⑥－⑫
16310 円
馬単⑫→⑥
23930 円
３連複⑥⑪⑫
27870 円
３連単⑫→⑥→⑪
181860 円

12 桃8	11	10 橙7	9	8 緑6	7	6 黄
ダイワメジャー(マ神)	リアルインパクト(マ)	ジャスタウェイ(中)	マクフィ(マ)	リーチザクラウン(マ神)	キズナ(中)	ジャスタウェイ(中)
アスコリピチェーノ	クリーンエア	ヒヒーン	シリウスコルト	ニシノクラウン	ジューンテイク	ショウナンマヌエラ
アスコルティ 2勝(短)	シルヴァンソング 米(マ)	イイナヅケ(公)(中)	オールドフレイム 未勝(中)	ニシノテンカラット 未勝(短)	アドマイヤサブリナ 3勝(マ)	ダイアゴナルクロス 1勝(中)
黒鹿 55 牝2	青鹿 55 牝2	鹿 55 牝2	鹿 55 牝2	青鹿 55 牝2	黒鹿 55 牝2	黒鹿 55 牝2
替 北村宏	大野	酒井	替 三浦	石川	替 富田	替 石橋脩
美 黒岩	美 上原博	栗 須貝尚	美 宗像	美 相沢	栗 武英	栗 高野
400	400	400	400	400	400	400
サンデーR	ゴドルフィン	大和屋暁	飯田正剛	西山茂行	吉川潤	国本哲秀
安 ノーザンF	日 ダーレージャパンF	安 ノーザンF	ひ 千代田牧場	ひ さとう	浦 ヒダカF	ひ 静内フジカワ牧場
△ ○ 注 ○ 注 ◎	△ △ … △ △ 注	○ 注 ▲ ◎ ◎ ○ 西	… … △ … … …	… △ … … … …	△ … … △ … 西	… △ △ … … △ 西
東 1228①	新 13[illegible]	阪 1366①	壬 1113[1]	壬 1098① 天 1510⑧	京 1237①	京 [illegible][1]
西 33.[illegible]① 初騎乗	芙 33.[illegible] 1 0 [illegible]	芙 33.9① 1 0 0 0	壬 35.1[1] 初騎乗	壬 34.6① 1 0 1 1	西 35.0① 初騎乗	芙 3[illegible].1[1] 初騎乗
○0000	○0000	○0000	○0000	○0000	○0000	○0000
デインヒルダンサー	ストリートクライ	ワークフォース	ゼンノロブロイ	オルフェーヴル	シンボリクリスエス	シンボリクリスエス
天 芙 西 壬 0 0 1 0 0 0 0 0 0 0 0 0 0 0 0 0	天 芙 西 壬 0 1 0 0 0 0 0 0 0 0 0 0 0 0 0 0	天 芙 西 壬 0 1 0 0 0 0 0 0 0 0 0 0 0 0 0 0	天 芙 西 壬 0 0 0 1 0 0 0 0 0 0 0 0 0 0 0 0	天 芙 西 壬 0 0 0 1 0 0 0 0 0 0 0 1 1 0 0 0	天 芙 西 壬 0 0 1 0 0 0 0 0 0 0 0 0 0 0 0 0	天 芙 西 壬 0 1 0 0 0 0 0 0 0 0 0 0 0 0 0 0
兄弟 アスコルターレ（現） アスコルティアーモ（現）	兄弟 ハーシェル（１勝） ムーンフォレスト（現）	兄弟 エルデストサン（現） ジャスコ（未勝）	兄弟 サイモンコーラル（現）	3東 6月24日 ⑦ 芝 8 新馬 5ト11頭 天 1510 55 石川 S ③⑤⑤ 456 人気 7 中位一杯 9¾ 386 中 347 ヴェロキラプトル 1493 1.7	兄弟 ジューンベロシティ（現） ジューンオレンジ（現）	兄弟 ショウナンパンサー（３勝） ショウナンダール（現）
レース診断 上昇度◎ 馬群を捌き抜群の斬れ味。距離延長も大丈夫	レース診断 上昇度○ キレ味鋭く直線一気決める。芝向きの実戦派	レース診断 上昇度◎ 手応え通り抜け出して快勝。センスが光った	レース診断 上昇度○ 道中脚を温存。直線で捌いてから一気の伸び	2福 7月16日 ⑥ 芝 3 未勝 7ト11頭 壬 1117 55 石川 S [4]④② 454 人気 4 内つき伸 3½ 357 内 360 オーキッドロマンス 1111 0.6	レース診断 上昇度○ 力のいる馬場にも対応センスの良さが光った	レース診断 上昇度○ 好発からハナ。ペース遅くまんまと逃げ切る
3東 6月24日 ⑦ 芝 1 新馬 5ト16頭 西 1228 55 ルメール S ⑪⑪⑪ 464 人気 1 楽抜出 2½ 376 中 333 レッドセニョール 1232 0.4	2新 8月6日 ④ 芝 1 新馬 2ト10頭 芙外 1357 55 大野 S ③③④ 460 人気 8 直線一気 ¾身 367 内 338 ナファロア 1358 0.1	3阪 6月10日 ③ 芝 1 新馬 9ト10頭 芙外 1366 55 酒井 S ②②② 460 人気 5 先行抜出 1¾ 371 中 339 ナムラエイハブ 1369 0.3	2福 7月1日 [1] 芝 1 新馬 4ト13頭 壬 1113 55 丸田 S [10]⑧⑧ 448 人気 10 直線一気 1½ 362 中 351 ネムレスクイーン 1115 0.2	2新 8月6日 ④ 芝 1 未勝 7ト11頭 壬内 1098 55 石川 H ⑩⑩⑩ 452 人気 4 後方追込 クビ 352 中 346 ダイメイイチョウ 1098 0.0	3中京 7月8日 ③ 芝 1 新馬 6ト9頭 西 1237 55 岩田望 S [5]④③ 472 人気 2 好位抜出 1½ 366 外 350 ラシェンテ 1239 0.2	3中京 7月9日 [4] 芝 1 牝馬新馬 7ト10頭 天 1379 55 西村淳 S ①①① 460 人気 4 逃切る ¾身 379 内 351 ウインディオー 1380 0.1

1　3　2

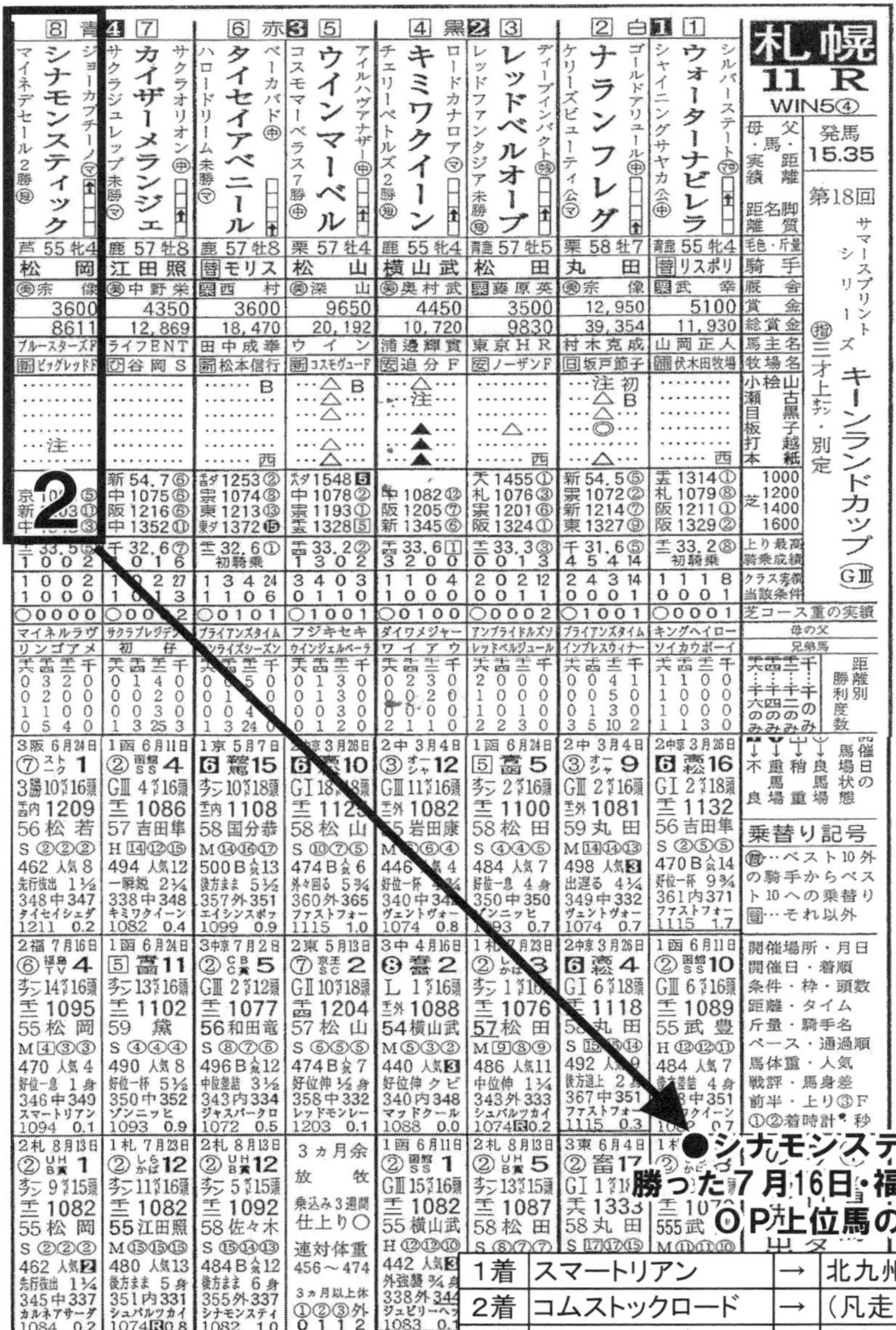

●シナモンスティックが勝った7月16日・福島テレビOP上位馬の次走成績

1着	スマートリアン	→	北九州記念4着
2着	コムストックロード	→	（凡走）
3着	ストーンリッジ	→	北九州記念3着
4着	シナモンスティック	→	UHB賞1着
5着	サトノファビュラス	→	アイビスSD4着
6着	ロードベイリーフ	→	アイビスSD3着

2023年８月27日・札幌11Ｒキーンランド C（ＧⅢ、芝1200m重）

1着⑭ナムラクレア
（1番人気）
2着⑧シナモンスティック
（8番人気）
3着⑫トウシンマカオ
（2番人気）

単⑭ 240 円
複⑭ 130 円
⑧ 590 円
⑫ 230 円
馬連⑧－⑭
3590 円
馬単⑭→⑧
4770 円
3連複⑧⑫⑭
6150 円
3連単⑭→⑧→⑫
30280 円

16 桃8	15	14 橙7	13	12 緑6	11	10 黄5	9
ダークエンジェル(短)	ハーツクライ(中長)	ミッキーアイル(マ)	ロードカナロア(マ)	ビッグアーサー(短)	グラスワンダー(万)	ラブリーデイ(中)	ロードカナロア(マ)
(外)シュバルツカイザー	サトノアイ	ナムラクレア	レイハリア	トウシンマカオ	ヴァトレニ	ゾンニッヒ	ジュビリーヘッド
ファッショナブル 英(中)	キャッチザカクテル 亜(中)	サンクイーンⅡ 米(マ)	ライトリーチューン 未勝(マ)	ユキノマーメイド 4勝(中)	チアフルスマイル 8勝(中)	エンドレスノット 4勝(マ)	ローズノーブル 4勝(中)
芦 57 騸5	青鹿 55 牝5	青鹿 55 牝4	鹿 55 牝5	栗 57 牡4	鹿 57 騸5	鹿 57 牡5	鹿 57 牡6
替モレイラ	替佐々木	浜中	亀田	鮫島駿	替横山和	武豊	西村淳
美大竹	栗須貝尚	栗長谷川	美田島俊	美高柳瑞	栗長谷川	栗池江寿	栗安田隆
3600	2400	11,350	4850	5800	4800	3600	5200
8960	5991	29,830	10,448	13,470	11,255	11,310	15,400
ゴドルフィン	里見治	奈村睦弘	ヒダカBU	サトー	野田政義	金子真人HD	キャロットF
アイルランド	新三嶋牧場	新谷川牧場	ひ谷岡牧場	ひ服部牧場	ひフジワラF	早坂東牧場	安ノーザンF
▲ ◎ ▲ △ △ △	… … △ … … 西	○ ○ ◎ ○ ○ ◎ 西	… … … … … …	△ ▲ ○ △ ◎ △	△ … △ … … △ 西	◎ △ 注 注 △ 注 西	B … … △ △ ○ 西
芸1278① 札1074① 天1501⑮ 中1345⑤	芸1287① 札1087③ 宗1201① 宗1342⑧	1 小1[illegible]1③ 阪1[illegible]9② 東1329⑧	壬ダ1118 1 函1077④ 東1227⑤ 中1360⑯	3 阪1[illegible]① 東[illegible]② 東1331⑧	芸1273① 阪1082⑨ 阪1206⑨ 阪1335⑥	芏1583⑨ 函1093 1 東1206⑥ 東1322⑤	函1076② 宗1205③ 阪1350③
壬33.2⑥ 初騎乗	壬33.3② 初騎乗	壬32.9① 3 3 2 3	壬34.5① 3 0 0 3	壬33.0① 2 0 1 2	天33.7③ 4 0 1 3	西33.2⑥ 1 0 0 0	壬33.5⑩ 0 1 0 0
1 0 0 1 1 0 0 0	0 0 1 3 0 0 1 0	4 3 2 3 初コース	2 0 0 10 1 0 0 1	3 1 1 6 0 0 0 1	2 0 1 5 0 0 1 0	1 1 1 1 初コース	1 3 0 4 1 0 0 1
○0000	◎1000	○1100	◎1002	○0001	○0002	◎1000	○0001
ナシュワン	キャッチャーインザ	ストームキャット	マンハッタンカフェ	スペシャルウィーク	サンデーサイレンス	ディープインパクト	ディープインパクト
ジャックネイラー	初仔	ナムラムツゴロー	初仔	ベステンダンク	アークフリゲート	初仔	ノーブルワークス
天 西 壬 千 2 0 2 0 0 0 1 0 0 0 0 0 4 1 1 0	天 西 壬 千 1 2 0 0 0 0 1 0 0 0 1 0 3 10 2 0	天 西 壬 千 0 0 4 0 0 2 1 0 2 0 1 0 2 0 1 0	天 西 壬 千 0 0 4 0 0 0 1 0 0 0 0 0 1 1 10 0	天 西 壬 千 1 1 2 0 0 1 0 0 0 0 1 0 2 1 3 0	天 西 壬 千 1 0 2 0 0 0 0 0 1 0 1 0 2 5 4 0	天 西 壬 千 1 0 1 0 3 0 0 0 1 0 0 0 1 2 1 0	天 西 壬 千 0 0 5 0 0 1 6 0 1 2 1 0 0 5 5 0
1京 4月29日 ③ 葵S 6 3勝 17ト18頭 壬内 1080 58 国分恭 S ⑨⑨⑨ 504 人気9 中位差詰 2¼ 348中332 サトノレーヴ 1077 0.3	1函 6月11日 ② 函館SS 11 GⅢ 3ト16頭 壬 1090 55 富田 H ⑯⑯⑯ 452 人気16 出遅る 4¾ 342中348 キミワクイーン 1082 0.8	2中京 3月26日 6 高松宮 2 GⅠ 15ト18頭 壬 1116 56 浜中 S ⑩⑩⑨ 466 人気2 中位伸 1身 362外354 ファストフォー 1115 0.1	2中 3月4日 ③ オーシャ 10 GⅢ 10ト16頭 壬外 1081 55 吉田豊 M ①1① 458 人気14 3角不利 4¼ 334内347 ヴェントヴォー 1074 0.7	1中京 1月29日 ⑩ シルクロ 4 GⅢ 15ト15頭 壬 1078 585 鮫島駿 S ⑩⑨⑩ 466 人気3 中位差詰 2¾ 346中332 ナムラクレア 1073 0.5	2小 2月12日 2 北九短距 1 オープン 11ト18頭 壬 1082 58 幸 M ⑨④③ 450 人気4 中位差切 ハナ 334外348 キャプテンドレ 1082 0.0	3中 4月1日 ③ ダービ卿 3 GⅢ 16ト16頭 天外 1334 56 菅原明 S ③④④ 472 人気5 好位粘る 1¼ 362中337 インダストリア 1332 0.2	2中 3月4日 ③ オーシャ 5 GⅢ 6ト16頭 壬外 1080 57 横山和 M ⑤④④ 474 B 人気1 好位一息 3¾ 337中343 ヴェントヴォー 1074 0.6
1函 6月18日 ④ UHB杯 1 3勝 2ト16頭 壬 1091 58 池添 S 6⑧⑦ 498 人気3 中位差切 ¾身 350中341 ブルースピリッ 1092 0.1	1函 6月24日 5 函館日 6 オープン 1ト16頭 壬 1100 55 富田 S 7⑨⑧ 454 人気13 中位差詰 4身 353内347 ゾンニッヒ 1093 0.7	2東 5月14日 ⑧ ヴィクト 8 牝馬GⅠ 12ト16頭 天 1329 56 浜中 S 11⑤⑥ 468 人気5 向正不利 4¾ 350中339 ソングライン 1322 0.7	3中 4月16日 8 春雷 16 L 14ト16頭 壬外 1105 55 永野 M ②③⑦ 462 人気15 先行一杯 10身 340中365 マッドクール 1088 1.7	2中京 3月26日 6 高松宮 15 GⅠ 14ト18頭 壬 1130 58 鮫島駿 S ⑩⑭⑭ 462 人気5 後方まま 8¾ 367外363 ファストフォー 1115 1.5	1京 5月7日 6 鞍馬S 9 オープン 4ト18頭 壬内 1105 59 西村淳 M ⑦⑩⑧ 450 人気3 中位まま 3¾ 352内353 エイシンスポッ 1099 0.6	2東 5月13日 ⑦ 京王SC 6 GⅡ 4ト18頭 西 1206 57 レーン S ⑦⑦⑧ 470 人気3 一瞬鋭 1½ 361外332 レッドモンレー 1203 0.3	3中 4月16日 8 春雷 9 L 6ト16頭 壬外 1095 57 横山和 M ⑧⑨⑧ 474 B 人気2 中位まま 4身 344中351 マッドクール 1088 0.7
1札 7月23日 ② しらかば 1 オープン 4ト16頭 壬 1074 55 池添 M 7⑤⑥ 494 人気2 G前差す ハナ 341中333 カンティーユ 1074 0.0	2札 8月13日 ② UHB賞 3 オープン 7ト15頭 壬 1087 55 池添 S ⑥③③ 456 人気10 好位伸 3身 347中340 シナモンスティ 1082 0.5	3ヵ月余 放牧 乗込み5週間 仕上り○ 連対体重 454～472 3ヵ月以上休 ①②③外 1 1 1 0	1函 6月11日 ② 函館SS 13 GⅢ 2ト16頭 壬 1093 55 亀田 H ⑦8⑪ 466 人気15 中位一杯 6¼ 336中357 キミワクイーン 1082 1.1	1函 6月11日 ② 函館SS 3 GⅢ 1ト16頭 壬 1085 58 鮫島駿 H ④⑤⑥ 466 人気1 中位伸 2身 333中352 キミワクイーン 1082 0.3	1函 6月11日 ② 函館SS 7 GⅢ 14ト16頭 壬 1087 57 幸 H ⑦⑤⑤ 442 人気4 中位まま 2¾ 333外354 キミワクイーン 1082 0.5	1函 6月24日 5 函館日 1 オープン 15ト16頭 壬 1093 57 武豊 S ⑨⑥⑤ 466 人気2 中位一気 2身 352外341 カルネアサーダ 1096 0.3	1函 6月11日 ② 函館SS 2 GⅢ 7ト16頭 壬 1083 57 西村淳 H ⑨⑤③ 476 B 人気5 一旦先頭 ¾身 333中350 キミワクイーン 1082 0.1

しなかったためです。

ちゃんと新馬戦の相手の次走成績を確認していれば「おおっ!」と、ショウナンマヌエラに目を向けることができただろうし、そうすれば父のジャスタウェイが新潟2歳Sで2着だったと思い出すこともできたでしょう。あとから気づいても、もう遅い。

キーンランドC・8番人気2着シナモンスティックの場合

もうひとつ例を挙げましょう。新潟2歳Sと同じ週に行なわれた札幌のキーンランドC（馬柱P38〜39）です。

8番人気で2着に逃げ残り、中穴になったのはシナモンスティックでした。この馬の前々走、4着だった福島テレビオープンが「ハイレベルのレース」だったのです。

福島テレビオープンの上位馬の次走をP42下の表にまとめました。

ほとんどの馬が次走、重賞で上位に来ているのがわかります。一見、福島の地味なオープン特別に見えて、中身はGⅢ重賞のレベルにあったと推定できます。シナモンスティックも次走ですぐにオープンのUHB賞を勝ち、キーンランドCへ向かいました。

これが、次走成績によるレースレベル判断の効果です。着順やタイムだけではわかりにくいことに気づかせてくれて、好配当をもたらす。

このように前走や前々走のレベルを把握しておくと、各馬の走力を的確に見極められるようになり、必ず馬券の役に立ちます。

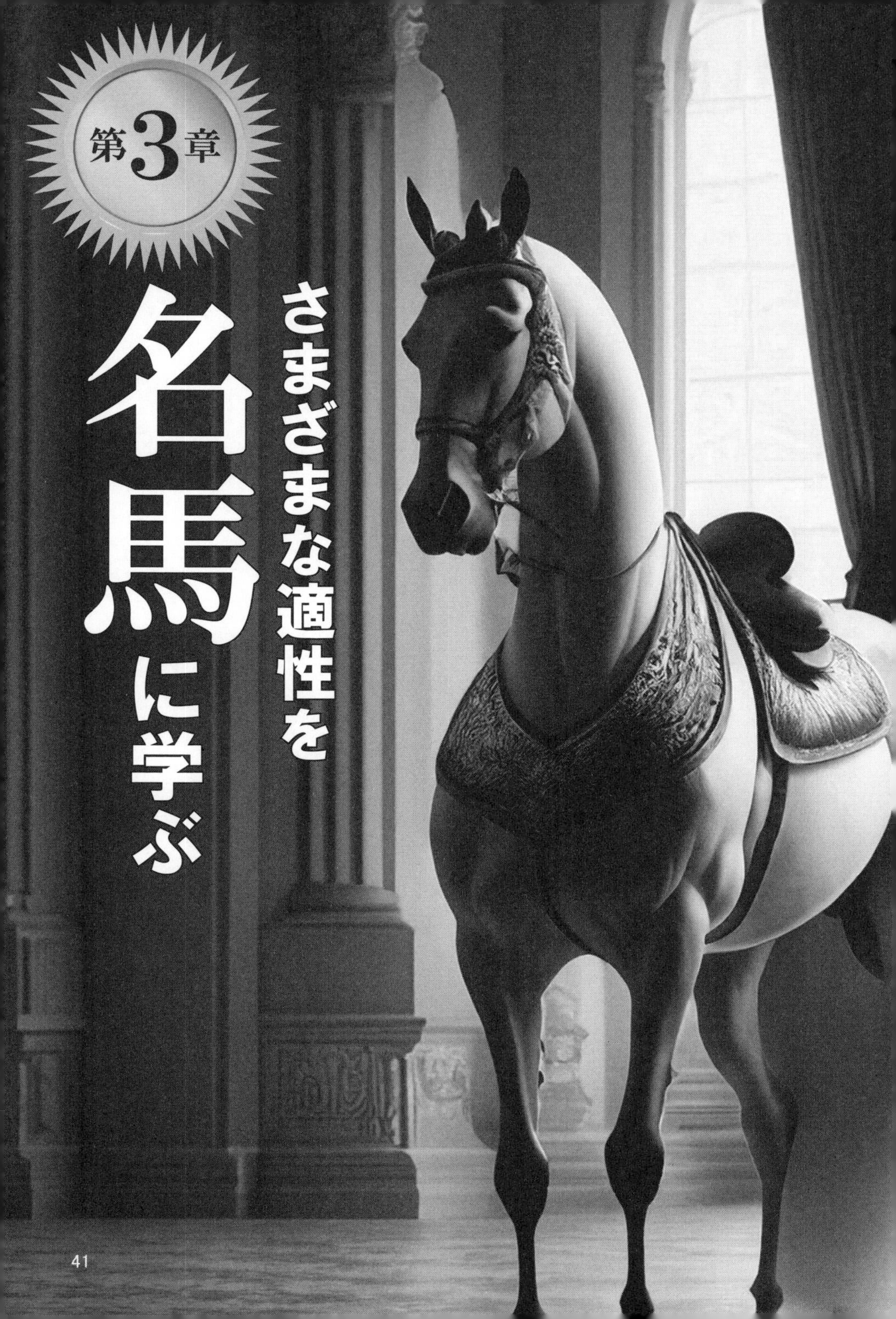

第3章 さまざまな適性を名馬に学ぶ

上がり3ハロンのタイムから適性をつかむ

1章では「適性」の基本3項目として、競馬場適性、距離適性、ローテーション適性をピックアップしましたが、他にも適性の項目はたくさんあります。どんな競馬場が得意で、どんな競馬場は苦手なのか。

・右回りか、左回りか
・直線の長いコースか、短いコースか
・最後に急坂があるか、ないか
・コーナーがきついコースか、ゆるやかなコースか
・長距離輸送しなくてはいけない競馬場か、そうではない競馬場か

……などなど。

各馬がどれに当てはまるのかは、戦歴とにらめっこしながら慎重な見極めが必要です。

しかし、これらを全部ひっくるめて、シンプルなひとつのファクターで見る方法もあります。「上がり3ハロン」のタイムです。

ゴールドシップに学ぶ「上がり3ハロンと得意競馬場」

上がり3Fの捉え方・基本編

ゴールドシップを例に取ります。1章でも登場してもらいましたが、「灰色の暴れん坊」に再登板してもらいましょう。

ゴールドシップの戦績から「レースの上がり34秒9以内の重賞」と「レースの上がり36秒以上の重賞」を抜き出したのが、左の表。上がりが速かったレースと、上がりが遅かったレースです（その他は省略）。

レースの上がり34秒9以内の重賞は【1−0−1−4】。6回走って、勝ったのはGⅢの共同通信杯だけ。G1とGⅡは全敗です。

レースの上がり36秒0以上の重賞は【5−2−1−2】。10回走って5勝。GⅠも4勝しています。

つまり、ゴールドシップは上がりの速いレースが苦手で、上がりの遅いレースが得意だったのです。

別の言い方をすると、阪神競馬場が得意だったのは、

●ゴールドシップ・レースの上がり34秒9以内の重賞【1−0−1−4】

日付	開催	レース名	クラス	年齢	騎手	人	着	上り3F	馬場	レース上がり
150125	中山	AJCC	GⅡ	6	岩田康誠	1	7	34.4	良	34.6
141228	中山	有馬記念	GⅠ	5	岩田康誠	1	3	33.9	良	34.6
140504	京都	天皇賞春	GⅠ	5	ウィリア	2	7	34.2	良	34.8
131124	東京	ジャパンC	GⅠ	4	内田博幸	2	15	34.7	良	34.1
131006	京都	京都大賞典	GⅡ	4	内田博幸	1	5	34.8	良	34.9
120212	東京	共同通信杯	GⅢ	3	内田博幸	2	1	33.3	良	33.6

●同・レースの上がり36秒0以上の重賞【5−2−1−2】

日付	開催	レース名	クラス	年齢	騎手	人	着	上り3F	馬場	レース上がり
140824	札幌	札幌記念	GⅡ	5	横山典弘	1	2	35.3	良	36.3
131222	中山	有馬記念	GⅠ	4	ムーア	2	3	37.8	良	36.7
130623	阪神	宝塚記念	GⅠ	4	内田博幸	2	1	35.2	良	38.0
130428	京都	天皇賞・春	GⅠ	4	内田博幸	1	5	37.0	良	36.3
130317	阪神	阪神大賞典	GⅡ	4	内田博幸	1	1	36.8	良	37.4
121223	中山	有馬記念	GⅠ	3	内田博幸	1	1	34.9	良	36.0
121021	京都	菊花賞	GⅠ	3	内田博幸	1	1	35.9	良	36.1
120527	東京	日本ダービー	GⅠ	3	内田博幸	2	5	33.8	良	36.1
120415	中山	皐月賞	GⅠ	3	内田博幸	4	1	34.6	稍重	38.4
111001	札幌	札幌2歳S	GⅢ	2	安藤勝己	2	2	35.6	稍	36.6

阪神の内回りコースは上がりが遅くなりやすいため。東京競馬場が苦手だったのは、上がりが速くなりやすいため。こんなふうにまとめることもできるのです。上がり34秒9以内のレースに阪神がひとつもないことを確認してください。

上がり3ハロンのタイムというのは、直線の長さや、急坂の有無、その日の馬場状態などに影響されるため、前記のたくさんのファクターをひとまとめにして「レースの質」をはかれる便利さがあります。

これを知っていると、その馬は上がりの速いレースに合うのか、上がりの遅いレースに合うのかという見方で、得意と不得意を見分けることができる。まだ走ったことがない競馬場についても、得意かどうかを予測できるようになります。

ゴールドシップは函館でデビューして、札幌2歳Sで2着したのが最初の重賞連対でした。函館と札幌は、洋芝コースの直線の短い競馬場です。コーナーが多く、上がり3ハロンが遅くなりやすいコースです。

すっとばして簡単にいうと、函館や札幌の芝が得意な馬は、中山や阪神の内回りも得意なことが多い。逆に、東京や京都は得意じゃないこともよくある。「上がりが速いか遅いか」という分類では、函館や札幌は中山や阪神と同じグループに入るからです。

ゴールドシップが中山と阪神内回りに向くタイプであろうことは、デビュー直後の函館と札幌の結果から予測できたのです。

ちなみに、札幌2歳Sでゴールドシップを負かしたグランデッツァもその後、中山と福島の重賞を勝ち、東京はさっぱりでした。

もちろん、本当に中山や阪神が得意かどうかは走ってみないとわかりません。でも、走り終わるまで待っていたら、おいしい配当を得られない。走ったことがなければ、近いタイプの競馬場の成績を参考にすればいいのです。

上がり3Fの捉え方・応用編

これを応用した実戦馬券術を紹介します。

関東の場合、中山に近いのは、右回りで直線の短い福島です。東京に近いのは、左回りで直線の長い新潟です。

3月と4月に中山開催、5月と6月に東京開催があり、7月に福島、8月に新潟がある。この順番がおいしい馬券を生んでくれます。

「7月の福島は、3、4月の中山に好走実績を持ち、5、6月の東京で凡走して人気を落とした馬を狙え！」

「8月の新潟は、5、6月の東京に好走実績を持ち、7月の福島で凡走して人気を落とした馬を狙え！」

「9月の中山は、3、4月の中山に好走実績を持ち（以下ループ）」

関西の場合は、阪神と中京が近いとされていますが、関東ほどシンプルに2つのグループには分けられません。京都競馬場が新装され、早く京都の特徴をつかむゲームがまだ始まったばかりです。

この考え方を血統に応用した馬券術もあります。

ゴールドシップが負けた東京競馬場のレース結果を血統で見ると、おもしろいことがわかります。

3歳のダービー5着、4歳のジャパンC15着、6歳のジャパンC10着と、敗れた3戦の勝ち馬には共通点があるのです。

ダービーの1着はディープブリランテ。父ディープインパクト。

4歳のジャパンC1着はジェンティルドンナ。父ディープインパクト。

6歳のジャパンC1着はショウナンパンドラ。父ディープインパクト。

ゴールドシップが敗れた東京の3戦は、すべて勝ち馬がディープ産駒。2着もディープ産駒が2頭でした。芦毛のスタミナ番長に合わないレースを制したのは、ことごとくディープインパクト産駒だったのです。

これが馬券を組むうえでとても有効であることは、

わかってもらえるでしょう。

ディープ産駒は上がりの速いレースや、直線の長い東京競馬場が大得意のため、ゴールドシップとは適性が正反対なので、こんな現象が起こります。

今なら、**ディープ産駒から馬券を買いたいときはゴールドシップ産駒を軽視して、ゴールドシップ産駒から買いたいときはディープ産駒を軽視する**という、馬券の組み方ができます。

これがゴールドシップに学ぶ馬券術です。

サトノアラジンに学ぶ「枠順の考え方」

枠順の捉え方〜東京・阪神のマイルGⅠ

枠順はレース結果を左右する大きなファクターです。２０２３年のジャパンＣではイクイノックスとリバティアイランドが揃って1枠に入ったのを見て、多くの競馬ファンが「うわー、こりゃますます堅そうだ」と変な声を上げました。

両馬が断然、能力上位なうえに、ジャパンＣは1枠が有利なＧＩとして知られるからです。案の定、1着イクイノックス、2着リバティアイランドで決まり、1枠のワンツーでした。ジャパンＣは２０１４年から23年の10年間で1枠の馬が5勝しています。

枠順の考え方は大きく分けて、次の３つがあります。

1：内枠が有利なコース、外枠が有利なコース、中枠が有利なコースなど、コースによって枠順の有利不利がある。「コース」とは、中山芝1600m、東京芝2000mなど「競馬場＋距離」を指します。

2：内枠の得意な馬、外枠の得意な馬など、それぞれの馬によって歓迎する枠順と、歓迎しない枠順がある

3：そのコースの内枠が有利なのか、外枠が有利なのかは、当日の馬場状態や開催時期によっても変わっていく

まず取り上げるのは1と2です。

最初に見てもらいたいのは、東京芝1600mのGIの枠順成績です（左の表）。NHKマイルC、ヴィクトリアマイル、安田記念と、年に3つのGIが開催される重要なコース。22年までの近10年で、30鞍のGIが行なわれました。

一目瞭然です。30レース行なわれ、1枠の馬が1勝もしていません。これは23年分を追加しても同じです。東京芝1600mのGIで1枠の馬が勝ったのは、07年の安田記念のダイワメジャーが最後。もう17年前のことです。

近年は馬場整備の技術が進んだせいで、どこの競馬場も内枠有利の傾向が強いのですが、そんな中においても1枠の馬が勝ったことがない。このような基礎知識を知ったうえで馬券を買うか、知らずに馬券を買うかでは、結果に大きな差が出ます。

比較のため、阪神芝1600mのGIについても同じデータを挙げます。桜花賞、阪神JF、朝日杯FS、

●東京芝1600mのＧⅠ合計30鞍

枠番	着別度数	勝率	複勝率
1枠	0- 4- 5-48/57	0.0%	15.8%
2枠	3- 3- 2-49/57	5.3%	14.0%
3枠	6- 1- 4-48/59	10.2%	18.6%
4枠	2- 5- 3-48/58	3.4%	17.2%
5枠	5- 7- 2-45/59	8.5%	23.7%
6枠	4- 3- 4-49/60	6.7%	18.3%
7枠	7- 2- 3-70/82	8.5%	14.6%
8枠	3- 5- 7-70/85	3.5%	17.6%

2013～22年

●阪神芝1600mのＧⅠ合計32鞍

枠番	着別度数	勝率	複勝率
1枠	6- 2- 3-50/61	9.8%	18.0%
2枠	3- 3- 8-49/63	4.8%	22.2%
3枠	3- 4- 2-55/64	4.7%	14.1%
4枠	5- 6- 3-50/64	7.8%	21.9%
5枠	6- 5- 6-47/64	9.4%	26.6%
6枠	2- 6- 3-53/64	3.1%	17.2%
7枠	3- 2- 7-73/85	3.5%	14.1%
8枠	4- 4- 0-80/88	4.5%	9.1%

2013～22年

京都代替のマイルCSと、２０１３年から22年の10年間で32鞍のＧＩが開催されています（Ｐ47下の表）。

こちらは近年ぐっと内枠有利にシフトしつつあり、1枠の馬が6勝。勝率もトップです。同じ芝１６００ｍのＧ１でも、東京と阪神はこれだけ違うのだということを、頭に入れておきましょう。

ここでサトノアラジンに登場してもらいます。枠順によって成績が大きく変わった名馬だからです。

サトノアラジンは父ディープインパクト。全姉に14年のエリザベス女王杯を勝ったラキシスを持ち、当歳のセレクトセールで1億３０００万円以上の高値がついた良血馬でした。

現在は種牡馬として活躍し、シャトル供用（日本の種付けオフシーズンに南半球で種付けすること）の豪州やニュージーランドで重賞勝ち馬を多数輩出する大活躍を見せています。

3歳時は共同通信杯3着、神戸新聞杯4着、菊花賞6着。

4歳からマイル路線に転じると成績が安定し、5歳で京王杯スプリングＣとスワンＳを勝利。しかし、マイルＣＳは1枠を引いて1番人気5着。

そして6歳の安田記念で7枠⑭番を引き、川田騎手を背に7番人気1着。悲願のＧＩ勝利を果たしました。

サトノアラジンの枠順成績が左の表です。香港のレースは含めず、国内のレースに絞りました。

7枠と8枠で6勝。1枠から4枠は0勝。見事に外枠に好成績が偏っています。7枠と8枠では【6－2－0－2】。凡走したのは距離が長かった菊花賞と、不良馬場の天皇賞・秋だけです。

●サトノアラジン 枠順成績

枠番	着別度数
1枠	0- 1- 0- 1/ 2
2枠	0- 1- 1- 0/ 2
3枠	0- 0- 1- 1/ 2
4枠	0- 0- 1- 3/ 4
5枠	1- 0- 0- 1/ 2
6枠	1- 1- 0- 2/ 4
7枠	3- 1- 0- 1/ 5
8枠	3- 1- 0- 1/ 5

外枠が得意だった理由はいくつか考えられますが、ストレスを受けずに、ギリギリまで末脚をためたほうがいいタイプだったため、その個性が外枠に向いたのでしょう。前半に脚を使わず、後方待機の競馬に徹しやすい枠が良かった。

順を追います。外枠得意、内枠苦手なサトノアラジンが、5歳秋のマイルCSでは1枠(②番)に入りました。前哨戦のスワンSを快勝したこともあり、1番人気でしたが、5着と馬券にも絡めませんでした。

次走が香港マイルで、こも7着に敗れました。6歳の始動戦の京王杯スプリングCも4枠④番に入り、またまた1番人気で9着に敗れます。

そして17年の安田記念を迎えます。18頭立ての7枠⑭番に入ったサトノアラジンは、人気急降下で単勝オッズ12・4倍まで下がってしまいます。

ちなみに安田記念の13年以降の10年間の枠順成績は上の表。外枠が強いレースです。

外枠の得意な馬が内枠で負け続け、人気を落としたところで、ようやく外枠を引いたのです。しかも外枠の強いコースで!

サトノアラジンは後方待機から大外を回って直線一気! 上がり3ハロン33秒5の末脚を繰り出して突き抜け、安田記念を制覇しました。

サトノアラジンの個性と、東京芝1600mの枠順傾向を知っていれば、「なぜマイルCSの1枠で1番人気にして、待望の安田記念の7枠で人気薄になったのか!?」と、ドヤ顔で講釈をたれたくなるオッズのハネ上がり方でした。

●安田記念の枠順別成績

枠番	着別度数	複勝率
1枠	0- 2- 1-14/17	17.6%
2枠	0- 1- 0-16/17	5.9%
3枠	2- 0- 1-16/19	15.8%
4枠	0- 2- 1-16/19	15.8%
5枠	4- 1- 0-15/20	25.0%
6枠	0- 2- 2-16/20	20.0%
7枠	4- 1- 2-16/23	30.4%
8枠	0- 1- 3-21/25	16.0%

2013〜22年

●サトノアラジン

29戦8勝　栗東・池江泰寿厩舎　父ディープインパクト　母マジックストーム

日付	開催	レース名	クラス	年齢	騎手	人	着	上り3F	馬場	枠番	馬番
171210		香港マイル	GⅠ	6	ボウマン	4	11		良		4
171119	京都	マイルCS	GⅠ	6	川田将雅	5	12	34.8	稍重	3	5
171029	東京	天皇賞・秋	GⅠ	6	川田将雅	5	18	45.8	不良	7	14
171008	東京	毎日王冠	GⅡ	6	川田将雅	5	2	32.6	良	8	12
170604	東京	安田記念	GⅠ	6	川田将雅	7	1	33.5	良	7	14
170513	東京	京王杯SC	GⅡ	6	川田将雅	1	9	33.8	重	4	4
161211		香港マイル	GⅠ	5	川田将雅	1	7		良		12
161120	京都	マイルCS	GⅠ	5	川田将雅	1	5	35.0	良	1	2
161029	京都	スワンS	GⅡ	5	川田将雅	2	1	33.6	良	6	11
160605	東京	安田記念	GⅠ	5	川田将雅	3	4	33.6	良	6	7
160514	東京	京王杯SC	GⅡ	5	川田将雅	3	1	32.4	良	5	10
160403	中山	ダービー卿CT	GⅢ	5	ルメール	2	3	33.9	良	3	6
151213		香港C	GⅠ	4	マクドナルド	9	11		良		9
151122	京都	マイルCS	GⅠ	4	ルメール	3	4	33.2	良	4	8
151024	東京	富士S	GⅢ	4	ルメール	1	2	33.0	良	6	11
150614	東京	エプソムC	GⅢ	4	ルメール	1	2	34.3	良	2	2
150523	東京	モンゴル大統領賞	OP	4	ルメール	1	1	33.5	良	8	18
150419	中山	春興S	1600万	4	ルメール	1	1	32.7	良	7	9
150307	阪神	武庫川S	1600万	4	池添謙一	2	2	34.7	稍重	1	2
141206	阪神	逆瀬川S	1600万	3	浜中俊	1	6	34.8	良	6	7
141026	京都	菊花賞	GⅠ	3	浜中俊	9	6	34.9	良	8	16
140928	阪神	神戸新聞杯	GⅡ	3	浜中俊	2	4	35.7	良	4	8
140809	小倉	九州スポーツ杯	1000万	3	浜中俊	1	1	34.9	稍重	8	9
140712	中京	茶臼山高原特別	500万	3	バートン	1	1	34.3	良	7	7
140315	阪神	ゆきやなぎ賞	500万	3	岩田康誠	1	2	35.2	良	7	9
140224	東京	共同通信杯	GⅢ	3	岩田康誠	2	3	33.8	良	4	5
131221	阪神	ラジオNIKKEI杯	GⅢ	2	戸崎圭太	1	3	34.9	稍重	2	3
131116	東京	東スポ杯2歳S	GⅢ	2	戸崎圭太	1	5	33.6	良	5	9
130810	新潟	2歳新馬	新馬	2	戸崎圭太	1	1	34.2	良	8	15

冒頭に記した枠順の考え方1と2を組み合わせると、こんなふうにおいしい馬券が簡単に当たることがあります。

枠順の捉え方〜応用編

続いて枠順の考え方、応用編です。

「同じコースでも、内枠が有利か、外枠が有利かは、当日の馬場状態や開催時期、レース展開によっても変わっていく」

●ヴィクトリアマイルの枠順成績

枠番	着別度数	勝率	複勝率
1枠	0- 0- 3-17/20	0.0%	15.0%
2枠	2- 1- 2-15/20	10.0%	25.0%
3枠	4- 0- 1-15/20	20.0%	25.0%
4枠	0- 3- 1-15/19	0.0%	21.1%
5枠	0- 3- 0-16/19	0.0%	15.8%
6枠	2- 1- 0-17/20	10.0%	15.0%
7枠	2- 0- 1-26/29	6.9%	10.3%
8枠	0- 2- 2-26/30	0.0%	13.3%

2013〜22年。アミ部分はトップ3

●安田記念の枠順成績

枠番	着別度数	勝率	複勝率
1枠	0- 2- 1-14/17	0.0%	17.6%
2枠	0- 1- 0-16/17	0.0%	5.9%
3枠	2- 0- 1-16/19	10.5%	15.8%
4枠	0- 2- 1-16/19	0.0%	15.8%
5枠	4- 1- 0-15/20	20.0%	25.0%
6枠	0- 2- 2-16/20	0.0%	20.0%
7枠	4- 1- 2-16/23	17.4%	30.4%
8枠	0- 1- 3-21/25	0.0%	16.0%

2013〜22年。アミ部分はトップ3

これについて見ていきます。

前項で「東京芝1600mのGIは15年以上、1枠から勝ち馬が出ていない」ことや「安田記念は外枠が優勢」ということを紹介しました。

同じ東京芝1600mのGIにヴィクトリアマイルがあります。牝馬限定のGIです。過去10年の枠順成績を、ヴィクトリアマイルと安田記念で比べてみましょう（上の表）。

アミ部分で表示しているのは、高率の枠トップ3です。安田記念は5枠から7枠が好成績なのに対して、ヴィクトリアマイルは2枠と3枠の成績が優秀なのがわかります。

2023年の優勝馬ソングラインも含めると、17年以降のヴィクトリアマイルでは、3枠が4勝、2枠が2勝。7回のうち6回、どちらかの枠が勝ち馬を出しています。同じ東京芝1600mのGIなのに、安田記念とこれだけの違いがあるのです。

理由はいくつかあります。

ヴィクトリアマイルは牝馬限定戦。牝馬同士のレースは中盤のペースが落ち着きやすく、隊列が一度定まると、そのまま動かない。結果、上がりの速さを求められる決着が多く、少しでも前の位置や、内の位置を取りやすい内枠が有利になる。

一方、牡馬混合の安田記念は、前半が速いうえに（1000m58秒未満が過去20回中16回）、中盤の出入りやマクリもあり、隊列が定まったまま進むことは少ない。全体に厳しいラップになりやすい。結果、前の位置や内の位置よりも、後ろの位置やストレスのかかりにくい外の位置が有利になる。

レースの質として、隊列が落ち着きやすい牝馬戦のヴィクトリアマイルは内枠が有利になり、隊列の出入りが激しい牡馬混合の安田記念は外枠が有利になるのです。

このあたりはラップの数字を見るのではなく、レース映像を見て、違いを感じて欲しいところです。

表3●アルテミスSの枠順成績

枠番	着別度数	勝率	複勝率
1枠	0- 0- 1-11/12	0.0%	8.3%
2枠	1- 2- 1-11/15	6.7%	26.7%
3枠	0- 2- 1-12/15	0.0%	20.0%
4枠	0- 1- 0-13/14	0.0%	7.1%
5枠	0- 0- 3-12/15	0.0%	20.0%
6枠	1- 2- 2-11/16	6.3%	31.3%
7枠	2- 0- 1-16/19	10.5%	15.8%
8枠	5- 2- 0-13/20	25.0%	35.0%

GⅢ昇格後の過去9回。8枠が最高成績

上級者の中には「2歳牝馬の東京芝1600mの重賞アルテミスSは外枠が強いぞ！」とツッコミを入れる人がいるかもしれませんが、それがわかっているような人は本書を読まなくても大丈夫です。

2歳牝馬にとって東京芝1600mはタフな舞台なので、軽いスピードだけで押し切るのが難しく、アルテミスSは外枠の馬の差しがよく決まります（右の表）。これもレースの質の違いです。

ヴィクトリアマイルと安田記念の枠順傾向が異な

る、もうひとつの理由は開催時期です。

ヴィクトリアマイルは5月に施行され、安田記念は6月に施行されます。約2カ月の間、続けて行なわれる東京開催の、前半に開催されるのがヴィクトリアマイル、後半に開催されるのが安田記念という違いがあります。

開催前半は馬場がきれいなため、少しでも距離損のないインコースを走れる内枠が有利になる。

開催が進むと、たくさんの馬が通るインコースほど馬場がいたむため、きれいな状態の外を走れる外枠が有利になっていく。

これは東京芝1600mに限らず、すべての芝コースの内外の有利不利を考えるうえで最も大事な原則なのです。

第1段階：開催前半は内が走りやすくて内有利

↓

第2段階：開催が進むと内が痛み、外が有利になっていく

↓

第3段階：ほとんどの馬が外を通るようになると、再び距離ロスの少ない内を通った馬が穴になったりする

という、内↓外↓内の変化もあります。

5、6月の連続開催の前半に行なわれるヴィクトリアマイルと、後半に行なわれる安田記念では、5月のほうがインコースが傷んでない。

だからヴィクトリアマイルは内枠が有利になりやすく、安田記念は外枠が有利になるという違いもあるのです。

前記の内有利↓外有利の変化が顕著に起こるのは、ローカルの小回りコースです。特に福島や小倉は「内有利の馬場」と「外有利の馬場」が劇的に入れ替わることがあります。

23年の冬の小倉開催は、降雪の影響もあり、開催終盤は外枠断然有利の馬場になりました。いい例題なので振り返っておきます。

小倉 11R

WIN5③

発馬 15.20

第57回 小倉大賞典 GIII

(混)(特指) 四才上オープン・ハンデ

	1	2	3	4	5	6	7	8	9	10
枠	白1	白1	黒2	黒2	赤3	赤3	青4	青4	黄5	黄5
父	ハーツクライ	ディープインパクト	レッドスパーダ	ディープインパクト	ロードカナロア	ハービンジャー	ルーラーシップ	エイシンフラッシュ	ディープインパクト	ヴィクトワールピサ
馬名	カテドラル	レッドランメルト	テイエムスパーダ	レッドベルオーブ	ゴールドギア	ヒンドゥタイムズ	バジオウ	インテンスライト	サトノエルドール	フォルコメン
母	アビラ(英)	クイーンズアドヴァイス(英)	トシザコジーン 3勝	レッドファンタジア 未勝	ギンザボナンザ 5勝	マハーバーラタ 1勝	フローレスダンサー 1勝	スコルピオンキッス 1勝	ミゼリコルデ 4勝	イマーキュレイトキャット(米)
毛色・斤量	鹿 58 牡7	鹿 55 牡4	芦 54 牝4	青鹿 57.5 牡5	黒鹿 55 牡8	鹿 57.5 騸7	鹿 55 牡5	鹿 55 牡7	鹿 56 牡7	鹿 56 騸7
騎手	団野	吉田隼	今村	北村友	丸山	ムルザバエフ	菱田	勝浦	藤岡佑	田辺
厩舎	池添学	国枝	五十嵐	藤原英	伊藤圭	斉藤崇	田中博	菊沢	国枝	堀
賞金	8500	2400	3550	3500	3800	4650	2500	2400	3600	3200
総賞金	20,260	5830	7980	8790	13,886	15,040	5940	8300	10,980	10,024
馬主名	キャロットF	東京HR	竹園正繼	東京HR	有馬博文	シルクR	鈴木剛史	堂守貴志	里見治	社台RH
牧場名	ノーザンF	社台牧場	浦河小林牧場	ノーザンF	三嶋牧場	ノーザンF	社台F	カミイスタット	追分F	社台F
山古	△	○		初	B	注			B	△
黒子	○	注		B		◎				▲
総紙	◎	○				注			△	
小板	○	◎				▲				△
瀬目	△	◎		△		▲				◎
桧打本	○	◎ 東			東	▲	東	東	東	△ 東
芝1400	新 [illegible]①		阪1218⑬	京1201⑥	三2126⑤		[illegible]①	京1288③	2148②	京1284②
芝1600	中13[illegible]①	二二2282⑥	千二1058①	阪1324①	東1334③	二二[illegible]④	二二[illegible]⑨	中1327⑥	新1370③	中1323②
芝1800	小[illegible]②	東1465②		小1455①	東1459⑧	阪1[illegible]①	東[illegible]②	東1467⑤	東1465③	函1480②
芝2000	小[illegible]③	中2005⑥		阪1586⑨	東1580⑥	阪1[illegible]⑥	東[illegible]①	東1586④	東1589⑰	福1591⑩
上り最高	千八33.1⑨	千八33.8②	二千33.7⑭	千八34.0①	二千32.7⑨	二千32.9④	二千33.9①	千八33.5①	二千32.8②	二千33.6②
騎乗成績	0 1 0 2	初騎乗	1 0 0 2	0 0 0 1	0 0 0 1	初騎乗	0 0 0 1	初騎乗	初騎乗	初騎乗
クラス実績	3 5 1 16	0 0 0 1	1 1 0 6	2 0 1 7	1 1 0 18	1 1 2 6	1 0 0 5	0 0 0 7	1 0 0 8	0 1 1 5
当該条件	0 2 0 0	初コース	初コース	1 0 0 0	初コース	初コース	初コース	初コース	初コース	初コース
芝コース重の実績	○1000	○0000	●0100	○0000	○0000	●1001	○0001	○0003	○0010	○1000
母の父	ロックオブジブラルタル	オーペン	アドマイヤコジーン	アンブライドルズソング	ゼンノロブロイ	ディープインパクト	ハービンジャー	フレンチデピュティ	ファスリエフ	ストームキャット
兄弟馬	ジェベルムーサ	オクタヴィアヌス	ナーゲルリング	レッドベルジュール	ブラックルージュ	リアンクール	ダンスグルーヴィ	モンラッシェ	ディールクルム	メインクーン
距離別勝利度数	二千 千八 千六 短	二千 千八 千六 短	二千 千八 千六 短	二千 千八 千六 短	二千 千八 千六 短	二千 千八 千六 短	二千 千八 千六 短	二千 千八 千六 短	二千 千八 千六 短	二千 千八 千六 短
1着	1 1 1 1	1 3 0 0	0 0 0 4	0 1 2 0	1 1 1 0	4 1 0 0	2 1 0 0	0 1 3 0	3 2 0 0	0 0 4 0
2着	0 2 3 0	1 2 0 0	0 0 0 1	0 0 1 0	1 1 0 0	3 0 0 0	0 2 0 0	1 0 2 0	2 1 0 0	1 1 3 1
3着	0 0 1 0	0 1 0 0	0 0 0 0	0 0 1 0	0 0 2 0	3 0 0 0	1 0 0 0	0 0 3 1	3 2 1 0	0 0 1 0
着外	3 1 11 1	2 0 0 0	0 0 0 6	3 1 2 1	8 3 4 0	6 0 0 0	4 0 0 0	3 5 7 0	9 2 0 0	1 1 9 0

距離別勝利度数:二千…二千のみ、千八…千七含む、千六…千六含む、短…千五まで

近走成績

	1	2	3	4	5	6	7	8	9	10
3走前	4小 8月14日 ②小倉記念 4 GIII 14ﾄ15頭 二千1586 57団野 M⑬⑭⑫ 484 人気6 後方追上 7½ 359中351 マリアエレーナ 1574 1.2	4中 10月2日 ⑨茨城新聞 1 2勝 2ﾄ14頭 千八内1481 55池添 S③④④ 502 人気1 好位抜出 1¾ 372中348 ゴーゴーユタカ 1484 0.3	4中 10月2日 ⑨スプリンター 15 GI 1ﾄ16頭 千二外1088 53国分恭 H①①① 490 人気4 出遅る 6¼ 327内361 ジャンダルム 1078 1.0	4東 10月9日 ②毎日王冠 10 GII 1ﾄ10頭 千八1462 56幸 M①①① 486 人気6 逃一杯 12¾ 345内365 サリオス 1441 2.1	2札 9月4日 ⑧丹頂 7 オープン 11ﾄ11頭 二四2427 55横山和 S⑧②② 482B 人気5 進上一杯 6⅓ 406中383 ボスジラ 2417 1.0	4小 8月14日 ②小倉記念 2 GIII 12ﾄ15頭 二千1582 56.5ホー M⑪⑪⑨ 462 人気10 後方伸 5身 357外350 マリアエレーナ 1574 0.8	4東 10月16日 ⑤オクトー 8 L 2ﾄ16頭 二千1587 56田辺 M⑤⑦⑤ 478 人気1 好位一杯 3½ 369内350 ゴールドスミス 1581 0.6	4中 9月11日 ②京成AH 7 GIII 3ﾄ13頭 千六外1339 54菊沢 S⑤⑦⑧ 492 人気6 中位まま 2¼ 361内341 ファルコニア 1336 0.3	4東 10月16日 ⑤オクトー 12 L 14ﾄ16頭 二千1589 57永野 M②②② 474B 人気16 先行一杯 4¾ 364中358 ゴールドスミス 1581 0.8	2福 7月10日 ④七夕 10 GIII 8ﾄ16頭 二千1591 55石橋脩 M③②② 506 人気7 仕掛早 8¼ 348中362 エヒト 1578 1.3
2走前	3福 11月13日 ④福島記念 13 GIII 4ﾄ16頭 二千2015 57団野 H⑭⑫⑨ 488 人気6 後方まま 7¼ 379外359 ユニコーンライ 2002 1.3	5中 12月11日 ④[illegible] 1 3勝 15ﾄ16頭 千八内1485 56北村宏 S③③② 510 人気3 先行競勝 アタマ 381中349 ソウルトレイン 1485 0.0	5阪 11月27日 ⑧京阪杯 6 GIII 5ﾄ16頭 千二内1080 53今村 M②③③ 490 人気3 先行一息 5身 337中343 トウシンマカオ 1072 0.8	6阪 12月3日 ①チャレン 9 GIII 1ﾄ14頭 二千内1586 56福永 H①①① 504 人気3 逃一杯 6¾ 348内371 ソーヴァリアン 1575 1.1	5阪 11月19日 ⑤アンドロ 7 L 11ﾄ11頭 二千内2002 55池添 S⑪⑪⑩ 482B 人気10 後直だけ 4¾ 384内352 マテンロウレオ 1593 0.9	4阪 10月10日 ③京都大賞 4 GII 4ﾄ14頭 二四外2250 56団野 S⑦⑥④ 470 人気5 一瞬脚 4½ 375外343 ヴェラアズール 2243 0.7	6中京 12月10日 ③中日新聞 9 GIII 12ﾄ18頭 二千1599 54岩田康 S②②② 472 人気6 先行一杯 3身 374中355 キラーアビリティ 1594 0.5	4阪 10月30日 ⑨カシオペ 10 L 2ﾄ15頭 千八外1468 56藤岡康 S②⑥⑤ 490 人気12 好位一杯 4¾ 361中339 アドマイヤビル 1461 0.7	3福 11月13日 ④福島記念 8 GIII 13ﾄ16頭 二千2010 55武藤 H⑯⑯⑯ 470B 人気15 差り追詰 4½ 384中348 ユニコーンライ 2002 0.8	5中京 10月2日 ⑨ポートア 7 L 2ﾄ12頭 千六1337 57北村友 S⑧⑧⑧ 508 人気2 中位一杯 3¾ 368内337 アルサトワ 1331 0.6
前走	3ヵ月余 放牧 乗込み3週間 仕上り○ 連対体重 464～488 3ヵ月以上休 ①②③外 1 0 0 1	1中 1月5日 ①中山金杯 6 GIII 15ﾄ17頭 二千内2005 55北村宏 S⑤⑤② 510 人気4 中位まま 1½ 370中358 ラーグルフ 2002 0.3	1中京 1月29日 ⑩シルクロ 14 GIII 11ﾄ15頭 千二1090 55今村 S⑮⑮⑮ 494 人気9 後方まま 10¼ 353外337 ナムラクレア 1073 1.7	1小 2月5日 ⑧関門 10 オープン 5ﾄ15頭 二千1591 58北村友 H①①① 486 人気3 大逃一杯 7¼ 337内384 ディープモンス 1579 1.2	1小 2月5日 ⑧関門 8 オープン 10ﾄ15頭 二千1590 58丸山 H⑬⑭⑭ 490B 人気13 後方追詰 6½ 373外352 ディープモンス 1579 1.1	6阪 12月3日 ①チャレン 6 GIII 12ﾄ14頭 二千内1580 56武豊 H⑬⑬⑪ 472 人気2 後方追詰 3½ 377外345 ソーヴァリアン 1575 0.5	1小 2月5日 ⑧関門 4 オープン 1ﾄ15頭 二千1587 57菱田 H③③⑤ 480 人気4 好位一息 4½ 357中360 ディープモンス 1579 0.8	1中 1月7日 ②ニューイ 7 L 6ﾄ13頭 千六外1343 57菊沢 S⑥⑥⑨ 502 人気10 中位追詰 6½ 361中348 ウイングレイテ 1332 1.1	1東 1月28日 ①白富士 5 L 8ﾄ10頭 二千1589 58菅原明 S⑦⑥⑥ 480B 人気8 早目進出 2¼ 374外340 サリエラ 1585 0.4	6阪 12月10日 ③リゲルS 3 L 4ﾄ9頭 千六外1337 57松山 S②②② 498 人気2 先行粘る ¾身 364中338 シャイニーロッ 1336 0.1

枠連オッズ

組	オッズ
1-8	24.9
2-2	279.6
2-3	32.5
2-4	87.3
2-5	50.8
2-6	26.6
2-7	39.3
2-8	90.2
3-3	164.4
3-4	59.4
3-5	19.1
3-6	15.0
3-7	20.8
3-8	27.4
4-4	932.0
4-5	62.1
4-6	39.9
4-7	41.7
4-8	71.6
5-5	59.4
5-6	21.8
5-7	18.6
5-8	147.1
6-6	33.2
6-7	12.5
6-8	51.7
7-7	90.2
7-8	45.8
8-8	279.6

軸馬 2

単穴 14

連 11 6 16

2023年２月19日・小倉11Ｒ小倉大賞典（ＧⅢハンデ、芝1800m重）

1着⑥ヒンドゥタイムズ　（2番人気）
2着①カテドラル　（9番人気）
3着⑦バジオウ　（10番人気）
・・・・・・・・・・・・・・・・・
4着⑭ロングラン　（3番人気）
5着⑬ホウオウエミーズ（4番人気）

単⑥ 490円
複⑥ 220円
　① 480円
　⑦ 470円
馬連①－⑥ 3750円
馬単⑥→① 6560円
3連複①⑥⑦ 23680円
3連単⑥→①→⑦ 101440円

16 桃8	15	14 橙7	13	12 緑6	11
ルーラーシップ	ローズキングダム	ヴィクトワールピサ	ロードカナロア	スクリーンヒーロー	マンハッタンカフェ
アルサトワ	フォワードアゲン	ロングラン	ホウオウエミーズ	ウイングレイテスト	ダンディズム
ポップアイコン3勝	エーシンシャイナー未勝	ノッテビアンカ仏	エミーズスマイル公	グレートキャティ2勝	ビューティーコンテスト
鹿57.5牡6	黒鹿54騸6	鹿55騸5	鹿54牝6	栗57牡6	黒鹿56騸7
幸	替 黛	丹内	丸田	松岡	富田
斉藤崇	中野栄	和田勇	池上和	畠山吉	野中
5200	2400	2400	3600	3450	2500
9661	7752	4850	9775	13,644	8762
ゴドルフィン	浅川皓司	梅澤明	小笹芳央	ウイン	カナヤマHD
ダーレージャパンF	信田牧場	社台F	社台F	コスモヴューF	三嶋牧場
……… ……… …△… …△… ……… …△…	…▲… ……… ……… ……… ……… …△ 東	…△… …△… …△… …注… …注… …注 東	…◎… …△… ……… ……… ……… …△ 東	……… ……… …▲… …△… …△… …△ 東	…△… …△… …△… ……… …△… …△…
三2146⑫ 東1331① 阪1448① 阪1589①	東1209⑪ 中1347⑦ 東1462⑩ 新1594④	大ダ1536[7] ニダ2150⑭ 阪1464① 大ダ2072[9]	新1243⑥ 三2142❼ 中1469② 阪2000⑱	東1222❻ 中1328⑥ 福1485⑦	三2138① 函2252⑤ 阪1464③ 小1582②
33.9⑪ 5 0 0 8	33.6③ 1 1 0 1	34.0⑩ 1 0 0 1	33.3⑧ 2 3 0 6	33.0① 3 6 2 5	33.6⑯ 3 2 0 6
2 0 0 5 初コース	0 0 0 4 0 0 0 1	0 0 0 2 初コース	1 0 0 8 初コース	1 1 2 3 初コース	0 1 0 4 初コース
○0 0 0 1	◎1 0 0 0	◎1 0 0 0	◎2 1 0 1	○1 1 0 3	○0 1 0 0
ダイワメジャー	グラスワンダー	ケンダルジャン	アグネスタキオン	サクラユタカオー	シングスピール
パールドバイ	グリーミージュエル	ランブシー	エミーズパラダイス	ベストメンバー	ムーンクレスト
千 大 芙 短 4 1 1 0 0 0 0 0 0 0 0 0 7 1 2 0	千 大 芙 短 0 2 1 1 0 3 1 0 0 0 0 1 4 6 2 3	千 大 芙 短 0 4 0 0 0 0 0 0 0 0 0 0 1 6 0 0	千 大 芙 短 0 4 0 0 0 4 0 0 0 0 0 0 4 8 0 1	千 大 芙 短 0 1 2 0 0 0 6 0 0 1 4 0 0 3 8 1	千 大 芙 短 1 0 0 0 2 1 0 0 1 1 0 0 4 1 0 0
5中京10月2日 ⑨ポートア 1 L 9ト12頭 芝1331 57 幸 S①①① 516 人気4 逃切る ¾身 357内339 ヴィジュネル 1332 0.1	3福11月13日 ④福島記念 5 GIII 6ト16頭 芝2009 53江田照 H⑨⑨⑪ 430 人気8 中位差詰 3¾ 370中354 ユニコーンライオン 2002 0.7	3阪6月19日 ②[illegible] 1 2勝 6ト11頭 芝外1464 57荻野極 M④③③ 468 人気10 G前差す ハナ 361中349 ヴァンルーラー 1464 0.0	4新10月23日 ④新潟牝馬 1 牝オープン 6ト14頭 芝内2145 54西村淳 S⑧⑦⑤ 448 人気8 中位差切 ¾身 365中347 ホウオウイクセル 2146 0.1	4東10月29日 ⑧紅葉 1 3勝 10ト12頭 芝1341 56松岡 S③③③ 504 人気2 好位差切 アタマ 365中330 アオイシンゴ 1341 0.0	6中京12月10日 ③中日新聞 10 GIII 13ト18頭 芝2000 54富田 S⑱⑱⑯ 476B 人気16 出遅る 3¼ 394内338 キラーアビリティ 1594 0.6
4東10月22日 ⑥富士 11 GII 7ト15頭 芝1332 56横山武 S①②② 508 人気7 息入らず 7½ 345中353 セリフォス 1320 1.2	6中京12月10日 ③中日新聞 14 GIII 7ト18頭 芝2004 53江田照 S⑭⑮⑮ 436 人気13 後方まま 5¾ 387中344 キラーアビリティ 1594 1.0	4中9月18日 ❹レインボ 1 3勝 12ト15頭 芝内1499 54丹内 M⑫⑫⑪ 480 人気10 中位差切 1身 375中353 アナゴサン 1501 0.2	5阪11月13日 ❹エリザベ 7 牝GI 6ト18頭 芝内2142 56丸田 M⑮⑭⑮ 444 人気18 後方差詰 7身 363外362 ジェラルディーナ 2130 1.2	5中12月18日 [6]ディセン 3 L 14ト16頭 芝内1486 56松岡 H⑥⑥④ 510 人気6 中位伸 1身 374中362 ショウナンマグマ 1484 0.2	1中京1月15日 [6]日経新春 7 GII 6ト14頭 芝2149 55富田 S⑫⑪⑪ 472B 人気11 後直だけ 4身 378内353 ヴェルトライゼンデ 2142 0.7
1中京1月5日 ①京都金杯 15 GIII 4ト16頭 芝1345 575 幸 M②③③ 508 人気7 先行一杯 10½ 351中366 イルーシヴパンサー 1327 1.8	1中1月5日 ①中山金杯 8 GIII 13ト17頭 芝内2005 54江田照 S⑪⑬⑬ 436 人気17 中位まま 1¾ 375中351 ラーグルフ 2002 0.3	5中12月18日 [6]ディセン 5 L 12ト16頭 芝内1486 56丹内 H⑫⑫⑪ 486 人気5 中位伸ち 1¼ 381外356 ショウナンマグマ 1484 0.2	3ヵ月余 放牧 乗込み6週間 仕上り○ 適対体重 442～462 3ヵ月以上休 ①②③外 0 1 0 1	1中1月7日 ②ニューイ 1 L 1ト13頭 芝外1332 57松岡 S①①① 512 人気2 逃切る クビ 355内343 サクラトゥジュール 1332 0.0	1小2月5日 ⑧関門 2 オープン 4ト15頭 芝1582 57富田 H[9]⑧③ 478 人気5 漸進伸 1½ 363中351 ディープモンスター 1579 0.3

●23年2月11日の小倉芝レースの枠連
5－7、7－8、6－7、6－7、1－7、5－7
●23年2月12日の小倉芝レースの枠連
3－4、2－6、7－8、5－7、5－7、6－7、6－6

外枠が圧倒的に優勢です。こういう馬場の変化に敏感な人は、2月11日の競馬を見て「きたぞ、きたぞ、外枠の馬が伸びる外有利馬場だ！」と察知して、外枠狙いを敢行しました。

日曜の2月12日も外有利の傾向は続き、メインの北九州短距離Sは1着から3着まで、馬番⑪番、⑫番、⑰番と入って、3連単5万馬券になりました。

さらに翌週はどうなったか。翌週も外枠有利は変わらず、土曜の芝レースはまたしてもほとんど5枠より外の枠で決着しました。

ここまで続くと、さすがに多くの人が気づきます。普段は裏開催の小倉の馬券なんて買ったことがない人まで「おい、今の小倉は外枠さえ買えば当たるらしいじゃないか」と騒ぎ始めました。

2月19日、日曜のメインレースは小倉大賞典（馬柱P54～55）。結果がどうなったかというと、1着は⑥番ヒンドゥタイムズ、2着は①番カテドラル、3着は⑦番バジオウ。

多くの馬がインコースを避けて外を回る中、コースロスの少ない馬場の真ん中へんを通った⑥番と①番が勝利を争いました。これもよくあるパターンなのです。

ビギナーを含む多数派が気づく頃には、もうそのトレンドは終わり、逆の目が出る。

ギャンブルの鉄則を教えてくれる格好の題材になった23年小倉大賞典でした。

ウインブライトに学ぶ「夏や冬に強い季節馬」

「中山と香港の鬼」ウインブライトの軌跡を追うと

サラブレッドには、夏に強い馬や、冬に強い馬など、シーズンによって成績が違う「季節馬」がよくいます。すべての馬に見られる特徴ではありませんが、気にしている人が多くない分、決まると大きな配当を手にできる強力なファクターです。

季節適性を持っていた名馬ウインブライトに登場してもらいます。

ウインブライトは、2020年末の香港C（2着）がラストランだった。最近まで走っていたので、知っている人は多いでしょう。芝1800から芝2000mの重賞を7勝した中距離の名馬です。

国内のGI勝ちはありませんが、香港のGIを2勝。中山の重賞を4勝したことから「中山の鬼」「香港の鬼」の異名もありました。

全24戦のうち、22戦で松岡正海騎手が手綱を取り、5歳の中山記念では松岡が骨折後の手術でプレートを埋め込んだまま騎乗したという、執念のエピソードも知られます。

2着以内に入った重賞を並べると、次のようになります。

- 17年3月のスプリングS　1着（3歳）
- 17年11月の福島記念　1着（3歳）
- 18年1月の中山金杯　2着（4歳）
- 18年2月の中山記念　1着（4歳）
- 19年1月の中山金杯　1着（5歳）
- 19年2月の中山記念　1着（5歳）
- 19年4月のQエリザベス2世C　1着（5歳）
- 19年12月の香港カップ　1着（5歳）
- 20年12月の香港カップ　2着（6歳）

「中山と香港の鬼」であるだけでなく、もうひとつの特徴が読み取れます。それは**「冬に強い」**ことです。

12月から2月を冬とするならば、ウインブライトの冬の重賞成績は**【4－2－0－0】**。連対率100%でした。

●ウインブライト

24戦9勝　美浦・畠山吉宏厩舎　父ステイゴールド　母サマーエタニティ

日付	開催	レース名	クラス	年齢	騎手	人	着	上り3F		距離	馬場
201213		香港C	GⅠ	6	松岡正海	3	2		芝	2000	良
201101	東京	天皇賞・秋	GⅠ	6	松岡正海	12	10	34.5	芝	2000	良
200301	中山	中山記念	GⅡ	6	ミナリク	3	7	34.5	芝	1800	良
191208		香港C	GⅠ	5	松岡正海	1	1		芝	2000	良
191027	東京	天皇賞・秋	GⅠ	5	松岡正海	12	8	34.8	芝	2000	良
190922	中山	オールカマー	GⅡ	5	松岡正海	2	9	35.1	芝	2000	良
190428		QE2世C	GⅠ	5	松岡正海	4	1		芝	2000	良
190224	中山	中山記念	GⅡ	5	松岡正海	5	1	33.7	芝	1800	良
190105	中山	中山金杯	GⅢ	5	松岡正海	3	1	34.9	芝	2000	良
181118	京都	マイルCS	GⅠ	4	松岡正海	14	9	34.5	芝	1600	良
181020	東京	富士S	GⅢ	4	松岡正海	10	10	34.4	芝	1600	良
180401	阪神	大阪杯	GⅠ	4	松岡正海	9	12	35.4	芝	2000	良
180225	中山	中山記念	GⅡ	4	松岡正海	2	1	34.9	芝	1800	良
180106	中山	中山金杯	GⅢ	4	松岡正海	2	2	34.8	芝	2000	良
171112	福島	福島記念	GⅢ	3	松岡正海	2	1	35.3	芝	2000	良
171008	東京	毎日王冠	GⅡ	3	松岡正海	9	10	33.7	芝	1800	良
170528	東京	日本ダービー	GⅠ	3	松岡正海	12	15	34.8	芝	2400	良
170416	中山	皐月賞	GⅠ	3	松岡正海	6	8	34.5	芝	2000	良
170319	中山	スプリングS	GⅡ	3	松岡正海	5	1	35.5	芝	1800	良
170121	中山	若竹賞	500万	3	松岡正海	1	1	34.7	芝	1800	良
161217	中山	ひいらぎ賞	500万	2	松岡正海	4	2	34.9	芝	1600	良
161112	東京	未勝利	未勝利	2	松岡正海	4	1	34.6	芝	1800	稍重
160724	福島	未勝利	未勝利	2	内田博幸	2	5	36.9	芝	1800	良
160626	東京	2歳新馬	新馬	2	松岡正海	1	6	35.4	芝	1800	良

中距離の王者なら、東京や阪神の重賞でも好走できたはずです。しかし、秋の天皇賞は8着と10着。大阪杯は12着でした。

中山の鬼なら、中山で凡走がなかったかというと、3歳の皐月賞は8着、5歳のオールカマーは9着でした。強かったのは冬だけです。

4月の香港クイーンエリザベス2世Cを勝っているのだから、冬馬呼ばわりは失礼かもしれませんが、単純に「中山と香港の鬼」だったわけではないと、わかるでしょう。4月から10月の国内重賞は【0－0－0－7】でした。

なぜ「冬馬」「夏馬」が存在するのか

こんなふうに「季節馬」を見つけることが、馬券戦術のうえで、とても役に立ちます。

冬馬が存在する理由は

・冬という寒い季節が合う。暑さが苦手
・冬の芝や、冬のダートが合う
・中山競馬場が得意（12月と1月に開催されるため）
・冬に組まれるレースに向く。例えば長距離重賞は冬に多い

夏馬が存在する理由は

・夏という暑い季節が合う。体調が良くなる
・汗をかきやすいため、馬体が絞れる
・ローカル競馬場が得意。または現地滞在の競馬が得意
・冬に調子が落ちる。例えば裂蹄（ひづめが割れる病気）は、寒いと症状が出やすい

などなどです。

季節馬を見つけるには、競走馬には得意な季節があるという前提で戦歴を注視すること、厩舎陣営の「暑い季節は良くない」といったコメントに敏感になることも大事です。

2023年2月4日のアルデバランS（中京ダート1900m）でも、冬馬の激走がありました。

10番人気で2着にきたホウオウルバンは、1年前の冬にダートで3連勝。全4勝が12月から3月に集中している馬です。それが暖かい季節は凡走が続き、人気を落としたところでアルデバランSを激走！

21年2月のリヤド・ダートスプリントを快勝したコパノキッキングも、毎年冬になると調子を上げる馬でした。

季節馬を見つけるコツは、必ず1年前の成績をチェックすること。ここから始めてみてください。そしてもう少し上級者になると、あらかじめ血統から推測することもできます。

ウインブライトの全姉にウインファビラスという馬がいました。15年の阪神JFでメジャーエンブレムの2着に来た馬です。ここからウインファビラスが馬券になったレースを並べます。

・15年12月の阪神JF2着　（10番人気）
・17年1月のニューイヤーS3着　（5番人気）
・18年12月の常総S1着　（7番人気）

馬券に絡んだのは12月と1月だけでした。ニューイヤーSと常総Sは、どちらも中山のレースです。他に4着が2回ありますが、それも2月と1月のレースでした。ウインファビラスも弟と同じく、冬馬だったのです。

こんなふうに1年に一度しか激走しない馬を、ピンポイントでつかまえるのはとても難しい。でも、逆に目立ちます。

「ウインファビラスは冬になると調子を上げて穴をあける」と把握できていれば、全弟のウインブライトがデビューした段階で「もしかしたらこの馬も……」という、ぼんやりした仮説くらいは立てられます。

血統の季節適性や、成長リズムは、父の影響もありますが、母系の傾向のほうが精度は確かです。母や兄姉が冬に強い馬だった、夏に強い馬だったという、ファミリーの季節成績は知っておいたほうがいい。

このあたりの感覚は、共有一口クラブをやっている人なら、よくわかるのではないでしょうか。

クロノジェネシスに学ぶ「馬体重」の考え方

増減のジレンマ、さてどうする？

予想をするには、各馬の体調の良し悪しを判断しなくてはなりません。パドック、調教、厩舎情報など、体調を判断する材料はたくさんありますが、どれもテキストで説明するのは難しい。

そんな中、数字で示される体調のヒントがあります。馬体重です。

増えたほうがいいのか、減ったほうがいいのか、気にしなくていいのか。この項目では馬体重の見方・考え方についてまとめていきます。

●ポイント1：休み明けより、休み明け2戦目の大幅増減に要注意

まずはこれです。「大幅」とは、10キロ以上の増減を指します。

馬体重は休み明けの馬で気にされがちですが、休み明けは大幅プラスでも走ることが多く、単純な数字だけ見ても判断が難しい。それよりも馬体重の増減を気にするべきは、休み明け2戦目だという提案です。

2戦目に馬体重が大幅に増えるのは、どんな理由があるか。普通に考えれば、休み明けを走った後、馬体をゆるめたケースです。あるいは、汗をかきにくい時期に入り、馬体が絞れなかった。

2戦目に馬体重が大幅に減るのは、どんな理由があるか。休み明けを走った後、反動が出て、カイバ食いが悪くなったケースです。あるいは、馬体が太かった休み明けを叩いて、今度は絞れたケース。

いずれにしろ、休み明けのレースが好走だったとしたら、2戦目の馬体重は大幅プラスでも大幅マイナスでも良くない。

例を挙げます。ステラヴェローチェの2021年菊花賞がそうでした。

休み明けの神戸新聞杯（不良馬場）をプラス18キロで勝利して、続く菊花賞は2番人気。しかし、馬体重はマイナス12キロ。

これを受けて「神戸新聞杯は大幅プラスだったから、戻っただけだろう」と気にしない手もありましたが、それより「休み明けの不良馬場を激走した反動が出たのでは？」と考えるのが自然でした。

結果、菊花賞のステラヴェローチェは4着どまり。タイトルホルダーが悠々と逃げ切る中、馬券に絡めませんでした。

●2021年菊花賞・ステラヴェローチェ＝2番人気4着

休み明け初戦の神戸新聞杯、プラス18キロで1着。2戦目の菊花賞はマイナス12キロで……

●2020年チャンピオンズC・クリソベリル＝1番人気4着

休み明け初戦のJBCクラシック、プラス2キロで1着。2戦目のチャンピオンズCはプラス12キロで……

反対に、クリソベリルの20年チャンピオンズCは、2戦目に馬体重大幅プラスの例です。

この年のクリソベリルは、休み明けのＪＢＣクラシックを快勝して、ここは休み明け2戦目。しかし、馬体重はプラス12キロ。自身最高の５５４キロでした。馬体をゆるめたのか、何かあったのか、それはわかりません。

結果、チャンピオンズCのクリソベリルは、1番人気でチュウワウイザードの4着に完敗しました。たった2例ですが、休み明けよりも、2戦目の馬体重増減が大事だという考え方を説明するための事例です。

●ポイント2：高齢馬は「連対時の馬体重」に注目

「連対時の馬体重」という考え方も大事です。

その馬が何キロから何キロのときに馬券になったのか。競馬新聞によっては、これが表示されています。好走したことがあるゾーンの馬体重なら問題なし、それ以外の馬体重なら不安ありという見方です。

ただし、この見方は若い馬には通用しません。3歳や4歳ではどんどん成長して馬体重が増えていく馬も多いため、連対時の馬体重も更新されてゆくのです。

名牝グランアレグリアは新馬の458キロから、ラストレースの5歳のマイルCSでは506キロまで増えました。

これが高齢馬なら、どうでしょう。目安として6歳以上を高齢馬とします。6歳以上の馬がどんどん馬体重を増やしていくような例は少ない。そこで「連対時の馬体重」が重要になります。

今まで連対したことのある馬体重のゾーンから外れていたら消し。そのゾーンに戻ったら買い、という馬券術です。

●ポイント3：その馬の適正馬体重や、好走のクセを見つけよう

ここまでは総論でしたが、3つ目は1頭1頭の馬体重についての考え方です。

馬体重がプラスのときに好走する馬なのか、マイナスのときに好走する馬なのか、それぞれの馬に馬体重のクセがあります。すべての馬にわかりやすいクセがあるわけではありませんが、中にはシンプルな傾向を持つ馬がいます。

秋華賞、有馬記念、宝塚記念などを勝った**名牝クロノジェネシスは、馬体重がプラスだと6戦全勝。それ以外は10戦1勝（新馬、海外除く）**だったことを知っているでしょうか。

・プラス体重　【6－0－0－0】
・マイナス体重　【1－1－2－1】
・増減なし　【0－1－2－0】

●クロノジェネシス

17戦8勝　栗東・斉藤崇史厩舎　父バゴ　母クロノロジスト

日付	開催	レース名	クラス	年齢	騎手	人	着	上り3F	馬場	馬体重
211226	中山	有馬記念	GⅠ	5	ルメール	2	3	36.0	良	478(0)
211003		凱旋門賞	GⅠ	5	マーフィ	3	7		重	
210627	阪神	宝塚記念	GⅠ	5	ルメール	1	1	34.4	良	478(+4)
210327		ドバイSC	GⅠ	5	北村友一	1	2		良	
201227	中山	有馬記念	GⅠ	4	北村友一	1	1	36.2	良	474(+10)
201101	東京	天皇賞・秋	GⅠ	4	北村友一	2	3	32.8	良	464(0)
200628	阪神	宝塚記念	GⅠ	4	北村友一	2	1	36.3	稍重	464(+10)
200405	阪神	大阪杯	GⅠ	4	北村友一	4	2	34.0	良	454(−6)
200216	京都	京都記念	GⅡ	4	北村友一	1	1	35.8	重	460(+12)
191110	京都	エリザベス女王杯	GⅠ	3	北村友一	2	5	33.3	良	448(−4)
191013	京都	秋華賞	GⅠ	3	北村友一	4	1	36.1	稍重	452(+20)
190519	東京	オークス	GⅠ	3	北村友一	2	3	35.4	良	432(−2)
190407	阪神	桜花賞	GⅠ	3	北村友一	3	3	32.9	良	434(−4)
190211	東京	クイーンC	GⅢ	3	北村友一	1	1	33.1	良	438(+2)
181209	阪神	阪神JF	GⅠ	2	北村友一	2	2	33.9	良	436(0)
181020	東京	アイビーS	OP	2	北村友一	3	1	32.5	良	436(−4)
180902	小倉	2歳新馬	新馬	2	北村友一	1	1	34.5	稍重	440

馬体重の（　）は前走からの増減（以下同）

重賞初勝利となった2019年クイーンCでもプラス体重だったクロノジェネシス。

これがクロノジェネシスのクセです。馬体重が不明の海外レースは除きました。海外の次走はその前の国内レースからの増減です。

もう1頭挙げます。大阪杯を勝ったレイパパレは小柄な馬としても人気を集めましたが、適正の馬体重がありました。

・439キロ以下だと【6－2－1－0】
・440キロ以上だと【0－0－0－4】
※香港の2戦は除く

これがレイパパレのクセです。21年の大阪杯を制した後、4歳秋は1番人気のオールカマー、エリザベス女王杯を440キロ台で敗退。馬券に絡まないレースが続き、馬体重が430キロ台に戻ると、再び金鯱賞と大阪杯で連対。その後、また440キロ台で敗戦続きでした。

すべての好走・凡走の理由を馬体重にこじつけるつもりはありませんが、このような個々の馬の特徴を見つけると、馬券の取捨に役立ちます。

●レイパパレ

15戦6勝　栗東・高野友和厩舎　父ディープインパクト　母シェルズレイ

日付	開催	レース名	クラス	年齢	騎手	人	着	上り3F	馬場	馬体重
221211		香港C	GⅠ	5	モレイラ	5	9		良	
221009	東京	毎日王冠	GⅡ	5	川田将雅	2	4	34.6	良	440(0)
220515	東京	ヴィクトリアM	GⅠ	5	川田将雅	1	12	34.3	良	440(+6)
220403	阪神	大阪杯	GⅠ	5	川田将雅	3	2	35.6	良	434(+4)
220313	中京	金鯱賞	GⅡ	5	川田将雅	2	2	34.6	良	430(−4)
211212		香港C	GⅠ	4	スミヨン	2	6		良	
211114	阪神	エリザベス女王杯	GⅠ	4	ルメール	1	6	36.9	良	442(0)
210926	中山	オールカマー	GⅡ	4	川田将雅	1	4	35.6	良	442(+10)
210627	阪神	宝塚記念	GⅠ	4	川田将雅	2	3	35.0	良	432(+10)
210404	阪神	大阪杯	GⅠ	4	川田将雅	4	1	36.8	重	422(−2)
201205	阪神	チャレンジC	GⅢ	3	川田将雅	1	1	34.4	良	424(0)
201018	京都	大原S	3勝	3	川田将雅	1	1	35.0	稍重	424(−6)
200726	新潟	糸魚川特別	2勝	3	川田将雅	1	1	33.2	良	430(−6)
200606	阪神	1勝クラス	1勝	3	川田将雅	1	1	34.6	良	436(+20)
200111	京都	3歳新馬	新馬	3	川田将雅	1	1	35.6	良	416

レイパパレの国内最終戦となった2022年毎日王冠。馬体重は440キロぴったりで4着に惜敗。

第4章

展開の読み方と走力を名馬に学ぶ

三冠馬シンボリルドルフも、レース展開で負ける

10番人気カツラギエースの逃げに屈したジャパンC

第2章で各馬の走力（絶対能力）を見極めるための基本ファクターを取り上げました。走力を測るのに大事なのはレース結果ですが、着順や着差だけでは見えないレース内容もたくさんあります。

例えば、騎手が持ったまま（手綱を動かさないこと）で楽勝した1着と、騎手がグイグイ追って全力で走った1着では意味が違います。

走力を正しく見極めるためには、レースを見て、その価値を見定めなくてはなりません。ここで重要になるのが「レース展開」です。

名馬シンボリルドルフを題材にして、三冠馬でさえ展開によっては負けることもあるという例題と、展開の考え方を示します。

シンボリルドルフは1984年の三冠（皐月賞、ダービー、菊花賞）を、無敗のまま制した名馬中の名馬です。さらに3歳で有馬記念、4歳で天皇賞・春、ジャパンC、有馬記念と、GIを計7勝。「皇帝」のニックネームでも知られました（馬齢は現在の表記）。最後のレースになった米国遠征を除くと、国内では15戦13勝。負けたのは次の2戦だけです。

3歳のジャパンCで3着。勝ち馬カツラギエース。

4歳の天皇賞・秋で2着。勝ち馬ギャロップダイナ。

なぜ昭和の最強馬シンボリルドルフは、この2戦で敗れてしまったのか。敗因のひとつが「展開」です。

展開とは。

・どの馬が逃げるのか。どの馬は後方か
・1頭がすんなり逃げるのか、複数の馬が逃げ争いをするのか
・ペースは速くなるのか（ハイペース）、遅くなるのか（スローペース）

注：馬齢は現在の表記

●シンボリルドルフ

16戦13勝　美浦・野平祐二厩舎　父パーソロン　母スイートルナ

日付	開催	レース名	クラス	年齢	騎手	人	着	タイム		距離	馬場
860329		サンルイレイS	GⅠ	5	岡部幸雄		6		芝	2400	良
851212	中山	有馬記念	OP	4	岡部幸雄	1	1	2.33.1	芝	2500	良
851124	東京	ジャパンC	OP	4	岡部幸雄	1	1	2.28.8	芝	2400	重
851027	東京	天皇賞・秋	OP	4	岡部幸雄	1	2	1.58.8	芝	2000	良
850429	京都	天皇賞・春	GⅠ	4	岡部幸雄	1	1	3.20.4	芝	3200	良
850331	中山	日経賞	OP	4	岡部幸雄	1	1	2.36.2	芝	2500	稍重
841223	中山	有馬記念	GⅠ	3	岡部幸雄	1	1	2.32.8	芝	2500	良
841125	東京	ジャパンC	GⅠ	3	岡部幸雄	4	3	2.26.5	芝	2400	良
841111	京都	菊花賞	OP	3	岡部幸雄	1	1	3.06.8	芝	3000	稍重
840930	中山	セントライト記念	OP	3	岡部幸雄	1	1	2.13.4	芝	2200	良
840527	東京	日本ダービー	OP	3	岡部幸雄	1	1	2.29.3	芝	2400	良
840415	中山	皐月賞	OP	3	岡部幸雄	1	1	2.01.1	芝	2000	良
840304	中山	弥生賞	OP	3	岡部幸雄	2	1	2.01.7	芝	2000	良
831127	東京	3歳		2	岡部幸雄	1	1	1.39.9	芝	1600	良
831029	東京	いちょう特別	400万	2	岡部幸雄	1	1	1.37.3	芝	1600	良
830723	新潟	新馬	新馬	2	岡部幸雄	1	1	0.59.2	芝	1000	不良

クラスは当時の分類、馬齢は現在の表記（以下同）

他にも「ペースの緩急があるのか、平均的な速さで流れるのか」「上がりタイムは速くなるのか」なども展開に含まれますが、シンプルにまとめれば**「どの馬が逃げるのか。ペースは速いか、遅いか」**——これが展開の基礎です。

なぜ、展開が重要かというと、展開によって、走力の劣る馬が強い馬に勝ってしまうことも起きるからです。

スローペースで流れると、逃げ馬や先行馬が有利になりやすい。

ハイペースで流れると、後方につけた差し馬が有利になりやすい。

これがレース展開の基本原則です。

人間の陸上競技を思い浮かべてください。あなたとキプチョゲが５０００ｍで競走するとします。キプチョゲというのはリオ五輪と東京五輪のマラソンを連覇した、世界最強の長距離ランナーです。

普通に競走したら、あなたが負けるに決まっています。しかし、最初からスローペースで流れて、４９０

0mまでずっとスローのまま。残り100m地点であなたがキプチョゲより20m前にいたら、どうでしょう。

スローペースのおかげで余力を残したあなたは、残り100mを全力で走ればいい。キプチョゲも残り120mを全力で走りますが、短距離の速さは世界一ではないから、あなたにも勝つチャンスがある。

競馬では、こういうことがちょくちょく起こります。これが展開の怖さ、面白さです。

もう一度まとめます。

スローペースになると、最後の直線に向いた時点でどの馬にも余力があるため、少しでも前にいる馬が有利。後ろの馬がいい脚を使っても、前の馬もいい脚を使えるため、差が詰まらない。

ハイペースになると、逃げ先行馬は最後の直線に向いた時点で余力があまり残っていない。一方、後方にいた差し馬はハイペースで走ったわけではないので余力があり、前の馬がバテたところを、一気に逆転できる。

シンボリルドルフに戻ります。無敗の8戦8勝で菊花賞を制し、三冠馬になった皇帝は次走、ジャパンCへ向かいました。当時のジャパンCはまだ日本馬が一度も勝ったことのないレース。日本馬は外国馬に挑戦する立場です。

この1984年のジャパンCには、シンボリルドルフの他にもう1頭の三冠馬が出走しました。ミスターシービーです。

2頭の三冠馬が同じレースに揃うだけでも数十年に一度の胸熱な出来事なのに、それが外国馬に立ち向かうジャパンCで実現したのです。当時の盛り上がりがどれだけすごかったか、想像してみてください。

しかし結果は、少数派しか予想できなかったものでした。

10番人気の日本馬カツラギエースが逃げると、他の人気馬は牽制し合い、ペースはすんなりと落ち着きます。前半1000mは61秒6で進み、後続が誰も追いかけなかったため、カツラギエースが楽にリードを保

●1984年11月25日・東京10RジャパンC（ＧⅠ、芝2400m良）

着	枠	馬	馬名	性齢	騎手	タイム	着差	単勝	人	調教師
1	6	10	カツラギエース	牡4	西浦勝一	2.26.3		55.0	10	土門一美
2	3	4	ベッドタイム	セ4	カーソン	2.26.5	1 1/2	7.4	2	ハーン
3	7	12	シンボリルドルフ	牡3	岡部幸雄	2.26.5	アタマ	8.8	4	野平祐二
4	5	7	マジェスティーズプリンス	牡5	マクベス	2.26.5	ハナ	7.6	3	キャンディー
5	4	6	ウイン	セ4	グレール	2.26.8	2	10.2	6	ベイリー
6	5	8	キーウイ	セ7	キャシディ	2.26.9	1/2	101.2	11	ラプトン
7	7	11	ストロベリーロード	牡5	ピゴット	2.26.9	クビ	12.8	7	ニコルス
8	8	14	バウンティ―ホーク	セ4	ホワイト	2.27.2	1 3/4	30.4	8	カミングス
9	4	5	ウェルノール	牡3	アスムッセン	2.27.9	4	46.9	9	ベネッティ
10	1	1	ミスターシービー	牡4	吉永正人	2.28.2	2	4.4	1	松山康久
11	2	2	エスプリデュノール	牡4	ムーア	2.28.7	3	9.1	5	フェローズ
12	6	9	カイザーシュテルン	牡6	アプター	2.28.8	1/2	212.8	14	ラングネル
13	8	13	バウンディングアウェイ	牝3	クラーク	2.29.0	1 1/2	101.5	12	ベンソン
14	3	3	ダイアナソロン	牝3	田原正貴	2.29.1	クビ	103.6	13	中村好夫

単⑩4060円　複⑩680円　④210円　⑫250円　枠連3－6　8110円

つ展開。向正面では2番手以降に10馬身以上の差をつける大逃げになりました。

シンボリルドルフは先行集団の5、6番手、ミスターシービーは最後方の14番手に位置します。ある中継は「カツラギエースが玉砕的に逃げています」と実況しました。

東京競馬場、最後の直線。大逃げを打ったカツラギエースのリードがあっという間になくなり、後続が追いつきます。さあ、シンボリルドルフが抜け出すのか、ミスターシービーが後方から強襲するのか、それとも外国馬か。

ところが、そこからもう一度伸びたのはカツラギエースでした。バテたように見えて、脚をためていたのです。

カツラギエース、逃げ切りの1着！　日本馬が初めてジャパンCを制した快挙であり、シンボリルドルフが初めて負けた瞬間でもあります。ルドルフは3着、ミスターシービーは10着でした。

カツラギエースも強い馬で、決してジャパンＣ優勝がフロックだったわけではありません。でも、単騎で楽な逃げを打ち、外国の有力馬がシンボリルドルフをマークしながらレースを進めた〝展開〟が、カツラギエースの有利に働いたのは間違いありません。

注目は次走です。無敗が止まったシンボリルドルフは次走の有馬記念で、再びカツラギエースと対戦しました。

今度はどうなったのか。皇帝ルドルフはジャパンＣの失敗を繰り返さないよう、逃げるカツラギエースを早めにつかまえに行き、直線であっさりと差し切りました。

カツラギが単騎逃げのジャパンＣは、１着カツラギエース、３着シンボリルドルフ。

ルドルフが徹底マークした有馬記念は、１着シンボリルドルフ、２着カツラギエース。

展開が変われば、着順も変わる。能力の順番にゴールするわけではないのです。人気薄の逃げ馬の怖さを教えてくれる格好の例題です。

厩舎ラインの2頭出しが呼んだ天皇賞の大番狂わせ

続いて、シンボリルドルフが負けた、もうひとつのレースに移ります。

４歳の天皇賞・秋、ギャロップダイナに差し切られたレースです。この敗戦にも展開が影響しています。

１番人気シンボリルドルフに次ぐ２番人気に支持されたのはウインザーノット。凱旋門賞馬サンサンを母に持つ、高松邦男厩舎の馬でした。

レースがスタートすると、果敢にダッシュして逃げたのは人気薄のリキサンパワー。こちらも高松厩舎(邦男師の父・三太師)の馬です。

リキサンパワーが飛ばす速めのペースを、スズマッハ(ダービー２着)やニシノライデン(京都新聞杯)らの有力馬が追いかけ、それに合わせてシンボリルドルフも早めの仕掛けで前の馬をつかまえに行きます。前年のジャパンＣでカツラギエースに逃げ切られた同じ轍《てつ》は踏むまい、という意識があったのでしょうか。

早めに動いたシンボリルドルフの後ろで、じっとし

●1985年10月27日・東京10R天皇賞・秋（ＯＰ、芝2000m良）

着	枠	馬	馬名	性齢	騎手	タイム	着差	単勝	人	調教師
1	3	5	ギャロップダイナ	牡5	根本康弘	1.58.7		119.5	13	矢野進
2	8	17	シンボリルドルフ	牡4	岡部幸雄	1.58.8	1/2	1.8	1	野平祐二
3	3	6	ウインザーノット	牡5	柴田政人	1.58.9	1/2	9.5	2	高松邦男
4	4	8	ニホンピロウイナー	牡5	河内洋	1.58.9	同着	12.8	3	服部正利
5	7	15	チェスナットバレー	牡4	郷原洋行	1.59.1	1 1/2	75.6	9	奥平真治
6	7	16	アカネダイモン	牡4	東信二	1.59.3	1 1/4	94.0	11	橋本輝男
7	5	9	ハーバークラウン	牡4	嶋田功	1.59.3	クビ	122.9	15	佐々木亜良
8	5	10	ワカオライデン	牡4	小島貞博	1.59.5	1 1/4	83.9	10	戸山為男
9	6	13	ヤマノシラギク	牡6	清水英次	1.59.5	ハナ	122.2	14	大久保正陽
10	7	14	チュデキング	牡5	小島太	1.59.6	1/2	202.3	17	佐藤勝美
11	2	4	ゴールドウェイ	牡4	南井克巳	2.00.0	2 1/2	18.4	4	武宏平
12	6	11	ニシノライデン	牡4	田原成貴	2.00.2	1 1/4	28.7	6	伊藤修司
13	4	7	エアハート	牡4	中野栄治	2.00.2	アタマ	183.3	16	伊藤竹男
14	1	1	スズマッハ	牡4	菅原泰夫	2.00.3	3/4	19.3	5	仲住芳雄
15	1	2	スズパレード	牡4	蛯沢誠治	2.00.4	3/4	74.6	8	富田六郎
16	2	3	ロシアンブルー	牡6	柴崎勇	2.00.4	ハナ	45.4	7	畠山重則
17	6	12	リキサンパワー	牡4	田面木博公	2.00.5	1/2	111.2	12	高松三太

単⑤8820円　複⑤430円　⑰100円　⑥120円　⑧160円　枠連3－8　430円

ていたのがウインザーノットでした。父の厩舎のリキサンパワーが速いペースで引っ張り、自分は中団のインコースで仕掛けのタイミングを待つという作戦です。

おそらく意図された「打倒シンボリルドルフ」の（父子ラインによる）厩舎作戦だったと思われます。昭和の競馬には、このような厩舎の連携プレーがよく見られたものです。

最後の直線。シンボリルドルフの外からウインザーノットが並びかけます。作戦がうまくいき、2頭の一騎打ち……かと思われたそのとき、大外からすごい末脚で1頭の馬が飛んできました。あっと驚く13番人気のギャロップダイナです。

1着ギャロップダイナ、2着シンボリルドルフ、3着同着ウインザーノット。

ウインザーノットが王者ルドルフを厩舎作戦で苦しめた成果は、後方待機の別の馬にかっさらわれてしまったのです。

同じ厩舎または同じ馬主の馬が複数いる場合、1頭はハイペースで引っ張る役に回り、もう1頭の差し馬をサポートする。あるいは、ライバルの馬に馬体をかぶせて、消耗させる役に回る。レース展開にはこのような要素も含まれます。

同厩舎や同馬主の連携作戦を読み取れるようになれば、あなたも中級者の仲間入りです。

シンボリルドルフが早仕掛けをしたことも「展開」のひとつです。

レースの流れは、前半のペースが速いか遅いかだけでは決まりません。

前を行くのが有力馬であれば、他の有力馬も早めに動くことが多い。逆に人気薄の馬が前を行き、1番人気の馬が後方に控えていたら、他の有力馬は後ろを気にして、仕掛けが遅めになることが多い。

ペースアップが早ければ逃げ先行馬は苦しくなり、後ろの馬が有利になります。逆にペースアップが遅ければ逃げ先行馬が有利になり、後ろの馬は苦しくなります。

2022年の天皇賞・秋ではパンサラッサの大逃げが話題になりました。

最後はイクイノックスが豪脚で差し切り、ルメール騎手は「あんなにパンサラッサが前にいるとは知らなかった」と冗談めかしていいましたが、結果から見ればパンサラッサを追いかけなかったことが、かえって良かったかもしれません。

もし、あのパンサラッサの大逃げをイクイノックスがもっと早めにつかまえに行っていたら、2着イクイノックス、3着パンサラッサで、1着はダノンベルーガだったかもしれない。これは例え話の妄想

●2022年10月30日・東京11Ｒ天皇賞・秋(ＧⅠ、芝2000m良)

着	枠	馬	馬名	性齢	騎手	着差	通過順	上り3F	人	調教師
1	4	7	イクイノックス	牡3	ルメール		10-10-9	32.7	1	木村哲也
2	2	3	パンサラッサ	牡5	吉田豊	1	1-1-1	36.8	7	矢作芳人
3	3	5	ダノンベルーガ	牡3	川田将雅	クビ	11-11-11	32.8	4	堀宣行
4	5	9	ジャックドール	牡4	藤岡佑介	1/2	4-4-3	33.5	3	藤岡健一
5	5	8	シャフリヤール	牡4	C.デムーロ	2	6-5-5	33.6	2	藤原英昭

単⑦ 260円　複⑦ 130円　③ 470円　⑤ 220円　馬連③－⑦ 3330円　3連複③⑤⑦ 4400円

でしかありませんが、展開とはそういうものです。

パンサラッサのついでに補足します。

スローは逃げ馬や先行馬が有利。ハイペースは後方につけた差し馬が有利。これが展開の基本原則だと書きました。しかし、あくまでも原則です。

スローペースのほうが得意な差し馬もいる。ハイペースのほうが得意な逃げ馬もいる。

これも知っておく必要があります。パンサラッサはハイペースで持ち味を活かすタイプの逃げ馬でした。自ら速いペースに持ち込んで、追いかける後続の末脚をなくさせて粘り込む。いわゆる肉を切らせて骨を断つ戦法です。スローに落としてしまうと、ラストが切れ味の勝負になり、これがパンサラッサにはデメリットになるからです。

ラストの切れ味に長所がある馬なら、少しでもスローペースに落として、最後の直線を迎えた時点で前にいるほうが有利。

でも、切れ味より、スタミナや、スピードを持続させる能力に長所のある逃げ馬は、あまりペースをスローに落とさないほうがいい。展開の大事な考え方です。

逃げ馬に有利なコースを、ツインターボに学ぶ

俺に構わず逃げてくれ！

逃げ馬の取り扱いは難しい。人気薄の馬がすいすいと逃げを打ち、穴をあける。次は忘れずに警戒しようとお金を張り込めば、マークされてあっけなくバテてしまう。

いったい、逃げ馬はどんな条件、どんなタイミングで買えばいいのか。ツインターボを例に見ていきます。

ツインターボは1991年3歳世代の逃げ馬でした。三冠レースには縁がなかったものの、91年のラジオたんぱ賞（現ラジオＮＩＫＫＥＩ賞）を前半1000m58秒9のハイペースで逃げ切り、セントライト記念は2着。

5歳夏の七夕賞。前半57秒4のハイペースで逃げて、4馬身差の楽勝。続くオールカマーも前半59秒5で逃

げると、ここからさらに加速して１６００m通過は１分34秒８。マイルの勝ち時計のようなラップで飛ばして、後続に15馬身くらいの差をつけると、そのまま直線も風を切って５馬身差の逃げ切り。しかも負かしたのは、ライスシャワーやホワイトストーンというＧⅠ級の馬たち。

この七夕賞とオールカマーの２連勝で、ツインターボ人気は頂点に達します。「ツインターボを種牡馬にする会」の会長を名乗る者が現れ、パドックには横断幕の名作「俺に構わず逃げてくれ！ツインターボ」が掲げられるようになりました。

「場」と「枠」にツインターボ激走のカギがあった

ツインターボは後続を引き離して逃げる大逃げが得意戦法でした。

その逃げっぷりの良さと、バテたときのあっという間の止まり方から、「逆噴射ターボ」とか、「破滅のロックンローラー」などと呼ばれ、根強い人気を集めます。もしかしたら当時のファンは、ツインターボの逃げ切りよりも、ツインターボが大逃げして最後は歩くように止まる姿を見たかったのではないかと思えるほどでした。

稀代の個性派はどんな条件で鮮やかな逃走劇を決め、どんな条件で歩くように止まってしまったのか。

重賞で３着以内にきたレースをまとめたのが左の表です。

注目点は２つ。

好走５回のレースはどれも福島か中山、直線の短い小回り競馬場だったこと。その５回のうち４回は、６枠から８枠の外枠だったこと。

いったんツインターボは置いといて。逃げが決まりやすい競馬場について、２０１３年から22年の10年間の芝重賞を対象に調べたのがＰ78の表です。

アミ部分の数字は高率のトップ２。白抜き数字は低率のワースト２。「３角先頭だった馬」を逃げ馬としました。

ツインターボ　33戦6勝（地方含む）　美浦・笹倉武久厩舎　父ライラリッジ　母レーシングジイーン

●連対した重賞

日付	場	重賞		年齢	騎手	枠	人	着		距離	馬場	通過順
930919	中山	オールカマー	GⅢ	5	中舘英二	7	3	1	芝	2200	良	1-1-1
930711	福島	七夕賞	GⅢ	5	中舘英二	8	3	1	芝	2000	良	1-1-1
911117	福島	福島記念	GⅢ	3	大崎昭一	7	2	2	芝	2000	良	1-1-1
910922	中山	セントライト記念	GⅡ	3	大崎昭一	2	3	2	芝	2200	良	1-1-1
910630	福島	ラジオたんぱ賞	GⅢ	3	大崎昭一	6	5	1	芝	1800	良	1-1-1

ツインターボの通算成績は【6－2－0－25】で、3着はなかった

参考●馬券圏外の重賞

日付	場	重賞		年齢	騎手	枠	人	着		距離	馬場	通過順
950514	福島	新潟大賞典	GⅢ	7	宗像徹	7	5	11	芝	2000	重	1-7-13
950122	中山	AJCC	GⅡ	7	中舘英二	2	4	10	芝	2200	良	1-1-1
941225	中山	有馬記念	GⅠ	6	田中勝春	4	10	13	芝	2500	良	1-1-8
941120	福島	福島記念	GⅢ	6	宗像徹	4	3	8	芝	2000	良	1-1-4
940821	札幌	函館記念	GⅢ	6	田面木博	7	4	11	芝	2000	良	1-1-2
940320	中山	日経賞	GⅡ	6	中舘英二	1	3	6	芝	2500	良	1-1-2
940123	中山	AJCC	GⅡ	6	中舘英二	7	3	6	芝	2200	良	1-1-1
931031	東京	天皇賞・秋	GⅠ	5	中舘英二	2	3	17	芝	2000	良	1-1-1
930516	新潟	新潟大賞典	GⅢ	5	大崎昭一	5	2	8	芝	2200	良	1-1-1
930314	中山	中山記念	GⅡ	5	柴田善臣	5	8	6	芝	1800	良	1-1-1
930105	中山	中山金杯	GⅡ	5	柴田善臣	5	5	6	芝	2000	良	1-1-1
911222	中山	有馬記念	GⅠ	3	大崎昭一	7	11	14	芝	2500	良	1-1-4

12レース中、外枠（7枠）は4レース。1～5枠は【0－0－0－8】（得意の中山、福島でも【0－0－0－6】）

●芝重賞・３角先頭馬の成績

場	着別度数	勝率	複勝率
札幌	6- 2- 3- 25/ 36	16.7%	30.6%
函館	9- 3- 2- 20/ 34	26.5%	41.2%
福島	6- 4- 5- 24/ 39	15.4%	38.5%
新潟	3- 6- 2- 34/ 45	6.7%	24.4%
東京	15- 19- 19-186/239	6.3%	22.2%
中山	22- 21- 13-165/221	10.0%	25.3%
中京	7- 5- 10- 65/ 87	8.0%	25.3%
京都	19- 21- 10-106/156	12.2%	32.1%
阪神	32- 11- 19-153/215	14.9%	28.8%
小倉	6- 2- 4- 33/ 45	13.3%	26.7%

2013〜22年

●逃げ切りや逃げ残りが決まりやすい競馬場は、函館、福島、札幌

●逃げ切りや逃げ残りが決まりにくい競馬場は、東京と新潟

距離を分けずに集計した大雑把なデータでも、直線の短い競馬場が上位を占め、直線の長い競馬場が下位に来ています。「逃げ馬は直線の短いコースのほうが有利」というセオリーは、信じて良さそうです。

さらに逃げ馬の有利不利は、コーナーの回数も重要です。直線の短いコースは競馬場が小さいため、コーナーの数が多くなります。

芝１８００ｍを例に取ると、函館、福島、中山などの芝１８００ｍはコーナーを４回まわります。一方、東京、新潟のような直線の長い競馬場の芝１８００ｍは、コーナーを２回しかまわりません。

コーナーがあるとそこでペースがゆるむため、逃げ馬は息を入れやすくなり、コーナー２回のコースより、コーナー４回のコースのほうが成績が上がるという理屈が成り立ちます。

ツインターボが重賞で連対したのは、全部、コーナー４回のコースでした。取捨には「コーナーの回数」が重要だったのです。

もうひとつポイントがありました。枠順です。ツインターボが重賞で馬券になった５つのレースのうち、４つは６枠から８枠の外枠でした。

逃げ馬は枠順の影響を受けやすく、内枠が得意な馬もいれば(先手を取りやすい)、外枠の得意な馬もいる。揉まれるのが嫌いな馬は少々の距離損があっても、外枠のほうが得意なのです。

ツインターボは、スタートダッシュが抜群に速いというタイプではありませんでした。中盤から加速して、どんどん差を広げていくタイプの中距離の逃げ馬です。

ダッシュが速くない逃げ馬は、外枠のほうが先手を取りやすい。他馬にかぶされず、自分でペースをつくれるためです。

逆に内枠に入ると、他馬との兼ね合いから、最初に脚を使わなくてはならない場合があります。

ツインターボは耳まで覆うメンコをつけていました。これは他馬を気にする馬がよく使う馬具で、性格的には臆病だったといわれます。

逃げ馬なら、みんな内枠を歓迎するわけではないし、たとえ内枠の逃げ馬が有利なコースでも、外枠が欲しい馬もいる。破滅のロックンローラー、ツインターボはそんな大切なことも教えてくれました。

逃げ馬の有利不利を決める1コーナーまでの距離

中山・阪神の芝1800m、2000m重賞を分析すると

コーナーの数とコーナーの位置が、逃げ馬の有利不利やレース展開に影響を与えるという考え方の応用編です。

前項では逃げ馬の成績が良い競馬場と、良くない競馬場を紹介しましたが、同じ競馬場でも距離によって逃げ馬の成績に差が出てきます。

なぜ、その差が出るかといえば、スタートして最初のコーナー（初角と呼びます）までの距離が違うからです。

初角までの距離が短いと、逃げ争いが起こりにくく、ペースは落ち着きやすい。初角までの距離が長いと逃げ争いが起きやすく、ペースも速くなりやすい。

すべての競馬場について、逃げ馬が有利な距離と不利な距離を把握しておくことが最強の馬券師への道ですが、最初に知っておくべき例題として、**中山と阪神の「芝1800mと芝2000mの違い」**を説明します。

どちらもGⅠや、GⅠにつながる大事な重賞が組まれている距離です。

まずは中山の芝1800mと芝2000m重賞の違い。2003年から22年までの20年間を集計しました（左の上の表）。

勝率は芝1800mが断然高い。過去20年、芝1800重賞では逃げ馬14勝に対して、芝2000重賞では6勝しかしていません。過去10年なら芝2000の逃げ馬は1勝。タイトルホルダーの弥生賞だけです。

複勝率なら差は詰まりますが、それでも10%以上の開きがあります。中山の芝1800mと芝2000mでは、明らかに芝1800のほうが逃げ馬有利のコースです。

続いて阪神の芝1800mと芝2000m重賞の違い（左の下の表）。

勝率は芝2000が断然高い。過去20年、芝2000重賞では逃げ馬13勝に対して、芝1800重賞では3勝しかしていません。レースの数も芝2000がだいぶ多いのですが、勝率や複勝率でほぼ2倍の差があります。

阪神の芝1800mと芝2000mでは、明らかに芝2000のほうが逃げ馬有利のコースです。

なぜ、こんな違いが生まれるのか。中山と阪神では理由も違うので、別々に見ていきます。

中山の芝1800mと芝2000mの違いは、スタート地点と、最初の1コーナーまでの距離の違いにあります。

●中山芝1800m。スタンド前の直線の真ん中へんからスタート。すぐに急坂があり、最初の1コーナーまでは約200mと短い。

逃げ争いが早めに落ち着き、ペースもスローになり

●中山・芝1800/2000m重賞全体の逃げ馬成績

コース	着別度数	勝率	複勝率
中山・芝1800	14- 7- 7-51/79	17.7%	35.4%
中山・芝2000	6-10- 7-73/96	6.3%	24.0%

2003〜22年

●阪神・芝1800/2000m重賞全体の逃げ馬成績

コース	着別度数	勝率	複勝率
阪神・芝1800	3- 4- 1- 35/ 43	7.0%	18.6%
阪神・芝2000	13- 15- 5- 58/ 91	14.3%	36.3%

2003〜22年

やすい。最初のコーナーまで短い分、内枠の馬が逃げを打ちやすい。

●中山芝２０００ｍ。スタンド前の直線の右端からスタート。最初の１コーナーまでは約４００ｍと長い。

どの枠も先手を取れるため、芝１８００ｍより逃げ争いが起こりやすい。隊列が落ち着くまで時間がかかり、多頭数だと締まった流れになりやすい。内枠と外枠の有利不利も一概にはいいにくい。

まとめます。

中山芝１８００ｍはスタートしてすぐにコーナーがあるから、ペースが落ち着き、逃げ馬に有利。

中山芝２０００ｍは最初のコーナーまで長いから、先手争いが起こって、芝１８００に比べれば逃げ馬に不利。

この違いが、逃げ馬の成績に表れています。

続いて、阪神の芝１８００ｍと芝２０００ｍの逃げ馬の違いについて。

こちらは中山より、もっと明確にコースの形状が違います（詳しいコース図はＪＲＡのホームページ、もしくは第8章のコースイラストを参照してください）。

●阪神芝１８００ｍ。外回りコースで行なわれる。スタート地点は2コーナーのあたり。最初の３コーナーまで約６００ｍあり、とても長い。

コーナーは、３角と4角の2つだけ。全体的に直線部分が長く、締まったラップになりやすいため、逃げ馬に不利なコース。

●阪神芝2000m。内回りコースで行なわれる。スタート地点は正面スタンド前の直線にあり、最初の1コーナーまでは約320mと短い。コーナーを4つ回って、またスタンド前の直線に戻ってくる。

阪神芝1800mよりペースが落ち着きやすく、最後の直線も芝1800mより短いため、逃げ馬に有利なコース。

阪神芝1800mのようなコース形状を、アルファベットの形に見立てて「U字コース」、またはワンターンのコース（右向きに走って1回ターンして左向きに走る）。

阪神芝2000mのようなコース形状を「O字コース」、またはツーターンのコース（左向きに走ってターンして向正面では右向きに走り、またターンしてゴール前は左向きに走る）と呼びます。

このコース形状の違いにより、阪神芝1800mの重賞では逃げ馬が不振、阪神芝2000mの重賞では逃げ馬が好成績という結果を生んでいるのだと考えられます。

ここまで検証してきた中山と阪神の芝1800mと芝2000mの違いを論理的に把握していれば、他のほとんどの競馬場にも応用できます。

レースの着順を決めるのは、馬の走力だけではありません。逃げ馬の有利なコース、不利なコースがあり、それはコース形状の違い（直線の長さ、最初のコーナーまでの距離、コーナーをまわる回数）から来るのだと理解すれば、レース展開を読みやすくなります。

これらは暗記して覚えるようなものではなく、コース形状の違いさえわかっていれば、おのずと傾向を推測できるのです。

また、コースごとの逃げ馬の有利不利を知っていると、終わったレースの結果から、各馬の走力をつかむのにも役立ちます。

逃げ先行馬が有利なレースで、上位に好走した差し馬がいれば、その内容には価値がある。しかし、逃げ先行馬が有利なレースで、上位に好走した先行馬は、その着順の良さをうのみにしないほうがいいかもしれない。差し馬に有利なレースなら、これがそっくり逆になります。

スプリングS、皐月賞を連続好走した馬は出世する
キタサンブラック、エポカドーロの場合

中山芝1800mのスプリングSと、中山芝2000mの皐月賞を例に取り上げましょう。

中山芝1800mは逃げ先行馬に有利になりやすいため、スプリングSで好走した先行馬は総じて皐月賞の成績があまり良くありません。しかし近10年、スプリングSで先行好走して、さらに皐月賞でも好走した馬が2頭います。

2015年のキタサンブラックと、18年のエポカドーロです。

キタサンブラックがその後、どんな道を歩んだかは説明不要でしょう。エポカドーロは次走のダービーでも2着しました。

各コースの逃げ馬の残りやすさは、各馬の走力を測るヒントにもなるのです。

●中山芝1800mと芝2000m重賞の逃げ馬成績

重賞名		着別度数	勝率	複勝率
フラワーC	GⅢ	6- 2- 2- 9/19	31.6%	52.6%
中山記念	GⅡ	4- 2- 3-11/20	20.0%	45.0%
中山牝馬S	GⅢ	2- 2- 1-14/19	10.5%	26.3%
弥生賞	GⅡ	2- 2- 0-16/20	10.0%	20.0%
皐月賞	GⅠ	2- 1- 2-14/19	10.5%	26.3%
スプリングS	GⅡ	2- 1- 1-15/19	10.5%	21.1%
京成杯	GⅢ	1- 3- 1-15/20	5.0%	25.0%
中山金杯	GⅢ	1- 2- 3-14/20	5.0%	30.0%
紫苑S	GⅢ	0- 1- 1- 5/ 7	0.0%	28.6%
ホープフルS	GⅠ	0- 1- 0- 5/ 6	0.0%	16.7%

2003～22年。フラワーC、中山記念、中山牝馬S、スプリングSは1800m

スプリングＳ１着→皐月賞３着で素質の片鱗を示したキタサンブラックは、ＧＩ７勝の名馬となった。

2018 年、スプリングＳ２着から皐月賞を制したエポカドーロは、次走の日本ダービーでも連対した。

第5章 レース傾向のつかみ方

当日の馬場と、有利な脚質を確認する

レース結果で何をチェックすべきか

予想の手順として、過去の戦歴から出走各馬の「適性」を調べる。出走各馬の「走力」をはかる。レース展開の基本と、コースの特徴を頭に入れる。

ここまでの時点で予想の8割は終わったようなものです。続いてやるべき作業は、レースの傾向を知ることです。

レース傾向には、当日の馬場や脚質の傾向と、そのレースの過去の結果（10年くらい）の傾向の2つがあります。まずは「当日の馬場傾向」の確認の仕方について説明します。

確認方法は簡単。その日のレース、または前日のレースで、先行した馬が好走しているか、後ろに付けた差し馬が好走しているか、レース結果を見ればいい。

初心者の場合、午前中の馬券を買うことは少ないでしょうから、午後のレースを検討する前に、午前のレース結果を確認すればいいのです。

2023年9月2日、3日の札幌と小倉を例にします。夏のローカル競馬のラストを飾る最終週。札幌では札幌2歳S、小倉では小倉2歳Sが行なわれました。

開催の最終週というのは、何週間も馬場が使い込まれた後のため、逃げ先行馬が有利か、後ろの差し馬が有利か、内を通った馬が有利か、外を通った馬が有利か、明確な偏りが出やすく、なおさら馬場傾向に注意が必要なのです。

9月2日の札幌。芝レースの逃げ馬の成績はどうだったのか、並べてみます。

●9月2日・札幌芝　逃げ馬（3角先頭）の着順

1R……………1着（1番人気）
3R……………1着（3番人気）
5R……………1着（6番人気）
7R……………2着（5番人気）
9R知床特別……7着（14番人気）

10R日高S……1着（3番人気）
11R札幌2歳S…1着（3番人気）

芝のレースは7つあり、逃げ馬は【5－1－0－1】。

7戦5勝という強烈な結果です！

札幌開催は前の週にゲリラ豪雨のような大雨があり、最終週を迎えてだいぶ芝が傷んでいました。その結果、差しにくい馬場になり、逃げ馬天国ができ上がりました。札幌2歳Sも、逃げたセットアップが4馬身突き放しての楽勝です。

この「逃げ馬天国」にどの時点で気づけたか。

鋭い人はこの日の競馬が始まるから予測していただろうし、そうでなくても午前中の1Rと3Rで逃げ切りが決まった時点で気づかなくてはいけません。

1Rは逃げ馬が10馬身ぶっちぎり。3Rは2頭がやり合いながら逃げたのに、その2頭がワンツーして馬連70倍台の配当になりました。

当日の午前中の結果を確認するという作業をルーティンにしていれば、「今日の札幌芝は逃げ馬が有利」

●2023年9月2日・札幌11R札幌2歳S（GⅢ、芝1800m稍重）

着	枠	馬	馬名	騎手	着差	通過順	上り3F	人
1	4	4	セットアップ	横山武史		1-1-1-1	36.5	3
2	7	8	パワーホール	横山典弘	4	2-2-2-2	36.8	4
3	7	7	ギャンブルルーム	松山弘平	3 1/2	3-3-3-3	37.3	2
4	3	3	マーゴットソラーレ	佐々木大輔	1 1/4	5-3-3-5	37.5	6
5	5	5	トレミニョン	西村淳也	クビ	6-6-5-6	37.3	9

単④680円　複④180円　⑧200円　⑦150円
馬連④－⑧2060円　馬単④→⑧4050円
3連複④⑦⑧2370円　3連単④→⑧→⑦16700円

と誰でも気づけたはずです。

これが当日の馬場傾向の威力です。

札幌は洋芝のコース。洋芝は馬場が荒れると、こんなふうに逃げ馬が断然有利になる日があるので注意しなくてはいけません。

逆にいえば、この日、逃げて好走した馬は馬場の恩恵があり、今後の評価をする際に少々割り引く必要も出てきます。


札幌と正反対の傾向が出たのは小倉でした。こちらも夏開催の最終週です。

馬場が傷むと、前の馬が有利になるか、後ろの馬が有利になるか、一概には決まりません。札幌のように差しが利きにくくなり、前の馬が有利になるケースもある。

逆に馬場が傷んだ分、スタミナを要するレースになり、前の馬がいつもと同じペースで先行するとバテてしまい、後ろの馬が有利になるケースもあります。


9月3日の小倉の午後のレースから、芝1200mの結果をピックアップします。メインレースは小倉2歳S。芝1200mは馬場の有利不利が出やすい距離です。

●9月3日の小倉芝1200mの結果
枠連と1～3着の馬番

7R…枠連8－8（⑱→⑰→⒂）
9R…枠連7－8（⑰→⑭→⑫）
11R…枠連8－8（⑩→⑨→⑤）

一目瞭然。枠連は7－8と8－8だけ。上位を外枠の馬が占めて、その多くは差し馬でした。

キャリアのある人なら知っている、ローカル終盤の芝1200mによく見られる「外差し競馬」のお祭りです。

11Rの小倉2歳Sは1着アスクワンタイム、2着ミルテンベルクと、ピンクの帽子の差し馬2頭で決まりました。

この外枠祭りのヒントは前日土曜のメイン競走、テレQ杯・芝1200mにもありました。外枠の差し馬同士で決まり、枠連7－8。馬連は万馬券、3連単は37万馬券の大波乱になったのです。

先行した1番人気メイショウソラフネと、2番人気アネゴハダは大きく沈みました。傷んだ馬場で先行馬が失速し、傷みの少ない外を回った外枠の差し馬が台頭するという現象です。

この土曜メインの結果を受けて「おお、きたきた、ローカル最終週の名物・外枠の差し馬有利の馬場だ！」と、意識できたかどうか。それが日曜の馬券成績に大きくつながったはずです。

当日の馬場傾向をつかむには、午前中や前日のレースの結果から、「前が有利か後ろが有利か」を確認すること。この作業を、ルーティンの中に入れておきましょう。

●2023年9月3日・小倉11R小倉2歳S（GⅢ、芝1200m良）

着	枠	馬	馬名	騎手	着差	通過順	上り3F	人
1	8	10	アスクワンタイム	岩田望来		8-8	34.4	5
2	8	9	ミルテンベルク	藤岡康太	アタマ	6-5	34.6	2
3	5	5	キャンシーエンゼル	松山弘平	1 1/2	3-3	35.2	4
4	7	7	ビッグドリーム	幸英明	クビ	4-3	35.1	1
5	2	2	フォルテローザ	団野大成	1/2	8-8	34.9	8

単⑩710円　複⑩200円　⑨150円　⑤190円
馬連⑨－⑩1460円　馬単⑩→⑨3380円
3連複⑤⑨⑩3000円　3連単⑩→⑨→⑤17530円

「縦の糸」と「横の糸」・データの掘り下げ方

「データを二番目の網に通す」ということ

予想には「縦の糸」と「横の糸」がある。これは私が以前から提唱している考え方です。出走各馬の適性や走力が、縦の糸。そのレースの持つ傾向が、横の糸。縦の糸と横の糸がうまく絡み合ったときに、織りなす馬券があなたを暖めて幸せにします。

レースの傾向を知るには、過去のデータを調べる作業も大事です。今は自分で調べなくても、ネットを見るだけで「今週の重賞の傾向」を教えてくれる記事がたくさん無料で読めます。

競馬には多種多様なファクターがあり、10種類や20種類のデータはすぐに出てきます。血統、騎手、厩舎、年齢、枠順、脚質、馬体重、上がり3ハロン、前走着順、ローテ、レース間隔、距離の短縮や延長……などなど。

データを見る場合の注意点を挙げます。

1：レースによって、重要なファクターは違う。枠順が大事な重賞もあれば、血統がモノをいう重賞もある
2：自分の中に「柱」となるファクターを持つこと
3：データを掘り下げるには「二番目の網」に通すこと

1は時間をかけて学んでいくべき領域です。安直に答えを求めるより、馬券で痛い目に遭いながら学習していくほうが身になります。

2は時間をかけながら予想フォームを固めていくしかありません。あらゆるファクターを等距離で気にしていたら、混乱してしまうため、自分の中に柱を持つ必要があります。

3の「データを二番目の網に通す」について説明します。

例題としてスプリンターズSの過去10年を扱います。13年から22年までのスプリンターズS（中山9回、

新潟1回）の年齢成績は左上の表1。
　3歳から6歳まで、どの年齢も馬券になっている。複勝率で見ると一番成績がいいのは4歳だ。そんなことがわかります。

　ここで終わってしまうのが普通の人です。普通よりちょっと上に行くには、このデータをもう一段階、掘り下げる必要があります。各年齢によって傾向はないのか、それを年齢別に探るのです。

表1●スプリンターズSの年齢成績

年齢	着別度数	勝率	複勝率
3歳	1- 2- 1- 15/ 19	5.3%	21.1%
4歳	2- 3- 4- 18/ 27	7.4%	33.3%
5歳	3- 4- 1- 39/ 47	6.4%	17.0%
6歳	3- 0- 3- 28/ 34	8.8%	17.6%
7歳以上	1- 1- 1- 31/ 34	2.9%	8.8%

2013〜22年

表2●スプリンターズSの3、4歳・前走着順別成績

前走の入線順位	着別度数	勝率	連対率
前走1着	2- 2- 2- 9/15	13.3%	26.7%
前走2着	1- 2- 1- 4/ 8	12.5%	37.5%
前走3着	0- 0- 1- 3/ 4	0.0%	0.0%
前走4着	0- 1- 1- 2/ 4	0.0%	25.0%
前走5着	0- 0- 0- 1/ 1	0.0%	0.0%
前走6〜9着	0- 0- 0- 9/ 9	0.0%	0.0%
前走10着〜	0- 0- 0- 5/ 5	0.0%	0.0%

表3●スプリンターズSの5歳以上・前走着順別成績

前走の入線順位	着別度数	勝率	連対率
前走1着	2- 1- 1- 13/ 17	11.8%	17.6%
前走2着	1- 1- 0- 16/ 18	5.6%	11.1%
前走3着	1- 0- 0- 11/ 12	8.3%	8.3%
前走4着	1- 0- 0- 5/ 6	16.7%	16.7%
前走5着	0- 0- 2- 7/ 9	0.0%	0.0%
前走6〜9着	1- 0- 2- 26/ 29	3.4%	3.4%
前走10着〜	1- 3- 0- 20/ 24	4.2%	16.7%

年齢データを「前走着順」という二番目の網に通すと、次のようになります。表2は「3歳と4歳」、表3は「5歳以上」です。

3歳と4歳は「前走1着か2着」が断然好成績で、「前走6着以下」は不振です。

5歳以上は「前走1着か2着」がまあまあ好成績ですが、「前走6着以下」でも結構な頻度で馬券になっています。若い馬とは傾向が明らかに違う。2022年のスプリンターズS1着のジャンダルムは、前走17着の7歳馬でした。

整理すると、4歳以下は前走着順の良い好調馬を狙うのが効率良し。5歳以上は前走着順の悪い馬の一変の巻き返しにも注意。これが年齢データを二番目の網に通すことで導き出される結論です。

過去のデータを参考にする場合は、こんなふうに一工夫してみること。

あなたが「前走着順」というファクターを重視する人ならば、すべてのデータを前走着順の網で掘り下げてみること。

「血統」を重視する人ならば、すべてのデータに血統の網をかけてみること。

こうすれば、より深く、そのレースの傾向や性質が見えてきます。

レース映像を見る3つのポイント

忙しい人でも時短テクニックで……

レース傾向を知るには、過去の映像を見ることも大事です。もちろん各馬の適性や走力をはかるのにも、レース映像は大事な資料です。

しかし、プロの競馬記者じゃないんだから、全レースのスタートからゴールまで目をびっちり凝らして見る必要はありません。

レースを見ることが楽しい人は存分にやってもらっ

て構いませんが、仕事を持ち、まじめで忙しい社会人にそんな時間はないでしょう。気になるレースだけ、ポイントを定めて見るのを勧めます。

レース映像を効率良く見るためのポイントを３つに絞ります。

1：スタートから約20秒を見る

2：4コーナー手前で動画を止めて、位置取りを確認する

3：4コーナーからゴールまでを見る

これだけです。早い話、スタートからの20秒と、4コーナーからの20秒を見れば、かなりの部分までそのレースを見たことになります。見た気になれます。暇じゃない社会人はこれで十分です。

1のスタート直後に見るべき点は、次の３つ。

・スタートで出遅れた馬や、ダッシュがつかなかった馬はいないか

・逃げ争いがあったか、なかったか。テンのスピードが速いのはどの馬か

・序盤の折り合いに苦労した馬はいないか

スタートの出遅れと、逃げ争いを確認して、その先は折り合いに苦労している馬をチェックします。

折り合いを欠いている馬は、騎手が手綱を引っ張ったり、騎手が後傾姿勢になっているので、ひと目でわかります。

実際のレース映像で確認しよう

２０２３年10月8日のオパールＳ（京都芝１２００ｍ）を例に取ります。

スタート直後にダッシュがつかなかったのは、メイショウオーパスとタイセイアベニール。テンに抜群の速さを見せたのはメイショウゲンセン。この馬が速かったため、逃げ争いはありませんでした。

メイショウゲンセンはロードカナロア産駒ですが、レースを見ていれば、短距離戦で惚れ惚れするほどのスタートとダッシュを決める馬には、ロードカナロア

産駒が多いことに気づきます。

ほんの数秒ながら、折り合いを欠いていたのはスリーパーダ。外から被されて、イヤイヤをするように首を上げていました。

スリーパーダの父はミッキーアイル。メイケイエールなどと同じ血統で、こんなふうに折り合いを欠きやすいのはミッキーアイル産駒の特徴と、レースを見ているうちに気づくようになります。

次は2の手順です。レース映像を4コーナーまで飛ばしてしまいましょう。そして動画を一時停止して、各馬の位置取りを確認します。上位に入った馬が4コーナーでどこにいたかを見るのが目的です。

1着だったメイショウゲンセンは先頭の内にいます。2着だったシングザットソングは中団の内にいます。3着だったディヴィナシオンは後方の内にいます。これがわかれば目的達成です。上位に来た馬は全部、4コーナーで内にいました。

この作業は、慣れるまでは少々時間がかかるかもし

●2023年10月8日・京都11Rオパール S（OP、芝1200m良）

着	枠	馬	馬名	騎手	着差	通過順	上り3F	人
1	7	13	メイショウゲンセン	藤岡康太		1-1	34.5	2
2	3	6	シングザットソング	鮫島克駿	クビ	12-11	33.6	5
3	2	4	ディヴィナシオン	団野大成	3/4	16-15	33.3	14
4	2	3	タマモブラックタイ	角田大河	1/2	6-6	34.3	7
5	5	10	クリノマジン	和田竜二	クビ	9-6	34.1	11

単⑬600円　複⑬260円　⑥350円　④770円
馬連⑥－⑬3980円　馬単⑬→⑥7040円
3連複④⑥⑬53250円　3連単⑬→⑥→④193680円

れませんが、慣れてしまえば20秒もあれば十分です。
出馬表と見比べながら、位置取りを確認し「えっと、この赤い帽子は3枠のどっちだ、あ、勝負服が社台RHだからシングザットソングだ」というふうに、勝負服やメンコの色なども覚えるようになります。

最後は3の手順です。動画を再生してゴールまで見ましょう。このときに見るべき点は3つ。

・不利を受けた馬はいないか
・直線の内と外、どちらがよく伸びているか
・手応えが良かったのに、意外と伸びなかった馬や、逆に手応えが怪しかったのにしっかり伸びた馬はいないか

不利を受けた馬がいるかどうかを見るだけでも、充分かもしれません。

オパールSは京都開幕週の短距離戦だったため、インコースに多くの馬が殺到し、不利を受けた馬が何頭もいました。ここは大事なポイントなので、もう一度書きます。

開幕週はインコースで渋滞が起こりやすいため、不利を受ける馬が必ず出ます。

直線の勝負どころで前が開かず、どん詰まりだったのは、ビッグシーザー、クリノマジン、ムーンプローブ。この3頭の不利が特に大きかったように見えました。能力を出せなかった馬は、次走以降の巻き返しに要注意です。

ビッグシーザーは1番人気だったので、リアルタイムでも注目して見ていた人が多いはず。1枠から出てあの位置取りでは詰まっても仕方がないと受け止めるか。それとも、この馬が人気を裏切りがちな理由が出ていたと解釈するか。

ビッグシーザーは次走の京阪杯でも1枠②番の内枠に入り、5着に沈みました。

ちなみに、ビッグシーザーの父はビッグアーサー。16年のスプリンターズSで1枠に入り、単勝1・8倍の断然1番人気を集めながら、直線どん詰まりで「前

が壁！」と実況された馬です。これは偶然の一致でしようか。

レース映像を見ながら、そんなことを考えてみるのも楽しいものです。

牝馬GⅠは馬体重に癖がある

牝馬三冠～桜花賞とオークスの比較

重賞によっては、馬体重の重い馬が強いレース、馬体重の軽めの馬が強いレースがあります。これは意識している人が多くない分野のように思います。

馬体重に注目するべき代表的なレースとして、桜花賞、オークス、秋華賞の牝馬三冠をピックアップします。各レースの馬体重成績をまとめた表と、結論を記していきます。集計期間は２０１３年から22年の10年間です。

桜花賞に強いのは、馬体重４６０キロから４９９キロ。勝ち馬10頭はすべてこのゾーンに入っていました。中型以上の馬が強いGⅠです。

２着や３着ならもう少し軽いゾーンにもいます。もう10年さかのぼると４４０キロから４５９キロの勝ち馬も５頭いますから「軽い馬を消せ」とまではいいませんが、**「1着馬は460キロ以上」**は知っておくべき傾向でしょう。

牝馬三冠1●桜花賞の馬体重成績

馬体重	着別度数	勝率	複勝率
～399	0- 0- 0- 0/ 0	―	―
400～419	0- 1- 1- 15/ 17	0.0%	11.8%
420～439	0- 3- 3- 32/ 38	0.0%	15.8%
440～459	0- 1- 1- 45/ 47	0.0%	4.3%
460～479	8- 2- 3- 39/ 52	15.4%	25.0%
480～499	2- 3- 2- 11/ 18	11.1%	38.9%
500～519	0- 0- 0- 5/ 5	0.0%	0.0%
520～539	0- 0- 0- 1/ 1	0.0%	0.0%

2013～22年。馬体重はキロ。アミ部分は好成績に注目、白抜き部分は不振に注目（以下同）

重い馬が強いなら、軽い馬は危ない。最近の桜花賞を人気で凡走した馬体重の軽い馬は

・21年アカイトリノムスメが４番人気４着（４４４キロ）
・22年ナミュールが1番人気10着（４２６キロ）
・23年ライトクオンタムが２番人気８着（４２８キロ）

アカイトリノムスメとナミュールはどちらも後にG1を勝った名馬ですが、桜花賞の時点で馬体重だけ見たら、危ない人気馬だったのです。桜花賞で沈んだナミュールはオークスで3着。アカイトリノムスメはオークスで2着と巻き返しました。

続いてオークスの馬体重成績です。

オークスに強いのは、４６０キロから４７９キロ。勝ち馬6頭がこのゾーンに入っていました。桜花賞と大きく違うのは、４５９キロ以下の馬も4勝していることです。16年に優勝したシンハライトは４２２キロでした。

「オークスは馬体重の軽い馬を狙え！」は、昭和の時代から有名な馬券術です。

スピードを生み出すには筋肉が必要ですが、筋肉量が多いほど、走るための体内のエネルギーを消費するため、長距離戦だとスタミナ切れを起こしやすくなります。

逆に、筋肉量が少ない馬はスタミナ切れを起こしに

牝馬三冠2●オークスの馬体重成績

馬体重	着別度数	勝率	複勝率
～399	0- 0- 0- 0/ 0	—	—
400～419	0- 0- 1- 14/ 15	0.0%	6.7%
420～439	2- 0- 3- 30/ 35	5.7%	14.3%
440～459	2- 3- 1- 45/ 51	3.9%	11.8%
460～479	6- 6- 3- 35/ 50	12.0%	30.0%
480～499	0- 1- 1- 15/ 17	0.0%	11.8%
500～519	0- 0- 1- 8/ 9	0.0%	11.1%
520～539	0- 0- 0- 0/ 0	—	—

●桜花賞とオークスの馬体重比較

馬体重	桜花賞	オークス
～439	0-4-4-47	2-0-4-44
440-459	0-1-1-45	2-3-1-45
460-479	8-2-3-39	6-6-3-35
480～	2-3-2-17	0-1-2-23

くい。これが大雑把なメカニズムです。人間もマラソン選手はやせ型が多く、短距離選手は筋肉質な体型が多い。

平成になると、阪神競馬場の改修によって桜花賞とオークスがつながりやすくなり、馬体重成績の違いも小さくなりました。

もっと昔のオークスは380キロ台の馬が勝ったりしましたが、近年はそこまで小さな馬だとオークスも厳しい。それでも桜花賞に比べれば、軽めの馬が活躍する傾向は残っています。

一方、480キロ以上の大型馬は過去10年のオークスで【0－1－2－23】と不振です。過去20年までさかのぼっても、勝ち馬は06年のカワカミプリンセス（484キロ）しかいません。

最近のオークスを人気で凡走した馬体重の重い馬は。

・21年ファインルージュが4番人気11着（494キロ）
・22年サークルオブライフが1番人気12着（484キロ）
・23年ゴールデンハインドが4番人気11着（492キロ）

22年のクラシックは桜花賞のナミュールに続き、オークスのサークルオブライフも危ない1番人気だったことがわかります。21年のファインルージュは桜花賞で3着に来て穴をあけた大型馬でした。

04年の牝馬クラシックを走ったダイワエルシエーロという馬がいました。桜花賞で敗れ、オークスを勝った馬です。母のロンドンブリッジもクラシックで人気を集めた馬で、桜花賞で2着した後、オークスは大敗しました。

母と娘では、桜花賞とオークスの成績が反対になったのです。

馬体重を添付すると、母と娘の成績はこうなります。

・母ロンドンブリッジは桜花賞2着→オークス10着（馬体重どちらも470キロ）
・ダイワエルシエーロは桜花賞5番人気7着→オークスは6番人気1着（馬体重どちらも430キロ）

筋肉質だった母は桜花賞に向いたのに対して、小柄だった娘はオークスで本領を発揮。ダイワエルシエーロのオークスでの単勝は２１４０円の高配当でした。

馬体重の重い馬は、桜花賞で注目し、オークスで疑え！
馬体重の軽い馬は、桜花賞で疑い、オークスで見直せ！

どの馬も体重だけできれいに決まるわけではありませんが、大事なファクターとして頭に入れておきたいところです。

牝馬三冠～秋華賞は休み明けの取捨

続いて秋華賞の馬体重成績です。

秋華賞は、４８０キロ以上の馬が5勝しています。さすがにひと夏を越えると、馬体重の重い馬の出走数も増え、このゾーンの活躍が目立ちます。

一方、馬体重の軽いゾーンからも勝ち馬が出て、複勝率は優秀です。秋華賞は桜花賞やオークスのように馬体重の重さ・軽さを気にしなくてもいいようです。

しかし、馬体重が重要じゃないわけではありません。

近年の秋華賞は休み明けのぶっつけで出走してくる馬が多いため、馬体重の増減が重要になります。

「秋華賞の休み明けの馬は、馬体重プラス10キロ以上を狙え！」

18年以降の6回の秋華賞で、4勝・2着1回。該当馬がいた年は5回連続で連対しています。

23年1着のリバティアイランドはプラス10キロ、2着のハーパーはプラス14キロ。19年のクロノジェネシ

牝馬三冠３●秋華賞の馬体重成績

馬体重	着別度数	勝率	複勝率
～399	0- 0- 0- 0/ 0	―	―
400～419	1- 0- 1- 7/ 9	11.1%	22.2%
420～439	1- 2- 2- 17/ 22	4.5%	22.7%
440～459	3- 4- 1- 44/ 52	5.8%	15.4%
460～479	0- 2- 6- 41/ 49	0.0%	16.3%
480～499	5- 1- 0- 22/ 28	17.9%	21.4%
500～519	0- 1- 0- 10/ 11	0.0%	9.1%
520～539	0- 0- 0- 2/ 2	0.0%	0.0%

スと22年のナミュールは。なんとプラス20キロでした。大幅に増えているほうが良いのです。

　プラス20キロなどと聞くと「さすがに太いのでは……」と心配になり、馬券を買うのを躊躇しがちです。でも、心配いらない。喜んで買ってください。ちなみに大幅マイナスはよくありません。17年のアエロリットはマイナス10キロで1番人気7着でした。

●阪神ＪＦで馬体重の増減が10キロ以上だった３番人気以内の馬

年	馬名	人気	着順	馬体重	馬体重増減
2015	ブランボヌール	3	3	432	−10
2019	ウーマンズハート	2	4	470	+14
2021	ナミュール	1	4	430	−10
2021	ステルナティーア	2	7	432	−10
2022	モリアーナ	2	12	476	+14

●朝日杯ＦＳで馬体重の増減が10キロ以上だった３番人気以内の馬

年	馬名	人気	着順	馬体重	馬体重増減
2014	クラリティスカイ	3	3	484	+12
2021	ドウデュース	3	1	496	−10

　牝馬三冠を検証したついでに、2歳のＧⅠの阪神ジュベナイルフィリーズにも注目します。

阪神ＪＦの馬体重の注目点は「二桁増減の馬は危険！」です。

　阪神ＪＦで馬体重の増減が10キロ以上だった３番人気以内の馬の成績が上の表です。該当馬が５頭いて【０－０－１－４】。22年の阪神ＪＦでもモリアーナがプラス14キロで出走して、２番人気12着に大敗しました。

　ちなみに同じデータを朝日杯ＦＳの牡馬に当てはめると、反対の傾向が出ます。大幅増減の馬も走れるのです。２歳牝馬の馬体重は、牡馬と違って重要なファクターとわかります。

　よくいわれるように牝馬は精神面がデリケートで、若駒ならなおさらのこと。阪神ＪＦは関東馬だと「関西への初の長距離輸送」というファクターが加わる場合もあり、馬体重の増減に注意したいところです。

そこで「出し入れの馬券術」をマスターしよう

各レースの傾向を知っていると、出し入れの馬券術を使えるようになります。

「出し入れ」とは、2つのレースにおいて、片方では評価を上げ、もう片方では評価を下げるというような意味です。「上げ下げ」でも構いません。

ニュージーランドTとNHKマイルCの出し入れ

GⅠのNHKマイルC（東京芝1600m）と、前哨戦のGⅡニュージーランドT（中山芝1600m）を例題に挙げます。

2023年のNHKマイルCは、9番人気のシャンパンカラーが1着して波乱になりました。シャンパンカラーは前走のニュージーランドTで3着に敗れていたため、人気がなかったのです。

一方、ニュージーランドTを完勝したエエヤンは、NHKマイルCでは2番人気に支持されましたが、9着に敗退します。2頭の着順が大きくひっくり返りました。

「どっちも同じ芝1600mの重賞なのに、なぜ簡単に着順が逆転してしまうのか!?」。

初心者ならそう思うのが普通です。昭和のギャンブルオヤジも「だから競馬なんてヤオなんだよ」と、トライアルとGⅠで着順がひっくり返ることに本気で怒っていました。

しかし「ニュージーランドTの勝ち馬はNHKマイルCを勝てない」は有名なデータです。

過去10年で【0－0－0－10】。勝てないどころか、3着にすら入れない。23年のニュージーランドT勝ち馬エエヤンも、この傾向を覆せませんでした。

かといって、NZTに出ていた馬がみんな、NHKマイルCで不振というわけではありません。2着か3着だった馬は、NHKマイルCで【2－2－1－13】。過去10年で5頭が馬券になっています。

東京 11R

WIN5⑤ 発馬 15.40

第28回 NHKマイルカップ (GI)

指 三才オープン・牡57キロ 牝55キロ

	1	2	3	4	5	6	7	8	9	10
枠	白1	白1	黒2	黒2	赤3	赤3	青4	青4	黄5	黄5
馬名	㊉フロムダスク	モリアーナ	ウンブライル	ショーモン	シングザットソング	エエヤン	オールパルフェ	セッション	ナヴォーナ	オオバンブルマイ
父	ボルトドーロ	エピファネイア	ロードカナロア	マインドユアビスケッツ	ドゥラメンテ	シルバーステート	リアルスティール	シルバーステート	ロードカナロア	ディスクリートキャット
母・実績	フーリッシュコーズ 米	ガルデルスリール 2勝	ラルケット 4勝	エボキシ 未勝	ザガールインザットソング 米	シルクヴィーナス 未出	クイーングラス 2勝	ミスドバウィ 4勝	セリエンホルデ 独	ピンクガーベラ 未勝
毛色・斤量	黒鹿 57 牡3	鹿 55 牝3	鹿 55 牝3	鹿 57 牡3	黒鹿 55 牝3	黒鹿 57 牡3	鹿 57 牡3	黒鹿 57 牡3	鹿 57 牡3	鹿 57 牡3
騎手	替 横山和	替 横山典	替 横山武	鮫島駿	替 吉田隼	替 戸崎圭	大野	団野	替 田辺	武豊
厩舎	森秀	武藤	木村	橋口慎	高野	伊藤大	和田雄	斉藤崇	矢作	吉村
賞金	1150	1000	2100	900	3000	3600	2300	1200	400	4300
総賞金	2700	4040	4500	3530	6503	6962	4600	2800	620	8500
馬主名	藤田晋	高橋文男	サンデーR	林瑛子	社台RH	ニッシンHD	遠藤良一	林正道	ラ・メール	岡浩二
牧場名	アメリカ	ノーザンF	ノーザンF	ノーザンF	白老F	須崎牧場	カタオカF	ノーザンF	ノーザンF	サンデーヒルズ
佐藤直		△	△ B		△	△	▲	△		○
小野智		○	△			▲		△	◎	
久光		▲	△		○	△				△
西田		△	◎	△		▲	△			
中田		△	△			○		△		△
本紙武井	西	注	△	西	西	○		西	西	△ 西
芝 1200/1400/1600/1800	小1101❶ 東1211② 阪1356⑯	東1331③ 札1500①	**2** 阪 .2‥① 東 1‥4⑥	札1301① 阪1333①	阪1207① 阪1329⑦	**9** 芝 02‥③ 中 ‥① 東 ‥⑤	阪1332① 中1498❼	芝2009⑦ 阪1339❷ 阪1479①	阪1343❼	**3** 東 20‥① 阪 1‥❶
上り最高	芝1400 34.2③	芝1600 33.0①	芝1400 33.5①	芝1600 34.4③	芝1600 33.2③	芝2000 33.6③	芝1600 34.2②	芝2000 34.4③	芝1600 33.2①	芝1400 34.2①
騎乗成績	初騎乗	初騎乗	0 0 0 1	0 1 1 0	2 0 1 0	1 0 0 0	2 1 0 2	0 1 0 0	初騎乗	1 0 0 0
クラス実績	0 1 1 3	1 0 1 2	1 1 0 2	0 0 2 0	1 0 1 1	1 0 0 0	1 0 0 2	0 1 1 1	0 0 0 1	2 0 0 1
当該条件	初コース	1 0 1 0	0 0 0 1	初コース	初コース	初コース	0 1 0 0	初コース	1 0 0 0	初コース
芝コース重の実績	○1001	○0000	○0000	○0010	○000◉	○0000	○0001	○0100	○0001	◎1000
母の父	ジャイアンツコーズ	ダイワメジャー	ファルブラヴ	ディープインパクト	マイゴールデンソン	ティンバーカントリ	ルーラーシップ	ドバウィ	ソルジャーホロウ	ディープインパクト
兄弟馬	フーリッシュヒューマー	ヒストリアノワール	ステルヴィオ	キャルレイ	スーパーフェイバー	プレイアンドリアル	初仔	ソウテン	シュネルマイスター	フユショウグン
距離別勝利度数	0 0 0 1 0 0 1 0 0 0 1 0 0 2 0 1	1 1 0 0 0 0 0 0 0 1 0 0 0 2 0 0	0 0 2 0 0 1 0 0 0 0 0 0 0 2 0 0	0 1 0 0 0 0 0 0 0 2 0 0 0 0 0 0	0 1 1 0 0 0 0 0 0 1 0 0 0 2 0 0	0 3 0 0 0 0 0 0 0 0 0 0 1 0 0 0	0 2 0 0 0 1 0 0 0 0 0 0 1 1 0 0	1 0 0 0 0 1 0 0 0 0 0 0 0 0 0 0	0 1 0 0 0 0 0 0 0 0 0 0 0 1 0 0	0 1 2 0 0 0 0 0 0 0 0 0 0 1 0 0

前走	1	2	3	4	5	6	7	8	9	10
4走前	5東 11月5日 ① 京王2才 2 GII 7ﾀ18頭 芝1400 1211 55 戸崎圭 S ①①① 496 人気11 逃粘る 1身 346内347 オオバンブルマ 1209 0.2	2札 8月13日 ① コスモス 1 オープン 9ﾀ9頭 芝1800 1500 54 武藤 S [2]②① 462 人気1 4角先頭 2身 372中361 ドゥアイズ 1503 0.3	4阪 10月16日 ⑤ もみじS 1 オープン 5ﾀ7頭 芝内1400 1215 54 ルメール S [5]⑤⑤ 474 人気1 中位抜出 3身 362外335 ロードスパイラ 1220 0.5	2札 9月4日 ⑧ 芸 1 未勝 10ﾀ14頭 芝1500 1301 54 横山武 M ②②② 482 人気1 先行抜出 4身 359中366 ミルトクレイモ 1308 0.7	5阪 11月27日 ⑧ 芸 5 牝1勝 11ﾀ11頭 芝外1600 1347 54 西村淳 S [11]⑪⑪ 434 人気5 殿り差詰 2¾ 374内338 ムーンプローブ 1342 0.5	4東 10月29日 ⑧ 芸 5 未勝 3ﾀ9頭 芝1800 1479 55 北村宏 H ①①① 494 人気2 離逃げ 9身 348内383 グリューネグリ 1464 1.5	4中 10月2日 ⑨ 芸 1 未勝 8ﾀ14頭 芝外1600 1356 55 大野 S ①①① 478 人気1 逃楽勝 2身 367内348 フェルドランス 1360 0.4	5阪 11月27日 ⑧ 芸 1 未勝 6ﾀ12頭 芝外1800 1479 55 坂井 S ①①① 514 人気1 逃切る 1¼ 356内349 マテンロウジョ 1481 0.2	兄弟 シュネルマイスター（現）	5中京 9月24日 ⑥ 芸 1 新馬 4ﾀ14頭 芝1400 1221 51 角田河 S ③③③ 414 人気5 先行抜出 1¼ 352内351 スプル 1223 0.2
3走前	6阪 12月18日 ⑥ 朝日FS 16 GI 15ﾀ17頭 芝外1600 1356 55 武豊 M ⑯⑯⑮ 500 人気13 後方まま 9¾ 363外363 ドルチェモア 1339 1.7	6阪 12月11日 ④ 阪神JF 12 牝GI 5ﾀ18頭 芝外1600 1348 54 武藤 H ③⑥⑦ 476 人気2 好位一杯 11身 343中373 リバティアイラ 1331 1.7	6阪 12月11日 ④ 阪神JF 15 牝GI 17ﾀ18頭 芝外1600 1352 54 横山武 H [16]⑮⑭ 466 人気3 出遅る 13½ 353外368 リバティアイラ 1331 2.1	5阪 11月12日 ③ デイリー2才 3 GII 1ﾀ10頭 芝外1600 1335 55 横山武 S ②②② 490 人気4 先行粘る 1½ 355中344 オールパルフェ 1332 0.3	1中京 2月4日 ⑪ エルフィ 3 牝L 8ﾀ11頭 芝1600 1347 54 吉田隼 S [11]⑪⑪ 440 人気5 後方伸 2¾ 377外332 ユリーシャ 1342 0.5	1中 1月15日 ⑥ 芸 1 未勝 9ﾀ16頭 芝外1600 1355 56 戸崎圭 M ④③④ 500 人気2 好位抜出 1¼ 357中357 レッドシュヴェ 1357 0.2	5阪 11月12日 ③ デイリー2才 1 GII 10ﾀ10頭 芝外1600 1332 55 大野 S ①①① 482 人気3 逃切る ½身 353内342 ダノンタッチダ 1333 0.1	1中京 1月21日 ⑦ 若駒 3 L 4ﾀ7頭 芝2000 2032 56 坂井 S ②②② 512 人気4 好位粘る 1½ 381中344 マイネルラウレ 2029 0.3	近親 サロミナ サリオス	5東 11月5日 ① 京王2才 1 GII 10ﾀ18頭 芝1400 1209 55 横山武 S ③④④ 422 人気10 好位差切 1身 349内342 フロムダスク 1211 0.2
2走前	1東 1月28日 ① クロッカ 3 L 8ﾀ10頭 芝1400 1215 56 武豊 S ①①① 492 人気1 逃粘る 2¾ 352内342 ヤクシマ 1211 0.4	1東 2月11日 ⑤ クイーンC 3 牝GIII 3ﾀ16頭 芝1600 1331 54 武藤 M ⑫⑫⑪ 474 人気3 中位伸 クビ 357中340 ハーパー 1331 0.0	1東 2月11日 ⑤ クイーンC 6 牝GIII 15ﾀ16頭 芝1600 1334 54 ルメール M ⑧⑨⑨ 478 人気1 外々回る 1¾ 352外346 ハーパー 1331 0.3	1阪 3月11日 ⑨ 芸 1 1勝 10ﾀ10頭 芝外1600 1333 56 松山 M ②②② 512 人気1 G前差す クビ 346中350 プッシュオン 1334 0.1	1阪 3月12日 ⑩ フィリー 1 牝GII 12ﾀ18頭 芝内1400 1207 54 吉田隼 M ⑥⑥④ 436 人気2 好位抜出 クビ 338中354 ムーンプローブ 1208 0.1	2中 2月26日 ② 芸 1 1勝 4ﾀ12頭 芝外1600 1340 56 Mデムーロ S ②②① 492 人気1 楽抜出 3身 361中347 マイネルフォル 1345 0.5	6阪 12月18日 ⑥ 朝日FS 6 GI 3ﾀ17頭 芝外1600 1344 55 大野 M ①①① 484 人気4 逃一杯 3¼ 341内366 ドルチェモア 1339 0.5	2中 3月5日 ④ 弥生 7 GII 8ﾀ10頭 芝内2000 2009 56 ムルザバエフ S ②②② 512 人気7 先行一杯 3身 361中353 タスティエーラ 2004 0.5	1東 2月5日 ④ 芸 1 新馬 2ﾀ16頭 芝1600 1363 56 坂井 S ⑦⑩⑩ 476 人気1 余力有 1¾ 379中332 ウインラビーヌ 1366 0.3	6阪 12月18日 ⑥ 朝日FS 7 GI 7ﾀ17頭 芝外1600 1345 55 ルメール M [14]⑮⑭ 428 人気5 出遅る 3¾ 360外355 ドルチェモア 1339 0.6
前走	2月25日 サウジダービー 9 GIII 良 13頭 ダ1600 1411 55 川田 [10]⑨⑨ アブドゥルアジーズ サウジアラビア 出遅る 11¼ コミッショナー 1388 2.3	3中 4月8日 [5] ニュージ 4 GII 14ﾀ16頭 芝外1600 1340 54 武藤 M ⑥⑨④ 468 人気3 外々回る 1½ 357外356 エエヤン 1337 0.3	3中 4月8日 [5] ニュージ 2 GII 15ﾀ16頭 芝外1600 1339 54 ルメール M ⑨⑩⑧ 472 B 人気5 中位伸 1¼ 360外353 エエヤン 1337 0.2	2阪 4月15日 ❼ アーリン 3 GIII 1ﾀ18頭 芝外1600 1340 56 鮫島駿 M ②②② 504 人気2 先行粘る ¾身 349内354 オオバンブルマ 1339 0.1	2阪 4月9日 ⑥ 桜花賞 7 牝GI 12ﾀ18頭 芝外1600 1329 55 岩田望 S ③④④ 432 人気11 好位一杯 4¼ 346内347 リバティアイラ 1321 0.8	3中 4月8日 [5] ニュージ 1 GII 5ﾀ16頭 芝外1600 1337 56 Mデムーロ M ④②③ 482 人気2 先行抜出 1¼ 356中360 ウンブライル 1339 0.2	2中 3月19日 ❽ スプリン 7 GII 11ﾀ16頭 芝内1800 1498 56 大野 H ④④④ 488 人気4 好位一息 5½ 363中371 ベラジオオペラ 1489 0.9	2阪 4月15日 ❼ アーリン 2 GIII 4ﾀ18頭 芝外1600 1339 56 団野 M ③③③ 510 人気4 一旦先頭 アタマ 351中351 オオバンブルマ 1339 0.0	2阪 4月15日 ❼ アーリン 7 GIII 5ﾀ18頭 芝外1600 1343 56 川田 M [8]⑨⑨ 488 人気3 中位まま 2¼ 357中348 オオバンブルマ 1339 0.4	2阪 4月15日 ❼ アーリン 1 GIII 6ﾀ18頭 芝外1600 1339 56 武豊 M ⑦⑦⑦ 426 人気5 G前差す アタマ 355中346 セッション 1339 0.0

コ ア 2,000
55レーン 1,300

記号の説明

厩舎左側の㊫囲は
㊫＝関東・美浦所属
囲＝関西・栗東所属
賞金左の記号は重の巧拙を表します
◎…得意△…苦手

馬場表示

❶ ➊ [1] ① 開催日の馬場状態
↓ ↓ ↓ ↓
不良 重馬場 稍重 良馬場

乗替り記号

替…ベスト10外の騎手からベスト10への乗替り
替…それ以外

開催場所・月日
開催日・着順
条件・枠・頭数
距離・タイム
斤量・騎手名
ペース・通過順
馬体重・人気
戦評・馬身差
前半・上り③F
①②着時計・秒

2023年5月7日・東京11R　NHKマイルC（GⅠ、芝1600m稍重）

1着⑪シャンパンカラー
（9番人気）
2着③ウンブライル
（8番人気）
3着⑩オオバンブルマイ
（3番人気）

・・・・・・・・・・・

9着⑥エエヤン
（2番人気）

単⑪ 2220 円
複⑪ 490 円
③ 390 円
⑩ 270 円
馬連③ー⑪ 12990 円
馬単⑪→③ 30450 円
3連複③⑩⑪ 27690 円
3連単⑪→③→⑩ 260760 円

18 桃8	17 桃8	16	15 橙7	14 橙7	13	12 緑6	11
ロードカナロア㊦	ダノンバラード㊥	デクラレーションオブウォー㊥	シルバーステート㊥	グレーターロンドン㊥	ルーラーシップ㊥	ファインニードル㊥	ドゥラメンテ㊥
ダノンタッチダウン	ミシシッピテソーロ	タマモブラックタイ	カルロヴェローチェ	ユリーシャ	ドルチェモア	クルゼイロドスル	シャンパンカラー
エピッククラヴ愛㊥	ハピネスフォーユー1勝㊥	タマモイヤリング2勝㊦	スサーナトウショウ未勝㊥	アンジェリカス未勝㊥	アユサン2勝㊦	スタリア1勝㊥	メモリアルライフ英㊦
鹿 57 牡3	鹿 55 牡3	鹿 57 牡3	鹿 57 牡3	栗 55 牡3	鹿 57 牡3	栗 57 牡3	栗 57 牡3
川田	柴田大	幸	替レーン	松山	替三浦	Mデムーロ	内田博
栗安田隆	美畠山吉	栗角田	栗須貝尚	栗中村	栗須貝尚	栗高橋忠	美田中剛
2550	1000	2900	1700	1600	5500	1600	900
5000	3490	6303	3370	2903	11,000	3180	3130
ダノックス	了徳寺健二HD	タマモ	大野照旺	竹下佳利	スリーエイチR	ゴドルフィン	青山洋一
安ノーザンF	日リョーケンF	新対馬正	安ノーザンF	新スカイビーチS	日下河辺牧場	日ダーレージャパンF	千社台F
◎ △ ◎ △ 注 ▲ 西	西	 △ △ △ 西	△ △ △ △ ◎ ◎ 西	 △ 西	注 注 注 ○ ▲ △ 西	出走取消	 注 △
阪 1333② 芝 2061⑱	新 1217① 阪 1338⑤	小 1088② 東 1226❶ 新 1367⑨ 東ダ 1560⑧	芝 2031⑦ 東 1226❷ 東 1333① 阪 1502①	東 1210⑤ 東 1342①	芝 1322① 東 1334①	東 1335①	中 13[illegible]③ 芝 20[illegible]⑥ 1
33.1② 0201	34.1① 0001	34.4⑨ 2000	34.2① 初騎乗	34.4⑤ 2001	33.4① 初騎乗	32.4② 2000	33.4① 0010
0201 初コース	1005 1002	1001 初コース	0101 初コース	1001 初コース	2001 1000	1001 1000	0011 2000
○0001	○0000	◎1000	○0100	○0001	○0000	○0000	○0000
ダンシリ	エーピーインディ	ブラックタイド	ロックオブジブラル	ハービンジャー	ディープインパクト	アルカセット	レックレスアバンド
ダノンザキッド	ミエノサクシード	タマモジャケット	キューバンマンボ	サンフルーレット	アップストリーム	エオリア	スリーエクセレント
0100 0200 0000 0000	0110 0000 0000 0500	0012 0001 0000 1110	1100 0010 0000 0000	0200 0010 0000 0110	0200 0000 0000 0100	0200 0100 0000 0100	0200 0000 0100 0000
5中京 10月1日 ⑧ 1 新馬 13ト14頭 1364 55 福永 S ⑧⑨⑨ 532 人気1 中位差切 ¾身 377外336 ベルビューボイ 1366 0.2	6阪 12月11日 ④ 阪神JF 5 GⅠ 10ト18頭 外 1338 54 原 H ⑨⑩⑩ 422 人気16 出遅る 4½ 346外359 リバティアイラ 1331 0.7	1中京 1月9日 ④ 8 1勝 3ト12頭 ダ 1560 54 角田河 S ③③③ 528 人気11 好位一杯 10¼ 385中385 カレンアルカン 1544 1.6	3阪 6月26日 ④ 1 新馬 3ト12頭 外 1502 54 ルメール S ③③③ 494 人気2 好位抜出 2身 368中342 チャンスザロー 1505 0.3	5阪 11月13日 ④ 1 未勝 6ト10頭 外 1347 54 松山 S ①①① 456 人気3 逃切る 2½ 355内347 セーヌドゥレー 1351 0.4	2札 8月20日 ③ 1 新馬 6ト12頭 1322 54 横山和 S ①①① 480 人気1 逃切る 3身 375内356 ランフリーバン 1327 0.5	4東 10月23日 ⑦ 1 未勝 15ト15頭 1335 55 Mデムーロ S ⑨⑧⑧ 466 人気1 G前差す 1¼ 358外338 アサクサヴィー 1337 0.2	4東 10月29日 ⑧ 1 新馬 8ト15頭 1355 55 戸崎圭 S ⑥⑧⑧ 502 人気1 中位一気 1¼ 370外334 リラックス 1357 0.2
5阪 11月12日 ③ デイリー2才 2 GⅡ 2ト10頭 外 1333 55 川田 S ⑧⑧⑧ 538 人気1 後方伸 ½身 367外331 オールパルフェ 1332 0.1	1中 1月9日 ④ フェアリ 7 GⅢ 6ト16頭 外 1349 54 鮫島駿 M ④⑥⑥ 424 人気4 脚余す 3¾ 348中362 キタウイング 1343 0.6	1小 1月21日 ③ 2 1勝 6ト8頭 1088 56 角田和 M ③③③ 518 人気3 一旦先頭 ¾身 338中350 ルーフ 1087 0.1	5中京 9月24日 ⑥ 7 オープン 6ト7頭 2031 54 ルメール S ②②② 490 人気1 先行バテ 18身 366中365 ファントムシー 2002 2.9	6中京 12月10日 ③ つわぶき 5 1勝 9ト13頭 1210 54 岩田望 S ②②② 454 人気3 先行一息 1½ 351中344 ルミノメテオー 1208 0.2	4東 10月8日 ① サウジア 1 GⅢ 7ト9頭 1334 55 横山和 M ②②② 472 人気2 好位差切 1¼ 361内334 グラニット 1336 0.2	5阪 11月12日 ③ デイリー2才 5 GⅡ 8ト10頭 外 1337 55 和田竜 S ⑤⑤③ 468 人気2 伸一息 2¾ 360外345 オールパルフェ 1332 0.5	5東 11月27日 ⑧ ベゴニア 1 1勝 9ト10頭 1346 55 戸崎圭 S ②①① 502 人気3 逃切る クビ 361内339 ヒップホップソ 1347 0.1
6阪 12月18日 ⑥ 朝日FS 2 GⅠ 12ト17頭 外 1340 55 川田 M ⑪⑩⑪ 536 人気2 中位伸 クビ 355中352 ドルチェモア 1339 0.1	1東 2月11日 ⑤ クイーンC 15 GⅢ 16ト16頭 1356 54 戸崎圭 M ④⑤⑤ 418 人気8 好位一杯 15¼ 349中371 ハーパー 1331 2.5	2小 2月25日 ⑤ あざみ賞 1 1勝 10ト15頭 1097 56 幸 H ④④② 522 人気3 先行抜出 ¾身 340中357 シンブリーオー 1098 0.1	1中京 1月28日 ⑨ 1 1勝 4ト7頭 1333 56 福永 S ①①① 508 人気2 逃切る 2½ 355内342 アルジーヌ 1338 0.5	1中京 2月4日 ⑪ エルフィ 1 牝L 5ト11頭 1342 54 松山 S ①①① 446 人気6 逃切る 2½ 356内344 コナコースト 1346 0.4	6阪 12月18日 ⑥ 朝日FS 1 GⅠ 2ト17頭 外 1339 55 坂井 M ②③③ 474 人気1 好位抜出 クビ 344内358 ダノンタッチダ 1340 0.1	1中 1月5日 ① ジュニア 1 L 13ト13頭 外 1337 56 Mデムーロ M ①①① 474 人気2 逃楽勝 4身 350内356 ニシノライコウ 1344 0.7	1中 1月15日 ⑥ 6 GⅢ 9ト9頭 内 2030 56 戸崎圭 S ②②② 502 人気3 先行一杯 5¼ 378中358 ソールオリエン 2022 0.8
3中 4月16日 ❽ 皐月 18 GⅠ 12ト18頭 内 2061 57 川田 H ④⑤⑩ 540 人気10 好位一杯 大差 355中422 ソールオリエン 2006 5.5	3中 4月8日 ⑤ ニュージ 5 GⅡ 11ト16頭 外 1342 54 柴田大 M ⑫⑬⑫ 412 人気14 後方追上 2¾ 363外354 エエヤン 1337 0.5	2中京 3月18日 ❸ ファルコ 1 GⅢ 6ト14頭 1226 56 幸 M ③④④ 524 人気8 好位抜出 ハナ 354中355 カルロヴェロー 1226 0.0	2中京 3月18日 ❸ ファルコ 2 GⅢ 2ト14頭 1226 56 武豊 M ③④④ 498 人気1 好位伸 ハナ 354内355 タマモブラック 1226 0.0	2阪 4月15日 ❼ アーリン 11 GⅢ 2ト18頭 外 1350 54 松山 M ①①① 448 人気1 引掛る 6身 341内373 オオバンブルマ 1339 1.1	3中 4月8日 ⑤ ニュージ 7 GⅡ 8ト16頭 外 1343 56 横山和 M ①①① 482 人気1 息入らず 3¾ 350内366 エエヤン 1337 0.6	4ヵ月休 放牧 乗込み6週間 仕上り○ 適対体重 460～474 3ヵ月以上休 ①②③外 0100	3中 4月8日 ⑤ ニュージ 3 GⅡ 6ト16頭 外 1340 56 内田博 M ⑥⑥④ 504 人気7 漸進伸 1½ 356中357 エエヤン 1337 0.3

●NHKマイルCで使える出し入れ

ニュージーランドT（中山）

1着エエヤン
2着ウンブライル
3着シャンパンカラー

↓

NHKマイルC（東京）

1着シャンパンカラー
2着ウンブライル
＝＝＝＝＝
9着エエヤン

つまり、前哨戦で勝った馬よりも、ちょっと負けた馬のほうがよく走るのです。

NHKマイルCでシャンパンカラーに次ぐ2着に入ったウンブライルは、NZTの2着馬でした。

なぜ同じ芝1600mなのに、前哨戦とGIで逆転が起こるのか。

・中山芝1600mと東京芝1600mは求められる適性が違うから

・前哨戦を全力で走ると本番の余力がなく、前哨戦は余裕残しのほうが本番で浮上する

主な理由はこの2つです。

右回りで直線の短い急坂コースの中山芝1600mにぴったりの馬は、左回りで直線の長い東京コースには合わない。

前哨戦を100%の仕上げで走った馬は、GI本番を100%の状態では走れない。

だからトライアルとGIで着順の逆転が起こり、これを事前に予測して馬券を買うのが「出し入れ」です。

シャンパンカラーはNHKマイルCの前まで、東京【2−0−0−0】、中山【0−0−1−1】の馬でした。東京得意です。

エエヤンはNHKマイルCの前まで、東京【0−0−1−1】、中山【3−0−0−0】の馬でした。中山得意です。

しかもシャンパンカラーはNZTが休み明けで、余裕残しの仕上げだった可能性がある。エエヤンはNZTが3連勝の3つ目で、馬体重はマイナス10キロ。ギリギリの仕上げだった可能性がある。

ならば、東京のNHKマイルCで評価を上げるべき馬はシャンパンカラー、下げるべき馬はエエヤン。これが出し入れの考え方です。

桜花賞とオークスの出し入れをソダシに学ぶ

桜花賞とオークスの出し入れについても伝授します。

先の桜花賞の項目で「馬体重460キロ以上の馬が強い桜花賞と、馬体重の軽い馬も好走するオークス」

という違いを紹介しましたが、今回は別のファクター。

それは脚質（位置取り）です。

桜花賞で先行した馬はオークスで不振。

この傾向を覚えておいてください。

●オークスの「桜花賞４角位置取り別」成績

桜花賞4角	着別度数
1番手	0- 0- 0- 3
2～4番手	0- 0- 1-10
5～9番手	4- 2- 1-20
10番手以下	3- 2- 3-29

2013～22年

●「桜花賞４角４番手以内」でオークス４番人気以内だった馬

日付	馬名	人	着	前走	着
210523	ソダシ	1	8	桜花賞	1
190519	ダノンファンタジー	4	5	桜花賞	4
180520	ラッキーライラック	2	3	桜花賞	2
170521	レーヌミノル	4	13	桜花賞	1
150524	レッツゴードンキ	2	10	桜花賞	1
130519	クロフネサプライズ	4	12	桜花賞	4

過去10年のオークスにおける「桜花賞の4コーナー位置取り別」の成績をまとめたのが上の表です（位置取りはＪＲＡ‐ＶＡＮのデータを採用）。

・桜花賞で4角4番手以内だった馬は
【0－0－1－13】

・桜花賞で4角5番手以下だった馬は
【7－4－4－49】

桜花賞で先行した馬は、それだけでオークスの成績が悪い。

該当馬の中にオークスの人気馬がいなかったわけではありません。「桜花賞4角4番手以内」でオークス4番人気以内だった馬の一覧がその下の表です。

21年のソダシは、桜花賞の通過順3－3－3で1着でしたが、オークスは1番人気で8着に敗れました。

15年のレッツゴードンキは、桜花賞を4馬身差で逃げ切りましたが、オークスは2番人気で10着に敗退。

東京 11R

WIN5⑤

発馬 15.40

第82回 オークス（優駿牝馬）GI

牝(指) 三才オープン・55キロ

	1	2	3	4	5	6	7	8	9	10
枠	白1	白1	黒2	黒2	赤3	赤3	青4	青4	黄5	黄5
父	キングカメハメハ	ドリームジャーニー	ディープインパクト	キングカメハメハ	スクリーンヒーロー	マツリダゴッホ	ディープインパクト	キズナ	ゴールドシップ	ディープインパクト
馬名	ククナ	スルーセブンシーズ	パープルレディー	タガノパッション	クールキャット	ウインアグライア	アカイトリノムスメ	ハギノピリナ	ユーバーレーベン	エンスージアズム
母	クルミナル	マイティースルー	メリッサ	アドマイヤシルク	メジロトンキニーズ	ウインアルテミス	アパパネ	ハギノアーク	マイネテレジア	ゼラスキャット
毛色	黒鹿	鹿毛	鹿毛	鹿毛	青鹿	鹿毛	黒鹿	青鹿	青鹿	鹿毛
斤量	55 牝3	55 牝3	55 牝3	55 牝3	55 牝3	55 牝3	55 牝3	55 牝3	55 牝3	55 牝3
騎手	(替)横山武	(替)戸崎圭	田辺	(替)岩田康	(替)武豊	和田竜	(替)ルメール	藤懸	Mデムーロ	岩田望
厩舎	(南)栗田徹	(南)尾関	(南)奥村武	鮫島	(南)奥村武	(北)和田雄	(北)国枝	高野	(北)手塚	安田翔
賞金	1000	900	900	1600	3000	2200	2650	900	1000	1600
総賞金	3340	1890	1930	2640	6540	4820	6620	1597	5680	2851
馬主名	キャロットF	キャロットF	井山登	八木良司	シルクR	ウイン	金子真人HD	安岡美津子	ラフィアン	吉田照哉
牧場名	ノーザンF	ノーザンF	岡田S	新冠タガノF	レイクヴィラF	コスモヴュードF	ノーザンF	村下明博	ビッグレッドF	社台F
佐藤直		△			△		▲		◎	△
小野智	◎	注					▲		△	
久光	▲			△	注		△		◎	
西田	△	△			△	△	注		▲	
中田	△	△					◎		注	
本紙武井	△	△		西	△		注	西	▲	西
							2	3	1	
芝 1600・1800・2000・2400	阪1318⑥ 京1297③	中1525① 中2015③	東2001⑥ 東2269①	東1462① 阪2026❶	東1355⑤ 中1495⑤ 東1594① 函1234[1]	阪1341⑬ 札1500[1] 東2000⑤	阪1[illegible]13④	三[illegible]① 阪2[illegible]⑪ 阪[illegible]32[illegible]❹	阪13[illegible]2③ 札1[illegible]2② 東15[illegible]6③	阪1320⑧ 阪1477①
上り最高	33.2⑥	34.9①	33.5⑥	33.0③	33.4①	33.8①	3[illegible]①	34.4⑪	33.2③	33.5①
騎乗成績	初騎乗	0010	1001	1010	初騎乗	1001	初騎乗	2002	0020	1101
クラス実績	0112	0000	0001	1000	1003	2003	1001	0000	0131	0101
当該条件	初コース	初コース	1000	初コース	初コース	初コース	初コース	初コース	初コース	初コース
芝コース重の実績	○0000	◎1000	○0000	○1000	○0000	◎1000	○0000	○1001	◎1000	○0000
母の父	ディープインパクト	クロフネ	ホワイトマズル	シンボリクリスエス	ダンスインザダーク	アーチ	キングカメハメハ	アドマイヤムーン	ロージズインメイ	ストームキャット
兄弟馬	アライバル	パッシングスルー	カツジ	タガノコットン	トリオンフ	初仔	ジナンボー	ハギノアトラス	マイネルファンロン	タビキャット
距離別勝利度数	0000 0001 0001 0002	0110 0000 0100 0000	1100 0100 0100 0100	0110 0000 0010 0000	0100 0000 0000 0012	0111 0000 0000 0102	0003 0000 0000 0002	2000 0000 0000 1100	0010 0010 0111 0001	0020 0010 0000 0003
前走3	1中京 1月10日 ③シンザン 4 GIII 15 15頭 1338 54 ルメール M⑩⑩⑩ 450 人気1 中位差詰 2½ 360中349 ピクシーナイト 1333 0.5	4中 9月19日 ③ 1 新馬 4 15頭 内1525 54 ルメール S⑩⑧⑦ 426 人気1 中位抜出 1¼ 408外349 インナリオ 1527 0.2	5東 11月29日 ⑨ 1 未勝 5 12頭 2014 54 武豊 M⑤④③ 420 人気1 好位抜出 ¾身 375内350 フォクシーレデ 2015 0.1	1阪 3月20日 ⑪ 3 未勝 7 16頭 外1468 54 岩田康 S⑯⑯⑯ 456 人気9 後方伸 3身 376中330 アンフィニドー 1463 0.5	1中 1月11日 ④フェアリー 10 GIII 5 16頭 外1355 54 津村 M⑬①① 516 人気2 マクるも 7¼ 359内368 ファインルージ 1344 1.1	6阪 12月13日 ④阪神JF 13 GI 1 18頭 外1341 54 横山武 S⑪⑫⑭ 458 人気13 中位一杯 6¾ 355内345 ソダシ 1331 1.0	5東 11月22日 ⑥ 1 1勝 5 10頭 1345 54 横山武 S⑨⑨⑨ 446 人気1 後方一気 1¼ 374中339 メイサウザンア 1347 0.2	1阪 3月21日 ⓬ 4 未勝 1 10頭 外2329 54 藤懸 S⑦⑤⑦ 464 人気8 中位差詰 3½ 388内354 ゲヴィナー 2323 0.6	6阪 12月13日 ④阪神JF 3 GI 11 18頭 外1332 54 Mデムーロ S⑯⑮⑭ 470 人気6 後方伸 クビ 360外336 ソダシ 1331 0.1	6阪 12月27日 ⑧ 1 1勝 3 5頭 外1477 54 岩田望 S②②② 420 人気3 先行抜出 クビ 370中335 レイオブウォー 1477 0.0
前走2	1東 2月13日 ⑤クイーンC 3 GIII 2 16頭 1334 54 ルメール S⑦⑧⑦ 452 人気1 出遅る ½身 354中343 アカイトリノム 1333 0.1	1中 1月5日 ① 3 1勝 3 11頭 内2015 54 戸崎圭 H⑨⑩⑨ 446 人気3 後方追上 1¼ 378外353 ワンデイモア 2013 0.2	1東 2月7日 ④ゆりかもめ 1 1勝 1 9頭 2269 54 田辺 S⑨⑧⑧ 418 人気6 直線一気 クビ 380内342 レイオブウォー 2269 0.0	2阪 4月17日 ❼ 1 未勝 12 15頭 内2026 54 岩田康 M⑤②② 450 人気2 漸抜出 ハナ 371中369 コーラスケイト 2026 0.0	2中 3月20日 ⑦フラワー 5 GIII 5 16頭 内1495 54 横山典 S⑬⑫⑫ 508 人気7 出遅る 1¾ 393外350 ホウオウイクセ 1492 0.3	1中京 1月23日 ❼ 1 L 2 7頭 2038 54 和田竜 M②③③ 462 人気5 先行抜出 クビ 376中374 ヴァリアメンテ 2038 0.0	1東 2月13日 ⑤クイーンC 1 GIII 6 16頭 1333 54 戸崎圭 S④⑥⑤ 450 人気2 好位抜出 クビ 352中344 アールドヴィー 1333 0.0	2阪 4月17日 ❼ 1 未勝 14 18頭 内2162 54 藤懸 M⑮⑬⑪ 460 人気6 直線一気 1½ 370外360 フローレスクイ 2164 0.2	2中 3月20日 ⑦フラワー 3 GIII 13 16頭 内1494 54 丹内 S⑪⑨⑧ 464 人気1 出遅る 1¼ 389中351 ホウオウイクセ 1492 0.2	2中 3月20日 ⑦フラワー 2 GIII 7 16頭 内1494 54 岩田望 S⑤⑦⑥ 416 人気2 中位伸 1¼ 383中353 ホウオウイクセ 1492 0.2
前走	2阪 4月11日 ⑥ 6 GI 7 18頭 外1318 55 藤岡佑 M⑱⑱⑱ 446 人気9 後方追上 4¼ 359中332 ソダシ 1311 R 0.7	3中 3月28日 ❷ミモザ賞 1 1勝 10 10頭 内2034 54 ルメール H⑦⑧④ 434 人気1 後方一気 2½ 369外357 スウィートブル 2038 0.4	2東 4月25日 ②フローラ 6 GII 9 17頭 2001 54 田辺 S⑫⑪⑬ 414 人気3 後方差詰 4½ 379中335 クールキャット 1594 0.7	2東 5月2日 ④スイートピー 1 L 6 13頭 1462 54 岩田望 M⑧⑧⑧ 456 人気5 中位差切 2身 363中343 アラビアンナイ 1465 0.3	2東 4月25日 ②フローラ 1 GII 15 17頭 1594 54 ルメール S④④④ 506 人気5 好位抜出 1身 367中334 スライリー 1596 0.2	2東 4月25日 ②フローラ 5 GII 1 17頭 2000 54 和田竜 S⑥⑥⑥ 458 人気7 中位差詰 3¾ 371中339 クールキャット 1594 0.6	2阪 4月11日 ⑥ 4 GI 5 18頭 外1313 55 横山武 M④③⑥ 444 人気4 一瞬鋭 1身 344中339 ソダシ 1311 R 0.2	2阪 5月1日 ⑪ 1 1勝 3 11頭 内2127 54 藤懸 S④③③ 454 人気3 漸抜出 ¾身 374中358 ハッピーオーサ 2128 0.1	2東 4月25日 ②フローラ 3 GII 3 17頭 1596 54 Mデムーロ S⑨⑧⑩ 454 人気2 後方伸 1身 375外332 クールキャット 1594 0.2	2阪 4月11日 ⑥ 8 GI 9 18頭 外1320 55 岩田望 M⑨⑪⑨ 418 人気15 中位まま 5身 349中343 ソダシ 1311 R 0.9

開催日の馬場状態：■→不良　❶→重馬場　田→稍重　①→良馬場

乗替り記号
(替)…ベスト10外の騎手からベスト10への乗替り
(替)…それ以外

開催場所・月日
開催日・着順
条件・枠・頭数
距離・タイム
斤量・騎手名
ペース・通過順
馬体重・人気
戦評・馬身差
前半・上り③F
①②着時計・秒

2021年５月23日・東京11Ｒオークス(ＧⅠ、芝2400m良)

1着⑨ユーバーレーベン
（3番人気）
2着⑦アカイトリノムスメ
（2番人気）
3着⑧ハギノピリナ
（16 番人気）
・・・・・・・・・・・
8着⑪ソダシ
（1番人気）

単⑨ 890 円
複⑨ 250 円
⑦ 190 円
⑧ 2820 円
馬連⑦ー⑨ 1880 円
馬単⑨→⑦ 4690 円
3連複⑦⑧⑨ 109190 円
3連単⑨→⑦→⑧ 532180 円

桜花賞のソダシ。コーナー通過順位は2ー3ー3（JRAーVANでは3ー3ー3）で先行、押し切ってのレコード勝利だった。オークスも2ー4ー5ー6と前には行ったが、8着に沈んでいる。

唯一、18年のラッキーライラックは桜花賞2着からオークスも3着しました。

桜花賞で先行した馬はそれだけ軽快なスピードを持つことを意味し、これが東京芝２４００ｍのオークスの適性には合わない、ということがわかります。


23年のオークスの出走馬で「桜花賞4角4番手以内」だった馬は、桜花賞2着のコナコーストと、3着のペリファーニアが当てはまります。

結果はどうだったのか。コナコーストは3番人気で7着。ペリファーニアは8番人気で12着でした。


もっとさかのぼり、桜花賞で先行してオークスを勝った馬を探すと、10年のアパパネと、03年のスティルインラブがいます。どちらも三冠牝馬になった名牝です。

このレベルの馬なら、ハードルをクリアできる。逆にいえば三冠牝馬レベルではないとクリアできない高いハードルだとわかります。

2021年オークス、最後の直線で馬群に飲まれかかるソダシ（中央）。

第6章 距離と芝・ダートの考え方

【芝】1000mと1200mの特徴

200m違うだけで、まったく違う！

この章では「距離」のファクターについて、主要な距離をひとつずつ見ていきます。

各馬に合う距離は何メートルなのかという「距離適性」を考える前に、それぞれの「距離」が持つ特徴を知っておく必要があります。

何メートルまで短距離で、何メートル以上が長距離かという、基準の定義はありません。一般的によく使われるのは次のような分け方です。

・1400m以下……………短距離
・1600m………………マイル
・1700〜2200m…中距離
・2400m以上…………長距離

距離の考え方で特に重要だと思うのは、次の3つです。

1：1400mと1600mは全然違う。この違いを認識すること

2：1800mと2000mは全然違う。この違いを認識すること

3：2200mと2400mは全然違う。この違いを認識すること

以下、ひとつずつ見ていきますが、まずは芝1000mと芝1200mの考え方から。

芝1000mでしか走れない馬

芝1000mは特殊な距離です。重賞のアイビスサマーダッシュをはじめ、ほぼ新潟競馬場でしか行なわれません。あとは、函館や札幌などの2歳新馬戦でたまに組まれる程度です。

昔は、シンボリルドルフが芝1000mでデビューして、そこから無敗の三冠馬になった例などもありますが、最近は1000mの新馬戦も減っています。

芝1000mの考え方で大事なのは、**この距離でしか好走しない馬**を狙うべきなのと、**走力よりも枠順を重視するべき距離**ということです。

新潟芝1000mは直線コースで行なわれ、いわゆる「直千」とか「千直」と呼ばれる距離コースです。

ポイントは

・外枠が断然有利

・得意な騎手がいる

・アイビスSDは過去、サンデーサイレンス系が一度も勝っていない

新潟芝1000m戦は、その特殊性からリピーターが多い。2023年のアイビスサマーダッシュも21年の覇者オールアットワンスが1着。同馬は1年の休み明け、休み前のレースも不振、不利な内枠③番ということもあり、9番人気の低評価だった。なお、同馬の父は本文でも推奨しているマクフィである。

外枠断然有利は競馬をたしなむ者にとって常識ですが、しかし、なぜ新潟芝1000mはこんなにも圧倒的に外枠が有利なのか、説得力のある見解に出会ったことはありません。とにかく外枠が超・有利なので、素直に従うことです。

アイビスSDは2023年までに23回行なわれ、サンデー系が【0－2－4－54】と、大不振を極めています。

サンデー系は、末脚をためて鋭く伸びる競馬を得意にする父系です。新潟芝1000mは、そういう末脚をためるタイプに合わないコースということでしょう。ただし重賞でなければ、サンデー系の中でダイワ

メジャー産駒はよく来ます。

逆に直千競馬を得意とするのは**ミスタープロスペクター系の、アドマイヤムーン、ロードカナロア、マクフィ**など。ダート１２００ｍも走れる血統に合う特徴があります。

騎手は、**菅原明良、藤田菜七子、津村明秀、杉原誠一、菊沢一樹**。この５人は新潟芝１０００ｍの得意なジョッキーとして頭に入れておきましょう。

芝１２００ｍには３つの利点がある

続いて芝１２００ｍの考え方について。

これはとても施行数の多い距離です。私の知り合いに「オレはもう芝１２００とダ１２００のレースしか馬券を買わないと決めた」と宣言して、その後「やっと勝ち組に入れた。もう競馬で負けることはない」と、勝ち誇っていた人がいました。

本当だと思います。こんなふうに自分の得意距離や、得意競馬場を見つけ、そこに絞って馬券を買い続ければプラスになる人は少なくないと思います。

でも、それは「投資」であり、「楽しい趣味」とは違うものになってしまう気もします。

芝１２００ｍに狙いを定める利点は３つ。

１：ペースを読みやすい

２：枠順や馬場によって、着順の上がり下がりが起きやすい

３：タイムというファクターが使える

競馬の予想で一番厄介なのは、ペースが読めないことです。ハイペースになると予想して、速い流れに強い馬を狙ったのに、実際はスローペースになってしまった……。毎週のように頭を抱える、あるあるです。

芝１２００ｍにはこれがない。もちろん、１２００ｍにもスローペースやハイペースはありますが、他の距離に比べたら「想定外のスロー」はめったに起こらない。だから、展開を読みやすい。

各馬のテン３ハロンのタイムのデータが揃っていることも、展開の読みやすさにつながっています。人そ

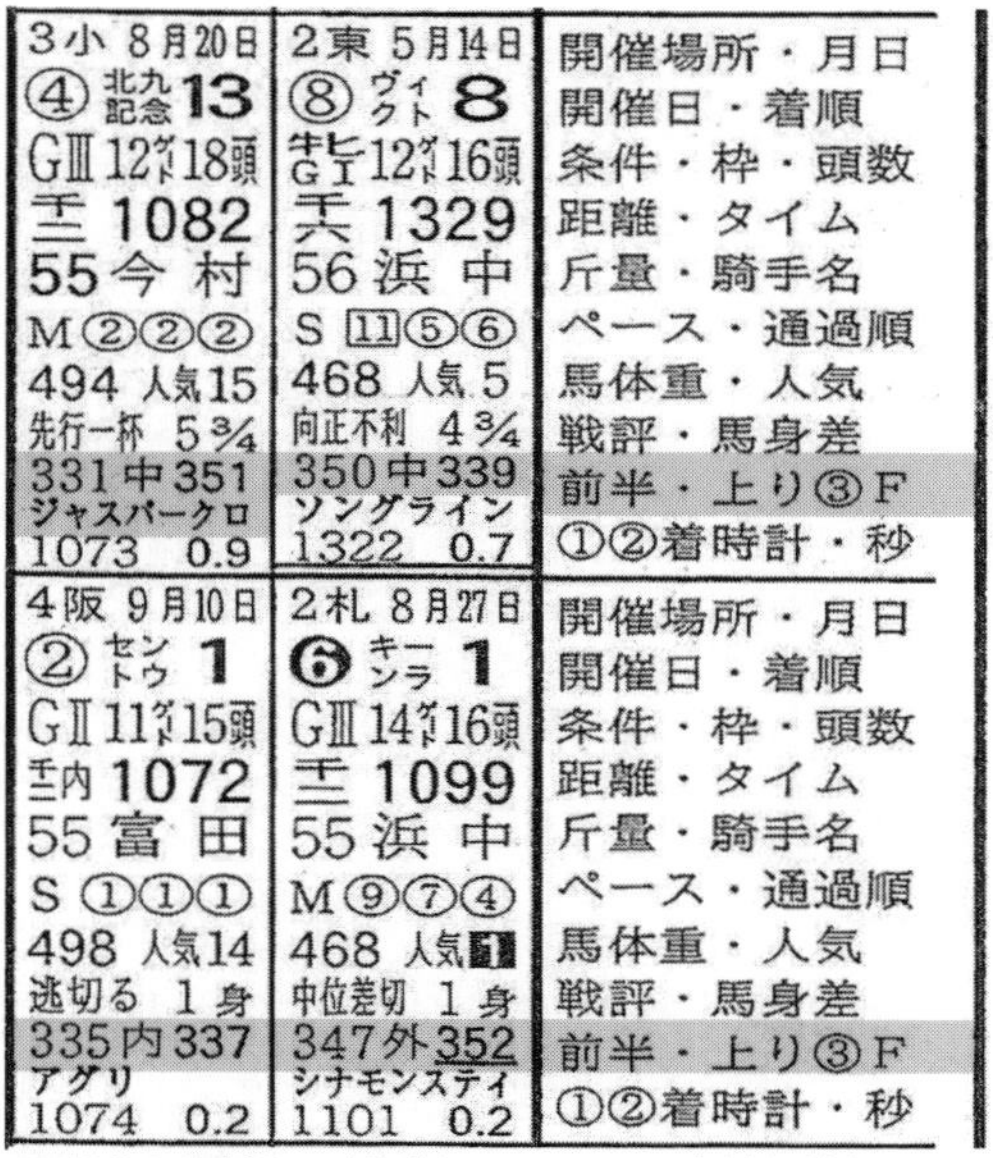

3小 8月20日	2東 5月14日	開催場所・月日
④ 北九記念 13	⑧ ヴィクト 8	開催日・着順
GⅢ 12ダート 18頭	牝GⅠ 12ダート 16頭	条件・枠・頭数
千二 1082	千六 1329	距離・タイム
55 今村	56 浜中	斤量・騎手名
M ②②②	S ⑪⑤⑥	ペース・通過順
494 人気15	468 人気5	馬体重・人気
先行一杯 5¾	向正不利 4¾	戦評・馬身差
331 中 351	350 中 339	前半・上り③F
ジャスパークロ 1073 0.9	ソングライン 1322 0.7	①②着時計・秒
4阪 9月10日	2札 8月27日	開催場所・月日
② セントウ 1	⑥ キーンラ 1	開催日・着順
GⅡ 11ダート 15頭	GⅢ 14ダート 16頭	条件・枠・頭数
千二内 1072	千二 1099	距離・タイム
55 富田	55 浜中	斤量・騎手名
S ①①①	M ⑨⑦④	ペース・通過順
498 人気14	468 人気1	馬体重・人気
逃切る 1身	中位差切 1身	戦評・馬身差
335 内 337	347 外 352	前半・上り③F
アグリ 1074 0.2	シナモンスティ 1101 0.2	①②着時計・秒

アミ部分の左がテン（前半）の3ハロン。右が上がり3ハロン（「優馬」の場合）。

れぞれ予想環境は違うでしょうが、テン3ハロンのタイムくらいは載っている競馬新聞やスポーツ紙を使うべきです。これを比較して、どの馬が逃げるのか、逃げ争いはあるのかを予想します。

枠順や馬場によって、着順の上がり下がりが起きやすいのも1200mの特徴です。

短距離戦はわずかな距離ロスが大きな差になるため、**内枠と外枠の有利不利が出やすい**。また、開催が進み、芝が傷むと内と外の有利不利が逆転して、外枠有利（外を通る馬が有利）の馬場に変わっていきます。

こうした影響を最も受けやすいのも、芝1200mという距離です。だから、内枠有利のレースで負けた外枠の馬は、その結果をノーカウントにして、次走の巻き返しに注意しなくてはなりません。

タイムというファクターを使いやすいのも1200mの利点です。

タイムは初心者にも取っつきやすい反面、使いこなすには手間のかかるファクターです。その日の馬場が速かったのか、遅かったのかを逐一確認してタイムを補正する作業が必要になりますし、競馬というものは人間の陸上競技と違って、レコードタイムにも価値がない。

ちょっと馬場をいじればレコードは簡単に出るし、ハイペースで引っ張る逃げ馬がいるだけで、条件クラスの馬がオープンの馬と同じタイムで走ってしまう。

しかし芝１２００ｍなら、そうは言い切れない。最初から全速力で飛ばす短距離戦においては、タイムが参考になるファクターなのです。

例えば、1分9秒台の決着なら上位争いできるのに、１分７秒台や８秒台の決着になると通用しなくなる馬がよくいます。

こういう特徴は、その馬の得意競馬場や苦手競馬場にもつながり、タイムの速い小倉芝１２００ｍでは負けるのに、タイムの遅い函館芝１２００ｍなら上位に来るといった現象が起こります。

私はタイムを重視しない派ですが、そんな私でも芝１２００ｍのレースだけはタイムに注意するようにしています。これが芝１２００という距離の特別なところだと思います。

【芝】１４００ｍと１６００ｍの特徴

たった200mの差で変わる得意種牡馬

芝１４００ｍと芝１６００ｍの考え方、２つの距離の違いについて見ていきます。

ポイント1●種牡馬ランキング上位が大きく違う

芝１４００ｍと１６００ｍの種牡馬ランキングを比べてみます（左の２つの表）。

芝１４００ｍはロードカナロアが断然1位。

一方、芝１６００ｍはディープインパクトが断然１位です。

何を今さらと思う人もいるでしょうが、たった２００ｍの差でこんなに違うということがよく出ています。

芝１６００ｍでダントツのディープインパクトは、１４００ｍだと3位まで下がってしまう。ロードカナロアは芝１４００も芝１６００も率がほとんど同じなので、芝１６００で下がるわけではありません。**芝1600mのディープが突出している**だけです。

他では、芝１４００ｍだとキズナが上位に入り、芝１６００ｍだとエピファネイアが高率でランクに入ってきます。

ポイント2●芝1600mのGIは、前走1400mの馬が不振

芝1400mと1600mが、異なる適性を問われる距離であると示す証拠がこれです。1600mのGIは、前走1400mを走ってきた馬が振るわない。

2014年以降の芝1600mのGIについて、前走の距離別に成績を集計したのが次の表です。

前走が芝1400mだった馬は連対率4・3%、出走数が多いわりに5勝のみ。他の距離と比べると率の

●芝1400mの種牡馬トップ5

種牡馬	着別度数	勝率	連対率
ロードカナロア	90- 62- 54-554/760	11.8%	20.0%
ダイワメジャー	46- 55- 52-429/582	7.9%	17.4%
ディープインパクト	46- 42- 50-319/457	10.1%	19.3%
キズナ	32- 28- 40-233/333	9.6%	18.0%
モーリス	32- 21- 18-190/261	12.3%	20.3%

●芝1600mの種牡馬トップ5

種牡馬	着別度数	勝率	連対率
ディープインパクト	171- 120- 120- 904/1315	13.0%	22.1%
ロードカナロア	116- 118- 100- 856/1190	9.7%	19.7%
エピファネイア	86- 70- 60- 548/ 764	11.3%	20.4%
ダイワメジャー	63- 60- 74- 515/ 712	8.8%	17.3%
ハーツクライ	62- 55- 63- 536/ 716	8.7%	16.3%

いずれも2019～23年12月25日

●芝1600mのＧⅠ【前走距離別】成績

前走距離	着別度数	勝率	連対率
1200m	2- 0- 3- 29/ 34	5.9%	5.9%
1400m	5- 2- 6-151/164	3.0%	4.3%
1600m	24- 29- 24-307/384	6.3%	13.8%
1800m	4- 10- 6- 73/ 93	4.3%	15.1%
2000m	5- 1- 3- 25/ 34	14.7%	17.6%
2200m	0- 0- 0- 2/ 2	0.0%	0.0%
2500m	1- 0- 0- 1/ 2	50.0%	50.0%

2014～23年

低さがわかります。

芝１６００ｍのＧⅠのトライアルの多くが芝１４００ｍで組まれていることを考えれば、この勝率や連対率は明らかに不振です。

では、どのレースなら芝１４００ｍからつながるのか。

・３歳馬のファルコンＳ→ＮＨＫマイルＣ
・２歳牝馬のファンタジーＳ→阪神ＪＦ

この２つのローテなら、芝１４００ｍから芝１６００のＧⅠでも好走例はちょくちょく出ます。

ファルコンＳは中京コースでハイペースになりやすく、マイル寄りの持久力も問われるため、１６００ｍのＮＨＫマイルＣにつながります。

ファンタジーＳと阪神ＪＦは距離の違いよりも、絶対的なスピード能力の違いが結果に出るため、つながるのだと思います。これ以外、芝１４００→芝１６００のＧⅠは馬券の確率が低い。

前記の表を見ると、前走が芝２０００ｍだった馬の好成績にも気づきます。出走例は多くないのに、勝率がとても高い。

「ＮＨＫマイルＣは前走２０００ｍの馬を狙え！」という馬券術もあり、前走１４００の馬より、前走２０００の馬のほうが、１６００のＧⅠにつながるのです。これはダートのマイル戦、フェブラリーＳにも同様の傾向が見られます。

この理由は説明が難しいのですが、４００で割り切れる距離は「根幹距離」と呼ばれ、４００で割り切れない「非根幹距離」とレースの質が違うという考え方があります。

血統のデータを調べても、１４００ｍと１８００ｍは得意なのに、１６００ｍと２０００ｍでは勝ち切れない種牡馬がいます。

ポイント３●芝1400mだけ走るスペシャリストがいる

芝１４００ｍと１６００ｍの違いで大事なポイントの３つ目。ある距離を専門にして、その距離だけ走る馬をスペシャリストと呼びますが、1400mはこのスペシャリストが多い。

記憶に新しい名馬ではダイアトニックに登場してもらいましょう。

ダイアトニックは阪神CやスワンS、阪急杯など、芝1400mの重賞を4勝。芝1400では【8－1－1－0】という完璧な成績を残しました。しかし、芝1600mの重賞は【0－1－0－4】。新馬戦で勝ったきり、この距離では振るいませんでした。

もっとさかのぼると、サンカルロも有名な芝1400mのスペシャリストでした。阪急杯、阪神カップなど、芝1400の重賞を3勝。特に阪神芝1400mに高い適性を示しました。

驚かされたのは、8歳になった2014年の阪急杯です。1年以上も馬券から遠ざかり、さすがに年齢的に終わったという見方があった中、8番人気でコパノリチャードの2着に追い込み、波乱の立役者になりました。

しかし、芝1600mの重賞は【1－0－0－9】。3歳春にニュージーランドTを勝ったきり、馬券に絡めなかった。サンカルロは1400mと1600mが異なる適性を求められる距離だと、わかりやすく示してくれた馬です。

では、芝1400mと1600mは何が違うのか。

私は、全力で一気に走り切れる距離が1400mで、それができないのが1600mだと考えています。折り合わなくても走れる距離の上限が1400m、折り合わないと走れない距離が1600mという言い方が適切かもしれません。

芝1600mのレースの予想をする際に、1400mの成績は参考にならない。

芝1400mのレースの予想をする際に、1600mの成績は参考にならない。

これを覚えておきましょう。

●ダイアトニック

26戦10勝　栗東・安田隆行厩舎　父ロードカナロア　母トゥハーモニー

日付	開催	レース名	クラス	年齢	騎手	人	着	上り3F		距離	馬場
221224	阪神	阪神C	GⅡ	7	岩田康誠	1	1	35.2	芝	1400	良
221029	阪神	スワンS	GⅡ	7	岩田康誠	4	1	34.2	芝	1400	良
221002	中山	スプリンターズS	GⅠ	7	岩田康誠	10	4	34.6	芝	1200	良
220605	東京	安田記念	GⅠ	7	岩田康誠	17	14	34.1	芝	1600	良
220327	中京	高松宮記念	GⅠ	7	岩田康誠	6	14	34.0	芝	1200	重
220227	阪神	阪急杯	GⅢ	7	岩田康誠	1	1	34.2	芝	1400	良
220105	中京	京都金杯	GⅢ	7	岩田康誠	12	4	34.4	芝	1600	良
210829	札幌	キーンランドC	GⅢ	6	池添謙一	4	14	35.5	芝	1200	良
201004	中山	スプリンターズS	GⅠ	5	横山典弘	5	13	35.7	芝	1200	良
200830	札幌	キーンランドC	GⅢ	5	武豊	1	15	37.5	芝	1200	重
200621	函館	函館スプリントS	GⅢ	5	武豊	1	1	33.9	芝	1200	良
200329	中京	高松宮記念	GⅠ	5	北村友一	4	3	33.7	芝	1200	重
200301	阪神	阪急杯	GⅢ	5	北村友一	1	3	34.5	芝	1400	良
200105	京都	京都金杯	GⅢ	5	北村友一	2	2	34.3	芝	1600	良
191117	京都	マイルCS	GⅠ	4	スミヨン	4	10	34.0	芝	1600	良
191026	京都	スワンS	GⅡ	4	スミヨン	1	1	33.6	芝	1400	稍重
190526	京都	安土城S	L	4	北村友一	1	1	33.7	芝	1400	良
190330	中山	ダービー卿CT	GⅢ	4	北村友一	5	4	33.4	芝	1600	良
190217	京都	斑鳩S	1600万	4	北村友一	2	1	33.8	芝	1400	良
190119	京都	祇園特別	1000万	4	北村友一	1	1	34.1	芝	1400	良
181110	東京	三鷹特別	1000万	3	オドノヒュー	1	2	33.2	芝	1400	良
180923	中山	外房特別	1000万	3	北村友一	1	3	33.6	芝	1600	良
180728	新潟	月岡温泉特別	1000万	3	福永祐一	1	2	32.3	芝	1600	良
180527	京都	3歳500万下	500万	3	北村友一	1	1	34.7	芝	1400	良
180217	東京	3歳500万下	500万	3	ルメール	1	4	34.6	芝	1600	良
171216	阪神	2歳新馬	新馬	2	ルメール	2	1	33.6	芝	1600	良

【芝】1800mと2000mの特徴

中距離にあたる2つの距離には際立った違いが……

芝1800mと芝2000mを見ていきます。この2つの距離を比較しながら把握すると、頭に入りやすいと思います。

芝1800mと芝2000mの違いで押さえておくべきは、芝2000mはGIレースが組まれている距離（皐月賞、大阪杯、秋華賞、天皇賞・秋）であるのに対して、1800mはトライアルレースが多く組まれている距離という点です。

芝2000mは能力検定のための距離として位置付けられているのに対して、芝1800mはそうではない。アメリカのダービー（ケンタッキーダービー）も距離は10F（2000m）で、その前哨戦の多くは9F（1800m）です。

では、この2つの距離は具体的に何が違うのか。2013年から22年の10年間の重賞を対象に、違いを検証します。

どの競馬場で施行されるか、GIかGⅢかといった要素を排除して、距離だけで分けると「その距離が持つ特徴」が見えてきます。芝1800mの重賞は171レース、芝2000mの重賞は236レースありました。

●芝1800mと芝2000mの重賞
3角1番手の成績

距離	着別度数	勝率	複勝率
芝1800	22- 15- 16- 118/ 171	12.9%	31.0%
芝2000	21- 23- 18- 174/ 236	8.9%	26.3%

いずれも2013～22年

ポイント1●逃げ馬が残りやすいのは芝1800m

逃げ馬の成績を比較したのが上の表です。JRA－VANのデータをもとに「3コーナー1番手」だった馬を逃げ馬として扱っています。

大きな違いがあります。芝1800m重賞の逃げ馬の勝率は12・

9％に対して、芝2000m重賞では8・9％。10年間の集計で、これは大差です。

芝1800m重賞にもいろいろありますから、中には逃げ馬が不振のレースもありますが、芝1800m合計の成績を見ると、明らかに芝2000mよりも逃げ馬が残りやすい。これが最初のポイントです。

芝1800mは、スタートしてから最初のコーナーまでの距離が短いコースが多いため、逃げ争いが起こりにくく、ペースも早めに落ち着きやすいためです。

●芝1800m重賞の枠番成績

枠番	着別度数	勝率	複勝率
1枠	29- 17- 22-156/224	12.9%	30.4%
2枠	16- 21- 12-187/236	6.8%	20.8%
3枠	25- 16- 22-194/257	9.7%	24.5%
4枠	19- 18- 22-220/279	6.8%	21.1%
5枠	16- 27- 16-235/294	5.4%	20.1%
6枠	16- 22- 22-249/309	5.2%	19.4%
7枠	25- 25- 18-267/335	7.5%	20.3%
8枠	25- 28- 34-256/343	7.3%	25.4%

アミ部分が率でトップ3

●芝2000m重賞の枠番成績

枠番	着別度数	勝率	複勝率
1枠	35- 20- 28-283/366	9.6%	22.7%
2枠	29- 25- 29-301/384	7.6%	21.6%
3枠	29- 33- 27-317/406	7.1%	21.9%
4枠	32- 30- 32-327/421	7.6%	22.3%
5枠	21- 26- 33-363/443	4.7%	18.1%
6枠	27- 34- 33-359/453	6.0%	20.8%
7枠	25- 36- 24-428/513	4.9%	16.6%
8枠	38- 32- 31-434/535	7.1%	18.9%

ポイント2●1枠の有利が大きいのも芝1800m

別の角度からも比べてみましょう。芝1800m重賞と芝2000m重賞の、枠番別の成績をまとめたのが、上の2つの表です。

芝1800mの1枠の勝率や複勝率が突出しています。これも先ほど説明したのと同じ理由と思われます。最初のコーナーまでの距離が短いコースが多いため、内枠の利を活かしやすいのです。

一方で、8枠の成績にも注目してください。芝1800mの8枠は複勝率が高く、全枠順の中でも1枠に次ぐ2位です。外枠には外枠の有利もあるため、「内枠ほど有利」という原則には当てはまりません。

外枠ならではの有利とは、揉まれずにポジションが取れるとか、最初から後方に控えた競馬に徹しやすいなどです。

ざっくりいうと、**芝1800mは展開の影響を受けやすい距離**なので、1枠もいいけど8枠もいいのです。

【芝】２２００ｍと２４００ｍの特徴

●芝2200m重賞の１番人気

	着別度数	勝率	連対率	複勝率
1番人気	15- 18- 6- 36/ 75	20.0%	44.0%	52.0%

2013〜22年

●芝2400m重賞の１番人気（2013年から22年）

	着別度数	勝率	連対率	複勝率
1番人気	25- 15- 10- 15/ 65	38.5%	61.5%	76.9%

２００ｍ違いで分かれる人気馬の明暗

芝２２００ｍと２４００ｍの考え方と、違いについて。この２つの距離はまったく異なる適性を求められると認識するところから始めます。

ポイント１●１番人気の信頼度が高い芝２４００ｍ、低い芝２２００ｍ

過去10年の重賞（２０１３年から22年）を対象に、芝２２００ｍと芝２４００ｍの１番人気の成績を比べたのが上の表です。

これを見ると、著しく異なるのがわかります。勝率で約18%、複勝率で約25%、芝２４００ｍ重賞のほうが高い。

芝２２００ｍはすべての距離の中でも最も１番人気の成績が悪い距離であり、芝２４００ｍは１番人気の成績が良い距離です。

こういう大事なことを知らないまま、馬券を買っている人が多すぎます。

芝２２００ｍの重賞は、宝塚記念、エリザベス女王杯、ＡＪＣＣ（アメリカジョッキーズクラブカップ）、京都記念、京都新聞杯、セントライト記念、オールカマーなど。

芝２４００ｍの重賞は、オークス、ダービー、ジャパンＣ、日経新春杯、青葉賞、神戸新聞杯、京都大賞典など。

１番人気にもいろいろあるため、「単勝オッズ１・

●芝2200・2400mの単勝オッズ1.9倍以下馬の重賞成績

距離	着別度数	勝率	連対率	複勝率
芝2200	6- 5- 2- 7/20	30.0%	55.0%	65.0%
芝2400	12- 3- 0- 4/19	63.2%	78.9%	78.9%

9倍以下」のダントツ1番人気についても調べてみました（上の表）。

やはり、芝２２００ｍは著しく良くない。単勝1倍台の人気馬の勝率が３割しかありません。

２４００ｍの重賞は東京コースと京都コースがほとんどで、２２００ｍの重賞は中山コースと阪神コースに多い。だから成績の違いは「距離」によるものではなく「コース」によるものではないかという意見もあるでしょう。

それは否定しません。レースの設定（競馬場、施行時期）も含めたうえでの違いです。この2つの距離は人気馬の信頼度に大きな差があると知っておいてください。

ポイント２●芝２２００ｍは他の距離と求められる適性が違う

宝塚記念は「初ＧＩ勝利」になる馬がよく勝つ。そんな傾向があります。

かつて覇王テイエムオペラオーのライバルに、メイショウドトウという馬がいました。

２００１年の天皇賞・秋、ジャパンC、有馬記念、02年の天皇賞・春、すべてテイエムオペラオーの2着。ライバルと呼ぶには実力差が明白で、どうしても大きな壁を越えられなかった。

最後の切れ味の差、もしくは末脚の長さの差というべきか、それがメイショウドトウには足りなかったのです。

しかし、02年の宝塚記念。ついに覇王を倒すときがやってきます。阪神の内回り芝２２００ｍ。この距離なら、鋭い切れ味はいらない。末脚の長さがちょっと足りなくても大丈夫。

断然1番人気のテイエムオペラオーより先に仕掛けたメイショウドトウは、4コーナー先頭から押し切り、念願のＧＩタイトルを獲得します。これが最初で最後

●メイショウドトウ

27戦10勝　栗東・安田伊佐夫厩舎　父Bigstone　母プリンセスりーマ

日付	開催	レース名	クラス	年齢	騎手	人	着	距離	勝ち馬（2着馬）
011223	中山	有馬記念	GⅠ	5	安田康彦	2	4	2500	マンハッタンカフェ
011125	東京	ジャパンC	GⅠ	5	安田康彦	3	5	2400	ジャングルポケット
011028	東京	天皇賞・秋	GⅠ	5	安田康彦	2	3	2000	アグネスデジタル
010624	阪神	宝塚記念	GⅠ	5	安田康彦	2	1	2200	（テイエムオペラオー）
010429	京都	天皇賞・春	GⅠ	5	安田康彦	3	2	3200	テイエムオペラオー
010324	中山	日経賞	GⅡ	5	安田康彦	1	1	2500	（マチカネキンノホシ）
001224	中山	有馬記念	GⅠ	4	安田康彦	2	2	2500	テイエムオペラオー
001126	東京	ジャパンC	GⅠ	4	安田康彦	5	2	2400	テイエムオペラオー
001029	東京	天皇賞・秋	GⅠ	4	的場均	2	2	2000	テイエムオペラオー
000924	中山	オールカマー	GⅡ	4	的場均	1	1	2200	（サクラナミキオー）
000625	阪神	宝塚記念	GⅠ	4	河内洋	6	2	2200	テイエムオペラオー
000527	中京	金鯱賞	GⅡ	4	安田康彦	3	1	2000	（ジョービッグバン）
000429	東京	メトロポリタンS	OP	4	安田康彦	1	1	2300	（クラフトマンシップ）
000326	中山	日経賞	GⅡ	4	安田康彦	4	3	2500	レオリュウホウ
000305	中京	中京記念	GⅢ	4	安田康彦	3	1	2000	（ブリリアントロード）
000116	京都	日経新春杯	GⅡ	4	武幸四郎	8	2	2400	マーベラスタイマー
991226	阪神	六甲S	OP	3	安田康彦	1	11	2000	トゥナンテ
991114	京都	ドンカスターS	1600万	3	安田康彦	4	1	1800	（ロードサクセサー）
991016	京都	嵯峨野特別	900万	3	安田康彦	4	1	2000	バイオレットパール
990925	札幌	道新スポーツ賞	900万	3	安田康彦	8	2	2000	エリモピュア
990918	札幌	大倉山特別	900万	3	安田康彦	3	4	1800	チアズビューティ
990905	札幌	ポプラS	900万	3	安田康彦	8	8	1500	プリンセスカーラ
990523	中京	香港JCT	OP	3	安田康彦	6	8	1700	マイシーズン
990418	中京	かいどう賞	500万	3	安田康彦	1	1	1700	（ダイナミックウイン）
990320	阪神	3歳500万下	500万	3	安田康彦	1	4	1800	タイロバリー
990116	京都	3歳新馬	新馬	3	安田康彦	1	1	1800	（ミラクルギフト）
990106	京都	3歳新馬	新馬	3	安田康彦	1	2	1800	タイソーサ

馬齢は現在の表記。デビューから5戦目まではダート

●メジロライアン

19戦7勝　美浦・奥平真治厩舎　父アンバーシャダイ　母メジロチェイサー

日付	開催	レース名	クラス	年齢	騎手	人	着	距離	勝ち馬（2着馬）
920322	中山	日経賞	GⅡ	5	横山典弘	1	1	2500	（カリブソング）
920126	中山	AJCC	GⅡ	5	的場均	1	6	2200	トウショウファルコ
911222	中山	有馬記念	GⅠ	4	横山典弘	5	12	2500	ダイユウサク
910609	京都	宝塚記念	GⅠ	4	横山典弘	2	1	2200	（メジロマックイーン）
910428	京都	天皇賞・春	GⅠ	4	横山典弘	2	4	3200	メジロマックイーン
910310	中山	中山記念	GⅡ	4	横山典弘	1	2	1800	ユキノサンライズ
901223	中山	有馬記念	GⅠ	3	横山典弘	3	2	2500	オグリキャップ
901104	京都	菊花賞	GⅠ	3	横山典弘	1	3	3000	メジロマックイーン
901014	京都	京都新聞杯	GⅡ	3	横山典弘	1	1	2200	（グローバルエース）
900527	東京	日本ダービー	GⅠ	3	横山典弘	1	2	2400	アイネスフウジン
900415	中山	皐月賞	GⅠ	3	横山典弘	2	3	2000	ハクタイセイ
900304	中山	弥生賞	GⅡ	3	横山典弘	2	1	2000	（ツルマルミマタオー）
900120	中山	ジュニアC	OP	3	横山典弘	2	1	2000	（プリミエール）
891223	中山	ひいらぎ賞	400万	2	横山典弘	7	1	1600	（トモエジョイナー）
891203	中山	葉牡丹賞	400万	2	安田富男	1	5	2000	プリミエール
891118	東京	2歳未勝利	未勝利	2	横山典弘	2	1	1600	（ダイワヒューストン）
891029	京都	2歳未勝利	未勝利	2	横山典弘	4	3	1400	ノースヒルオー
890722	函館	2歳新馬	新馬	2	柏崎正次	1	6	1200	マキハタビッグ
890709	函館	2歳新馬	新馬	2	柏崎正次	2	2	1200	サンエムグランディ

馬齢は現在の表記

のG1勝利でした。

もっとさかのぼると、メジロライアンもそうです。

1990年の皐月賞3着、ダービー2着、菊花賞3着、有馬記念2着。

若き日の横山典弘ジョッキーをスターダムにのし上げ、大舞台の辛酸もなめさせた名馬です。

世代最強と呼ばれ、ダービーも菊花賞も1番人気を集めながら、どうしてもGIが勝てない。あと一歩が足りなかった。

しかし、91年の宝塚記念。ついに大願成就のときがやってきます。この年は京都開催の芝2200m。この距離なら、鋭い切れ味はいらない。末脚の長さもちょっと足りなくて大丈夫。

断然1番人気のメジロマックイーンより先に仕掛けたメジロライアンは、4コーナー先頭から押し切り、ついにGIタイトルを獲得します。これが最初で最後のGI勝利でした。メイショウドトウと同じです。

もっと最近なら、17年のサトノクラウンでも、18年のミッキーロケットでもいい。宝塚記念は「初めてのGI勝利」になる馬が多い。それだけ特殊な距離であり、他のGIとは求められる適性が違うのです。

サトノクラウンが勝った宝塚記念では、当時無敵と思われた断然1番人気のキタサンブラックが沈みました。テイエムオペラオーやメジロマックイーンが敗れたことにも通じます。

競馬は同じ物語が繰り返されているのです。

ポイント3●三冠牝馬は芝2200mを勝てない

似たような話ですが、おもしろ豆知識として追加し

●三冠牝馬の芝2200m重賞の成績

日付	レース名	クラス	馬名	年齢	人	着	馬場
221113	エリザベス女王杯	GⅠ	デアリングタクト	5	1	6	重
220925	オールカマー	GⅡ	デアリングタクト	5	1	6	良
220626	宝塚記念	GⅠ	デアリングタクト	5	4	3	良
140629	宝塚記念	GⅠ	ジェンティルドンナ	5	3	9	良
140216	京都記念	GⅡ	ジェンティルドンナ	5	1	6	稍
130623	宝塚記念	GⅠ	ジェンティルドンナ	4	1	3	良
111113	エリザベス女王杯	GⅠ	アパパネ	4	4	3	良
101114	エリザベス女王杯	GⅠ	アパパネ	3	1	3	良
050626	宝塚記念	GⅠ	スティルインラブ	5	14	9	良
041114	エリザベス女王杯	GⅠ	スティルインラブ	4	3	9	良
040627	宝塚記念	GⅠ	スティルインラブ	4	10	8	良
031116	エリザベス女王杯	GⅠ	スティルインラブ	3	1	2	良

2023年末日まで

ます。

これまで牝馬三冠を制した馬は、メジロラモーヌ、スティルインラブ、アパパネ、ジェンティルドンナ、アーモンドアイ、デアリングタクト、リバティアイランドの合計7頭います。

これら三冠牝馬が芝２２００ｍの重賞に出走したときの成績は【０−１−３−８】。現在も続き12連敗中です（ただしメジロラモーヌ、アーモンドアイは芝２２００ｍ戦には不出走。現役馬のリバティアイランドも23年12月末時点で不出走）。

芝１６００ｍの桜花賞と、２４００ｍのオークスと、２０００ｍの秋華賞を勝ったオールラウンドの名牝でさえ、２２００ｍの重賞は勝てない。根幹距離のオールラウンダーだからこそ、２２００ｍのＧⅠは勝てないとしたほうが正しいのかもしれません。

ＧⅠに限らず、ＧⅡの京都記念やオールカマーでも、ジェンティルドンナやデアリングタクトが断然人気で沈んでいます。三冠牝馬ではありませんが、ウオッカも芝２２００ｍ重賞は2戦2敗でした。

これが２２００ｍという距離の怖さであり、２４００ｍとの違いです。

アーモンドアイが宝塚記念に出るのを見たかったのですが、もし走っていたらどうなったかは、永遠の謎になりました。

【芝】２５００ｍ以上の長距離の特徴

不利と思われている？　8枠の真実

芝２５００ｍ以上の長距離は、各距離で特定の重賞が浮かびます。

３０００ｍなら菊花賞、３６００ｍならステイヤーズＳというふうに、それぞれの施行レース数は少ない距離です。

それらを全部ひっくるめて「２５００ｍ以上」という大きな分類にしたときに、どんな特徴があるのか。

どんなアプローチをするべきなのか。

まずは驚きのデータから紹介します。２０１８年から23年10月の芝２５００ｍ以上の３３８鞍（そのうち重賞51鞍）を対象にしました。

●芝2500m以上の３角位置による先行馬成績

3角位置	着別度数	勝率	単回値
1番手	49- 35- 33- 220/337	14.5%	162
2番手以内	108- 76- 77- 545/806	13.4%	139
3番手以内	160- 119- 114- 840/1233	13.0%	122
4番手以内	194- 163- 149-1075/1581	12.3%	112
5番手以内	214- 195- 191-1315/1915	11.2%	97

2018～23年10月（以下同）

●芝2400mの３角位置による先行馬成績

3角位置	着別度数	勝率	単回値
1番手	43- 41- 35- 248/367	11.7%	111
2番手以内	99- 92- 80- 557/828	12.0%	108
3番手以内	154- 151- 127- 858/1290	11.9%	96
4番手以内	194- 193- 167-1103/1657	11.7%	90
5番手以内	238- 229- 204-1372/2043	11.6%	85

ポイント1●芝2500m以上は先行馬を買うだけでプラスになる

これは本当です。「３コーナーの位置取り別」に勝率と単勝回収率をまとめたのが上の表。同じデータを芝２４００ｍでまとめた、その下の表と比べてみてください。

芝２４００ｍに比べると、芝２５００ｍ以上は明らかに先行馬の勝率や単勝回収率が高い。「３コーナー4番手以内」の全馬の単勝馬券を買っても軽くプラスになる計算です。

どの馬が4番手以内にいるかをレース前に正確に予測することは無理ですが、対象３３８鞍という母数で、ざっくり4番手以内という区切りでプラスになるのだから、いかに先行馬が馬券的においしいかはわかるでしょう。

これは、２５００ｍ以上になると差し馬があまりアテにならないことも教えてくれます。後方から差す人気馬が不発に終わりやすいから、先行馬の回収率がこんなに高い。２４００ｍとの違いです。

ポイント2●芝2500m以上で成績優秀なのは8枠

これは意外に思う人も多いのではないでしょうか。枠順のデータをまとめました（左の表）。

勝率も、単勝回収値も、最も優秀なのは８枠です。特に単勝回収値は飛び抜けた数字を記録しており、穴の多さを物語っています。

それでいて、複勝率がトップではないところも面白い。「上位に入る」ではなく「１着を獲る」には８枠が有利なのです。長距離戦はいかにストレスなく前半を走れるかが大事であり、**揉まれない外枠が勝利への大きなアドバンテージになる**という教えです。

●芝2500m以上の枠順成績

枠番	勝率	複勝率	単回値
1枠	6.3%	20.7%	45
2枠	8.1%	25.3%	97
3枠	6.5%	21.8%	57
4枠	6.5%	23.8%	59
5枠	8.9%	27.5%	89
6枠	9.1%	22.3%	83
7枠	6.6%	21.8%	50
8枠	9.9%	24.0%	127

2018 ～ 23 年 10 月の 338 鞍が対象

これでピンと来た人もいるはず。２０２３年の菊花賞を勝ったドゥレッツァは８枠でした。レース前に「京都の菊花賞は８枠が不利」というデータも出回っていましたが、長距離の基本をいえば、それは違います。

23年の天皇賞・春は、８枠のシルヴァーソニックが３着に入って穴をあけました。

22年の菊花賞は、やはり８枠のジャスティンパレスが３着に入り、１着は７枠⑭番のアスクビクターモアでした。

22年の天皇賞・春は、８

●芝3000m以上のＧⅠは5レース連続で８枠が馬券圏内

日付	レース名	馬名	枠	人	着
231022	菊花賞	ドゥレッツァ	8	4	1
230430	天皇賞・春	シルヴァーソニック	8	6	3
221023	菊花賞	ジャスティンパレス	8	4	3
220501	天皇賞・春	タイトルホルダー	8	2	1
220501	天皇賞・春	ディープボンド	8	1	2
211024	菊花賞	オーソクレース	8	3	2

枠のタイトルホルダーが圧勝して、2着のディープボンドも8枠でした。

21年の菊花賞も、やはり8枠のオーソクレースが2着に入りました。

早い話、芝3000m以上のGIは、もう2年以上ずっと8枠が馬券になっているのです。

さすがにタイトルホルダーやドゥレッツァは、枠の有利より、勝つべき馬がたまたま8枠に入ったケースだと思いますが、条件クラスを含めた右の表で8枠の回収率が断然なのだから、偶然ではありません。

個別のケースは異なります。有馬記念は外枠（7、8枠）が不振です。福島や小倉の芝2600mは中枠の成績が優秀です。それでも、2500m以上の長距離戦は、ストレスなく走れる8枠に利があり、**8枠の単勝馬券が効率良し**と知っておくべきです。

ポイント3●芝2500m以上に強いのはドゥラメンテとステイゴールド系

下の表をご覧ください。芝2500m以上のレースで強い種牡馬のランキングです。

勝率や複勝率が高いのは、ドゥラメンテとエピファネイア。現在の長距離GIの二大特注血統です。

見逃せないのはステイゴールド系。こちらは条件戦を含めた長距離の特注血統です。

23年の古都S（京都芝3000m）では、ゴールド

●芝2500m以上の主要種牡馬

種牡馬	着別度数	勝率	複勝率
ディープインパクト	43- 46- 44-345/478	9.0%	27.8%
ハーツクライ	29- 30- 39-293/391	7.4%	25.1%
オルフェーヴル	27- 18- 26-152/223	12.1%	31.8%
ゴールドシップ	23- 19- 23-157/222	10.4%	29.3%
ルーラーシップ	18- 21- 17-199/255	7.1%	22.0%
ステイゴールド	18- 16- 13-131/178	10.1%	26.4%
エピファネイア	16- 7- 4- 61/88	18.2%	30.7%
ハービンジャー	14- 19- 27-204/264	5.3%	22.7%
キングカメハメハ	14- 18- 14-147/193	7.3%	23.8%
ドゥラメンテ	14- 5- 8- 50/77	18.2%	35.1%

2018～23年10月。エピファネイア、ドゥラメンテがトップ数値。アミ部分はステイゴールド系

シップ産駒のメイショウプレゲが7番人気2着で穴をあけましたが、22年の古都S（阪神芝3000m）もゴールドシップ産駒プリュムドールが勝っています。22年の万葉S（中京芝3000m）を勝ったのもゴールドシップ産駒のマカオンドールで、23年の万葉Sを勝ったのはオルフェーヴル産駒のミクソロジーでした。ちなみに24年の万葉Sは、前出のメイショウブレゲが制しています。

ステイゴールド系でも、**長距離重賞はオルフェーヴル産駒が強くて、オープン特別と3勝クラスの長距離はゴールドシップ産駒が穴になる。**これも覚えておきましょう。

【ダート】1000mと1200mの考え方

減量が利く短距離ダート

距離の考え方のダート編。まずは短距離のダ1000mとダ1200mに注目します。

ダート1000mは、ローカルの下級条件を中心に施行される距離です。ポイントは2つ。

ポイント1●逃げた馬が圧倒的に強い。特に小倉ダ1000mはこの傾向が強い

ポイント2●減量特典のある若手ジョッキーが大活躍する

これだけです。これさえわかっていれば馬券も当たり放題……だと良いのですが、かなり難しい。逃げ馬を狙えばいいとわかっているのに、逃げる馬の予測が簡単じゃないためです。馬券を買ってみると、よくわかります。

減量ジョッキーの大活躍は、大事なことを示唆しています。斤量の軽さはスタートダッシュにプラスをもたらすからです。

斤量の軽さが生きるのは、芝よりダート、それも深いダート。末脚のキレよりも、スタートからのスピード。これは私自身の見解です。前へ行ったもの勝ちの距離で、斤量の軽さは大きな恩恵をもたらします。

あとは、1枠よりも2枠から4枠あたりが好成績なこと、血統的にはヘニーヒューズを筆頭にしたストームキャット系と、シニスターミニスターを筆頭にしたエーピーインディ系が強いことを知っておけば、充分でしょう。

参考データとして、2020年以降の「3角先頭」の馬の競馬場別成績を挙げておきます（上の表）。小倉ダ1000mの逃げ馬の強さがよく出ています。

●ダート1000mの「3角先頭馬」の成績

コース	着別度数	勝率	複勝率
小倉・ダ1000	55- 29- 15- 30/129	42.6%	76.7%
函館・ダ1000	28- 14- 10- 26/ 78	35.9%	66.7%
札幌・ダ1000	22- 10- 6- 34/ 72	30.6%	52.8%

●ダート1200mの「3角先頭馬」の成績

コース	着別度数	勝率	複勝率
京都・ダ1200	23- 5- 10- 41/ 79	29.1%	48.1%
新潟・ダ1200	74- 35- 29-124/262	28.2%	52.7%
中京・ダ1200	51- 34- 21- 86/192	26.6%	55.2%
中山・ダ1200	119- 77- 49-237/482	24.7%	50.8%
阪神・ダ1200	63- 45- 36-146/290	21.7%	49.7%

いずれも2020〜23年

続いてダート1200m。こちらは施行数も多く、極めて重要な距離です。「ダ1200を制す者がダートの馬券を制す」といっても、過言ではありません。

ダートの短距離ですから逃げた馬が好成績なのは当然ですが、しかしダ1000mほど圧倒的ではありません。ちゃんと差しも届きます。20年以降の「3角先頭」の馬の競馬場別成績を、ダ1000mと比べてみてください（下の表）。

表は勝率の順に並べていますが、複勝率を見るとコースごとの差は小さく、どこのコースが逃げ馬有利かは一概にいえません。それよりも各レースの展開や、そのときの馬場傾向をつかむことが大切になります。

中山ダート1200mはかなり特殊？

では、ダ1200mのポイントは何か。

ポイント1●外枠の得意な馬、内枠の得意な馬を見分けること。内外の有利・不利があるコースを知ること

ポイント2●前傾ラップのダ1200mと、イーブンラップのダ1200mの違いを意識すること

絞るなら、この2点に集約されます。各馬がどの枠順を得意とするかは、結果から判断する手もあるだろうし、レース映像で判断してもOKです。

コースごとの枠順の有利不利について、ここでは細かく触れません。ひとつひとつのコースについて攻略法をまとめるのが本稿の目的ではありませんし、乾いた良馬場なら外枠有利のコースが、脚抜きのいい稍重や重馬場なら内枠有利になる場合もある。冬のダートは凍結防止剤を散布するかしないかで、傾向が変わることもある。

レースを見ながら、適宜、観察することが大事です。

スタート直後に外枠の馬が前に出られるコースか、出にくいコースか、これが一番わかりやすい観察点です。

ＪＲＡの意図的な調整もあると思われます。

例えば、中山ダ1200mは20年くらい前まで明らかに外枠有利のコースでしたが（スタート直後に芝コースを走り、外枠のほうが芝を走る距離が長いためダッシュがつきやすい）、このことがメディアに多数取り上げられたせいなのか、一時期は不自然なほど内枠がよく走り、今はデータを取ると内外の違いがほとんどなくなっています。

ポイント2は説明が必要かもしれません。

前傾ラップとは「前半のほうが後半よりはっきり速いラップ」のことで、ダ1200mなら前半33秒5－後半36秒5で1分10秒0のようなラップを指します。

イーブンラップとは「前半と後半があまり変わらないラップ」で、前半35秒0－後半35秒0で1分10秒0のようなラップです。ダ1200mは、このどちらかに分類して考えればいい。

前傾ラップが得意な馬なのか、イーブンラップが得意な馬なのか。

前傾ラップになりやすいコースなのか、イーブンラップになりやすいコースなのか。

イーブンラップで良績を残してきた馬が、前傾ラップになりそうなレースで人気を集めていたら危ない。消しのチャンスです。逆に前傾ラップで沈んだ馬が、イーブンラップになりそうなレースで人気を落としていたら、買いのチャンスです。

このラップ適性の違いを、馬券に使いやすいのが中山ダ１２００ｍです。

中山ダ１２００ｍは、ほぼすべてのレースが前傾ラップになる特殊なコースのため、何よりも**「前傾ラップの好走実績」**が重要であり、これをクリアしていない人気馬がよく沈みます。

関西から初めて中山へやってくる馬は、特にこの危険な人気馬のパターンに当てはまりやすいため、注意したほうがいいでしょう。

●中山ダ1200m【オープン・３勝クラス】人気別成績

人気	着別度数	勝率	複勝率
1番人気	2- 4- 3- 10/ 19	10.5%	47.4%
2番人気	8- 3- 3- 5/ 19	42.1%	73.7%
3番人気	4- 1- 1- 13/ 19	21.1%	31.6%
4番人気	2- 0- 3- 14/ 19	10.5%	26.3%
5番人気	1- 2- 0- 16/ 19	5.3%	15.8%
6番人気	1- 0- 2- 16/ 19	5.3%	15.8%
7番人気	0- 1- 2- 16/ 19	0.0%	15.8%
8番人気	0- 1- 1- 17/ 19	0.0%	10.5%
9番人気	0- 2- 3- 14/ 19	0.0%	26.3%
10～人気	1- 5- 2-107/115	0.9%	7.0%

2020～23年10月

最後に中山ダ１２００ｍのオープンと3勝クラスの人気別成績を挙げておきます。

右の表をご覧になればわかるように、１番人気が不振の一方、２番人気と３番人気はいい。10番人気以下の大穴もよく馬券に絡む。

この〝ちょっとズレた人気馬〟が好走する感じは、中山ダ１２００ｍの特殊性を示しており、他の競馬場のダ１２００mと微妙に適性が違うことを物語っています。

【ダート】１４００mと１６００mの考え方

ダート１４００mと１６００mは同じカテゴリー

ダート１４００mと１６００mは、施行される競馬場からして違います。というのも、ダ１６００mはJRAだと東京競馬場でしか行なわれない距離だからです。そのため基本的な考え方も、東西で違います。

〈関西圏の場合〉

ダート１４００mで大事なのは、阪神ダ１４００mと京都ダ１４００mの違い

〈関東圏の場合〉

東京ダ１４００mとダ１６００mは仲間。大事なのは中山ダートと東京ダートの違い

まず、ダ１４００mと１６００mの種牡馬ランキングから紹介します（下の２つの表）。

シンプルにするため、勝利数ベスト６に絞り、勝率だけ掲載しました。アミ部分は両方に入っている種牡馬です。

これを見ると、どちらもたいして違わないことがわ

●ダート1400m種牡馬ランキング

順位	種牡馬	着別度数	勝率
1	ヘニーヒューズ	124- 95- 83- 824	11.0%
2	ロードカナロア	72- 61- 58- 529	10.0%
3	シニスターミニスター	57- 44- 59- 404	10.1%
4	キンシャサノキセキ	51- 70- 58- 591	6.6%
5	パイロ	48- 51- 55- 434	8.2%
6	ゴールドアリュール	42- 43- 51- 511	6.5%

●ダート1600m種牡馬ランキング

順位	種牡馬	着別度数	勝率
1	ヘニーヒューズ	45- 44- 46-244	11.9%
2	ロードカナロア	22- 14- 18-155	10.5%
3	ゴールドアリュール	22- 13- 14-156	10.7%
4	キングカメハメハ	19- 27- 20-150	8.8%
5	ドゥラメンテ	15- 11- 9- 79	13.2%
6	パイロ	14- 14- 15-145	7.4%

いずれも2018～23年10月

かります。ダ1400mも1600mも、ダントツ1位はヘニーヒューズ、2位はロードカナロア。あとはパイロとゴールドアリュールも両方にランクインしています。

シニスターミニスターとキンシャサノキセキはダ1400mの順位が良くて、ドゥラメンテとキングカメハメハはダ1600mの順位が良いという違いもありますが、そこはたいした差ではありません。おおまかな傾向を把握したら、あとは個々の馬を見ればいいのです。

父系ではストームキャット系（ヘニーヒューズやドレフォン）と、エーピーインディ系（シニスターミニスターやパイロ）が二大勢力です。

このようにダ1400mとダ1600mは同じカテゴリーの距離だと、種牡馬の傾向からもわかります。

重賞の場合、以前なら「ダ1400mの根岸Sは、ダ1600mのフェブラリーSにつながらない」といった馬券術もありましたが、近年はレモンポップやモズアスコットが両レースを連勝したり、レッドルゼルやテイエムサウスダンも両方で連対を果たしたり、よくつながっています。

●ソリストサンダーの重賞成績【1－3－1－8】

日付	開催	レース名	クラス	人	着		距離	馬場
230504	船橋	かしわ記念	GⅠ	7	5	ダ	1600	良
230219	東京	フェブラリーS	GⅠ	9	8	ダ	1600	良
221010	盛岡	マイルCS南部杯	GⅠ	4	7	ダ	1600	不良
220505	船橋	かしわ記念	GⅠ	5	2	ダ	1600	稍重
220326		ゴドルフィンM	GⅡ	8	4	ダ	1600	良
220220	東京	フェブラリーS	GⅠ	6	4	ダ	1600	重
220130	東京	根岸S	GⅢ	1	9	ダ	1400	良
211113	東京	武蔵野S	GⅢ	3	1	ダ	1600	稍重
211011	盛岡	マイルCS南部杯	GⅠ	2	3	ダ	1600	不良
210828	函館	エルムS	GⅢ	2	10	ダ	1700	良
210505	船橋	かしわ記念	GⅠ	6	2	ダ	1600	稍重
210221	東京	フェブラリーS	GⅠ	5	8	ダ	1600	良
201114	東京	武蔵野S	GⅢ	11	2	ダ	1600	良

JRA在籍時。地方交流重賞含む

距離の違いよりも、**脚抜きが良くてタイムの速い馬場か、砂が深くてタイムの出にくい馬場か**、この違いに気をつけることを提案します。

ソリストサンダーを例に挙げましょう（２０２３年７月に大井へ移籍）。この馬は渋ったダートなら好走して、良馬場のダートでは凡走する馬でした。馬場別の重賞成績はＰ１３５の表の通り。

アミ部分が渋ったダートの馬券圏内。白抜きは良馬場ダートの上位人気で沈んだレース。なぜこの馬をピックアップしたかというと、22年の根岸Ｓで１番人気に支持されて９着に完敗したのを、よく覚えているからです。その前走が稍重の武蔵野Ｓの１着でした。

「おいおい、この馬、渋ったダートがいいのに、良馬場の根岸Ｓで１番人気!? 距離のダ１４００も勝ったことないのに、消しのチャンス！」

表のように良のダートと道悪のダートを分けて成績を見れば一目瞭然になりますが、普段、競馬新聞などの出馬表ではごっちゃになって並んでいます。

だから**「良のダートか、道悪のダートか」**を意識して成績を見ないと、なかなか気づけない。それを意識するよう心がけてください。

阪神・京都のダート１４００ｍは「枠」

関西圏の「阪神ダ１４００ｍと京都ダ１４００ｍの違い」については、枠順の有利不利があることを知っておきましょう。

●阪神ダ1400mは外枠が有利

枠	着別度数	勝率	連対率
1	42- 28- 42-694	5.2%	8.7%
2	55- 48- 56-697	6.4%	12.0%
3	48- 61- 57-718	5.4%	12.3%
4	65- 55- 66-734	7.1%	13.0%
5	71- 77- 69-730	7.5%	15.6%
6	62- 72- 67-765	6.4%	13.9%
7	66- 87- 71-751	6.8%	15.7%
8	86- 65- 66-763	8.8%	15.4%

●京都ダ1400mは枠順の有利不利が小さい

枠	着別度数	勝率	連対率
1	27- 20- 26-294	7.4%	12.8%
2	30- 30- 32-304	7.6%	15.2%
3	25- 27- 23-335	6.1%	12.7%
4	28- 28- 26-349	6.5%	13.0%
5	36- 36- 34-334	8.2%	16.4%
6	31- 37- 27-357	6.9%	15.0%
7	29- 29- 27-371	6.4%	12.7%
8	27- 24- 37-372	5.9%	11.1%

いずれも2018～23年10月

阪神ダ1400mは外枠が有利！

京都ダ1400mは内外の有利不利なし。強いていえば中枠有利！

これを頭に入れてください。スタート直後に芝コースを走り、それからダートへ入っていくというコース設定は阪神も京都も同じですが、実際にデータを取ると傾向がはっきりと出ます。

２０１８年から23年10月までの枠順成績が右の２つの表です。京都は改修前と改修後のデータが一緒になっていることに留意してください（一緒にしても構わないと思っているので分けてません）。

阪神ダ１４００ｍは明らかに外枠が好成績、１枠が不振。例えばコーラルＳ（Ｌ）は過去10年、１枠の馬が１頭も馬券に絡んでいません。

京都ダ１４００ｍは大きな偏りなし。勝率・連対率が最も高いのは5枠、最も低いのは8枠です。

ただし外枠が不振といっても、レースの頭数によって「外」の度合いが違ったり、馬によっては外枠の得意な馬もいます。京都の内外は阪神ほど気にしなくてもいいように思います。

他にも阪神と京都のダ１４００ｍはいろいろありますが、枠順の違いを意識して見ることを推奨します。

【ダート】1700、1800mと長距離の考え方

まずはダート1700mを巡る話を

ダート１７００、１８００ｍは一般にダート中距離に分類されます。

本書では、ダート１９００、２０００、２１００、２４００ｍ以上などをダート長距離に分類します。

ダ１７００ｍは主に、小倉、福島、函館、札幌に組まれている距離。すべてローカルで、直線も短いコースという共通点があり、ひとまとめにして取り扱います。

そのダ１７００ｍのポイントは
●ダ１８００ｍは走れないのに、１７００ｍなら走れる馬がたくさんいる
●ダ１８００ｍより、逃げ馬の成績が良い。小回りで、スタート後すぐにコーナーを迎えるコースが多いため
●「ダ１７００ｍと１４００ｍの得意な馬」がいる。ダ１４００ｍに近い適性を問われる部分もある

２０２０年以降のダ１７００ｍの種牡馬ランキング（特別戦の勝利数）のベスト5は、ヘニーヒューズ、オルフェーヴル、ハーツクライ、キングカメハメハ、ロードカナロア。ここ1、2年で一気に上昇しているのはドレフォンです。

平場を含めるとシニスターミニスターが上位に来ますが、特別戦のランクにはエーピーインディ系がベスト5に入らず、ダート短距離に強いストームキャット系が上位に入るのがダ１８００ｍとの違いです。ここは大事なので、あとで改めて触れます。

枠順も重要です。福島ダ１７００ｍは2枠と3枠が有利。小倉ダ１７００ｍは1枠の勝率が良くない（複勝率は悪くない）以外は、ほとんど差がありません。

注意すべきは北海道開催です。函館ダ１７００ｍは逃げ馬が有利なのに対して、札幌ダ１７００ｍは逃げ馬有利とはいえず、この違いが馬券になる。近3年の逃げ馬の複勝率でいうと、函館ダ１７００ｍは54%、札幌ダ１７００ｍは32%と大違いです。

ダ１７００ｍの重賞は札幌のエルムＳ（年によって函館）が組まれ、1番人気が不安定なレースです。過去10年で【１－１－２－６】。連対したことが2回しかありません。

マリーンＳなど函館で好走した馬が人気を集めますが、函館と札幌の適性の違いや、展開の有利不利の違いで、人気馬が沈みやすいのです。23年のエルムＳも、函館で連勝してきたペプチドナイルが1番人気になり、大敗しました。

ひと筋縄ではいかないダート1800m

続いてダート1800mに移ります。

中山、阪神、京都、新潟、中京で組まれ、施行数のとても多い距離です。中京ダ1800mのチャンピオンズCというGI競走も組まれ、馬券術を語るにはひとつひとつの競馬場別に見ていかなければならないため、総論は難しい。

ダ1800mのポイントを挙げるなら。

●展開の影響を受けやすく、逃げ先行馬が有利なはずのコースでも、展開ひとつでたちまち差し馬が台頭する

●馬場（砂の深さや水分量）や、季節の影響（冬は凍結防止剤がまかれる日もある）も大きく、逃げ馬が有利な日もあれば、差しがよく届く日もある。内枠が有利な日もあれば、外枠が有利な日もある

●20年以降の種牡馬ランキング（特別戦の勝利数）ベスト5は、シニスターミニスターがダントツ1位、以下、ヘニーヒューズ、キズナ、マジェスティックウォリアー、キングカメハメハ、パイロ（5位は同数）。このうちシニスターミニスターとマジェスティックウォリアーとパイロは、同じエーピーインディ系

最初から「先行馬有利」とか「中枠がいい」と決めつけて検討するのではなく、まず展開をていねいに読み、その日の傾向を確認したうえで、各レースを検討していく。これがダ1800mの最も大事なポイントだと思います。**今日のダートは時計が速いか、遅いか、**これを確かめる癖をつけたい。

レースが終わった後でも構いません。タイムの速い日、普通の日、遅い日の3段階に分けてメモを残しておけば、「タイムの速いダートに強い馬」と「タイムの遅いダートに強い馬」が一目瞭然になるでしょう。

ダート1900m以上の長距離戦

続いてダート長距離について。

ダ1900mは京都と中京。ダ2000mは阪神。ダ2100mは東京。ダ2400mは中山、函館、札

幌、小倉、福島に主に組まれている距離です。

こちらもそれぞれのコースに特徴があり、馬券術を語るにはひとつひとつを見ていかなくてはなりませんが、ダ１９００ｍ以上の大雑把なポイントを挙げるなら——。

●施行数の多いダ１８００ｍと分けて考えること

●血統が大事。ダ１８００ｍ以下に比べて一気に勝ち星が減るのは、ヘニーヒューズを中心にしたストームキャット系。抜群の適性を示すのはキングカメハメハを持つ馬。

現在は、父か母父キングカメハメハ、父ホッコータルマエが特注血統。母父クロフネや、今後は母父ロージズインメイにも注目

●ジョッキーは、関東ならルメール、戸崎、Ｍ・デムーロ騎手がトップ３。関西なら川田、武豊、岩田望来騎手がトップ３

その他、20年以降の厩舎成績を調べて目についたのは、**勝利数で大久保龍志厩舎がダントツの1位**であることです。

ダ１９００ｍの平安Ｓとダ２４００ｍのダイオライト記念を勝ったグロリアムンディの他、条件クラスのレッドプロフェシー、グリューヴルムなどがダート長距離で勝ち星を積み重ねています。

最後に特別戦を対象にしたダ１７００ｍ、１８００ｍの種牡馬ランキング（Ｐ１４１）と、１９００以上の種牡馬ランキング（Ｐ１４２）を掲載します。

ダ１９００ｍ以上におけるキングカメハメハの圧倒的な強さがわかるでしょう。

ホッコータルマエ（父キングカメハメハ）も、１着は多くないものの2着と3着が多く、複勝率の高さが特徴です。

●【ダ1700m】種牡馬ランキング

種牡馬	着別度数	勝率
ヘニーヒューズ	15- 15- 11- 79/120	12.5%
オルフェーヴル	12- 5- 5- 66/ 88	13.6%
ハーツクライ	11- 8- 8- 49/ 76	14.5%
キングカメハメハ	8- 12- 5- 66/ 91	8.8%
ロードカナロア	8- 8- 6- 48/ 70	11.4%
シニスターミニスター	7- 3- 3- 56/ 69	10.1%
キズナ	7- 2- 2- 33/ 44	15.9%
ドレフォン	7- 1- 2- 15/ 25	28.0%
パイロ	6- 9- 4- 42/ 61	9.8%
ネオユニヴァース	6- 3- 3- 22/ 34	17.6%
マジェスティックウォリアー	5- 6- 5- 36/ 52	9.6%

いずれも 2020 ～ 23 年の特別戦が対象

●【ダ1800m】種牡馬ランキング

種牡馬	着別度数	勝率
シニスターミニスター	18- 13- 11- 77/119	15.1%
ヘニーヒューズ	12- 14- 17-107/150	8.0%
キズナ	12- 9- 9- 88/118	10.2%
マジェスティックウォリアー	12- 3- 3- 57/ 75	16.0%
キングカメハメハ	11- 12- 8-121/152	7.2%
パイロ	11- 9- 4- 82/106	10.4%
ディープインパクト	11- 2- 2- 84/ 99	11.1%
ハーツクライ	10- 5- 7-121/143	7.0%
ゴールドアリュール	9- 7- 10-110/136	6.6%
ダノンレジェンド	7- 8- 3- 7/ 25	28.0%
ドゥラメンテ	7- 2- 2- 18/ 29	24.1%

●【ダ1900m以上】種牡馬ランキング

種牡馬	着別度数	勝率
キングカメハメハ	24- 13- 11- 89/137	17.5%
ハーツクライ	8- 13- 5- 96/122	6.6%
ゴールドアリュール	6- 3- 7- 47/ 63	9.5%
ディープインパクト	5- 6- 1- 66/ 78	6.4%
オルフェーヴル	5- 5- 6- 52/ 68	7.4%
マジェスティックウォリアー	5- 2- 1- 16/ 24	20.8%
キズナ	4- 5- 7- 43/ 59	6.8%
ロージズインメイ	4- 2- 2- 20/ 28	14.3%
ホッコータルマエ	3- 7- 7- 35/ 52	5.8%
ジャスタウェイ	3- 6- 3- 35/ 47	6.4%

ダートの長距離戦はお任せ！　2023 年のダイオライト記念（船橋・GⅡ 2400 m）を圧勝した大久保龍厩舎のグロリアムンディ。

第7章

血統の考え方と応用編

血統とローテーションをロードカナロア産駒に学ぶ

「3歳まで」と「4歳以降」で変わるロードカナロア産駒

血統を馬券に活用するというと、血統を知らない人ほどすぐ「距離」の話をしたがります。短距離血統だ、長距離血統だと、距離ばかり持ち出して、菊花賞のときだけ血統を気にする人も未だに見かけます。

もちろん、血統の距離適性は大事ですが、それよりも大事と思っているのが、**血統のローテーション適性や、産駒の好走・凡走リズムへの影響**です。

疲れが溜まりやすい体質かどうかは血統の影響が大きく、そういう馬はレース間隔を詰めると成績が落ちる。連戦を重ねても平気な血統は、きつめのローテも気にしない。

ほとんど語られていませんが、ローテの影響を受けやすい血統のひとつとして、ロードカナロアを挙げます。

ロードカナロア産駒は2023年までにJRA重賞を65勝しています（芝63勝、ダート1勝）。

これをレース間隔で分けると、どうなるか。そこに年齢というファクターを加えるとどうなるか。

まずは2歳と3歳のロードカナロア産駒の重賞、レース間隔別の成績が、左の上の表です。「間隔4週」とは中3週のこと、「間隔3週」とは中2週のことです（以下同）。

2歳と3歳の重賞27勝のうち

・レース間隔4週以内／2勝　勝率2・6％
・レース間隔5週以上／25勝　勝率15・6％

恐ろしい差です。若い時期のロードカナロア産駒は、レース間隔を5週以上開けるかどうかで、これほど勝率に差が出てしまう。

これを4歳以上の重賞38勝で同じ集計をすると、その下の表のようになります。

●2、3歳のロードカナロア産駒の重賞【レース間隔別】成績

間隔	着別度数	勝率	複勝率
連闘	0- 0- 0- 0/ 0	—	—
2週	0- 2- 0- 10/ 12	0.0%	16.7%
3週	1- 3- 0- 36/ 40	2.5%	10.0%
4週	1- 2- 1- 20/ 24	4.2%	16.7%
5〜 9週	14- 9- 6- 67/ 96	14.6%	30.2%
10〜25週	10- 5- 4- 42/ 61	16.4%	31.1%
半年以上	1- 0- 0- 2/ 3	33.3%	33.3%

●4歳以上のロードカナロア産駒の重賞【レース間隔別】成績

間隔	着別度数	勝率	複勝率
連闘	0- 0- 0- 1/ 1	0.0%	0.0%
2週	0- 0- 0- 19/ 19	0.0%	0.0%
3週	3- 4- 4- 33/ 44	6.8%	25.0%
4週	5- 2- 3- 30/ 40	12.5%	25.0%
5〜 9週	19- 12- 12-111/154	12.3%	27.9%
10〜25週	10- 9- 4- 79/102	9.8%	22.5%
半年以上	1- 0- 1- 9/ 11	9.1%	18.2%

いずれも種牡馬デビューから2023年まで

・レース間隔4週以内／8勝　勝率7・7％
・レース間隔5週以上／30勝　勝率11・2％

今度はぐっと差が詰まっているのがわかります。間隔2週以内でなければ、もう気にしなくていいレベルです。

●3歳までのロードカナロア産駒は、レース間隔が極めて重要。間隔を詰めると不振
●4歳以降になると、それほど気にしなくても良い。間隔を詰めても走れる馬が増える

このデータは、血統とローテの関係の重要性と、産駒の年齢によっても傾向は変化していくという大事なことを教えてくれています。

チャレンジCを制したベラジオオペラの場合

直近にちょうどいい例題があります。ベラジオオペラ（父ロードカナロア）です。レース間隔と一緒に、同馬の戦歴を追ってみましょう。

・新馬1着
・セントポーリア賞1着（間隔10週）
・スプリングS1着（間隔7週）

・皐月賞10着　（間隔4週）
・ダービー4着　（間隔6週）
・チャレンジC1着　（間隔27週）

ご覧のように、レース間隔をじっくり開けて、新馬戦からスプリングSまで3連勝。無傷のまま、皐月賞へ向かいました。

しかし、その皐月賞はレース間隔4週。ロードカナロア産駒の危険なローテです。皐月賞のベラジオオペラは3番人気を集めながら10着に大敗しました。

次走は日本ダービー。

「ロードカナロア産駒に2400mは長い」「皐月賞で大敗したカナロア産駒に巻き返しは無理」

そんな前評判から一気に9番人気まで人気を落としたベラジオオペラでしたが、今度はレース間隔6週。走れるローテです。

結果はご存知の通り。3着のハーツコンチェルトと際どいハナ差の4着でした。ゴールの瞬間には、ベラジオオペラが3着だと思った人も多かったくらいの僅差で、これは好走の部類に入れていいでしょう。

そして秋緒戦はチャレンジC。約半年ぶりの休み明けで馬体重プラス20キロを不安視する人もいましたが、3番人気で古馬相手に快勝しました。現状、レース間隔をじっくり開けたほうがいい馬とわかります。

これらのベラジオオペラの好走と凡走は、全部、ローテが理由といいたいのではありません。皐月賞で大敗したのは道悪のハイペースを先行したことも理由だろうし、ダービーで好走したのは、スローペースの上がり勝負で内を突いた要因もあるでしょう。

それでも、3歳のロードカナロア産駒がレース間隔によって大きく成績が分かれることを知っていれば、皐月賞のベラジオオペラに大枚をつぎ込むことは避けられただろうし、ダービーのベラジオオペラは巻き返しがあるかもしれないと、予想の中に盛り込むことはできたはずです。

皐月賞馬サートゥルナーリアの場合

●サートゥルナーリア

10戦6勝　栗東・角居勝彦厩舎　父ロードカナロア　母シーザリオ

日付	開催	レース名	クラス	年齢	騎手	人	着	上り3F		距離	馬場
200628	阪神	宝塚記念	GⅠ	4	ルメール	1	4	37.6	芝	2200	稍重
200315	中京	金鯱賞	GⅡ	4	ルメール	1	1	33.2	芝	2000	良
191222	中山	有馬記念	GⅠ	3	スミヨン	3	2	35.4	芝	2500	良
191027	東京	天皇賞・秋	GⅠ	3	スミヨン	2	6	34.9	芝	2000	良
190922	阪神	神戸新聞杯	GⅡ	3	ルメール	1	1	32.3	芝	2400	良
190526	東京	日本ダービー	GⅠ	3	レーン	1	4	34.1	芝	2400	良
190414	中山	皐月賞	GⅠ	3	ルメール	1	1	34.1	芝	2000	良
181228	中山	ホープフルS	GⅠ	2	M.デムーロ	1	1	35.3	芝	2000	良
181027	京都	萩S	OP	2	M.デムーロ	1	1	35.1	芝	1800	良
180610	阪神	2歳新馬	新馬	2	M.デムーロ	1	1	34.2	芝	1600	良

レース間隔が何週以上なら走れて、何週以内なら危険かという分岐点は、もちろん個々の馬によっても変わります。前記のデータはあくまでも目安です。

ロードカナロア産駒の名馬サートゥルナーリアも、レース間隔で成績が分かれていたことを知っているでしょうか。

新馬戦からホープフルSまでじっくり間隔を開けて3連勝。さらに皐月賞トライアルは一切使わず、ぶっつけローテだった皐月賞を制して4連勝。無敗のクラシックホースになります。

しかし、次走の日本ダービーは断然1番人気で4着に敗退。皐月賞から6週のレース間隔が短すぎたのか、それとも敗因は2400mの距離だったのか。

答えはサートゥルナーリアのその後の戦歴が教えてくれました。

休み明けだった神戸新聞杯を楽勝。距離2400mを難なくクリアします。しかし次走は3歳馬ながら天皇賞・秋に駒を進め、5着に敗退。距離は得意の2000mだったはずなのに、間隔が5週しかなかった。

こちらを敗因と見るべきでしょう。

ダービーの敗因を「距離」と判断した人は、神戸新聞杯で買えなかったうえに、天皇賞・秋で買ってしまったはずです。

でも、3歳のロードカナロア産駒はローテが重要と知っていて、ダービーの敗因を「レース間隔」と判断した人は、神戸新聞杯で買えたうえに、天皇賞・秋では危険視できたはずです。

サートゥルナーリアは現在種牡馬になり、産駒は24年に2歳デビューします。産駒にこの傾向が受け継がれているのかどうか、意識して観察することで、他の人より一歩先に出られます。

血統を馬券に活かすうえで、種牡馬ごとのローテの傾向は極めて大事であることを認識してください。

血統と競馬場適性をモーリス産駒に学ぶ

ディープインパクト、ステイゴールドの場合

血統と競馬場適性には深いつながりがあります。

この種牡馬の産駒は直線の長いコースが得意、この種牡馬の産駒は小回りコースが得意といった血統馬券術を聞いたことがあるでしょう。有名なのはディープインパクトとステイゴールドです（1章に詳述）。

「ディープインパクト産駒は直線の長い東京コースが最も得意。一方、小回りで直線の短い福島コースや函館コースは成績が落ちる」

「ステイゴールド産駒は小回りコースが得意。コーナーで加速していく機動力が優れているためで、だから有馬記念や宝塚記念に強い」

もうディープインパクトもステイゴールドも直仔は少なくなってしまいましたが、後継種牡馬がたくさんいます。この基本は押さえておきたいところです。

ディープの産駒は、末脚をためて、鋭い差し脚を繰り出す競馬が得意。だから、直線の短いコースよりは、長いコースのほうが持ち味を発揮できる馬が多い。

また、東京コースは馬場が傷みにくく、タイムも速いため、鋭い差し脚を使うディープ産駒に合う（そん

なタイプが多いという話であって、小回りコースや直線の短いコースを得意とするディープインパクト産駒もいます。８章の「東京競馬場」の項には近年の傾向の変化を紹介しています）。

モーリス産駒の得意・苦手コース

もっと新しい現役バリバリの人気種牡馬にも注目しましょう。モーリスです。

●モーリス産駒【競馬場別】芝重賞・特別成績

場	着別度数	勝率	複勝率
京都	8- 5- 5- 23/ 41	19.5%	43.9%
東京	20- 8- 11- 88/127	15.7%	30.7%
小倉	6- 5- 3- 32/ 46	13.0%	30.4%
阪神	19- 8- 14-107/148	12.8%	27.7%
中京	12- 11- 9- 68/100	12.0%	32.0%
新潟	8- 5- 3- 51/ 67	11.9%	23.9%
函館	3- 1- 2- 23/ 29	10.3%	20.7%
中山	11- 6- 14- 86/117	9.4%	26.5%
札幌	3- 3- 3- 30/ 39	7.7%	23.1%
福島	1- 0- 1- 33/ 35	2.9%	5.7%

種牡馬デビューから2023年まで。勝率順

モーリス産駒はどこの競馬場が得意で、どこの競馬場が苦手か。２０２３年までの芝の重賞・特別戦の成績を競馬場ごとにまとめました（上の表）。

頭ひとつ抜けて勝率や複勝率の高い競馬場は、東京と京都です。

逆に、明らかに勝率や複勝率の低い競馬場は、福島です。他に札幌と函館も良くありません。

直線が長くて、速いタイムの出やすい東京と京都が得意。直線が短くて、コーナーのきつい福島が不振。モーリス産駒は福島コースで4着が多いのです。

これは意外に思う人もいるのではないでしょうか。モーリスの代表産駒といえば、中山のスプリンターズSを勝ったピクシーナイトや、阪神の大阪杯を逃げ切ったジャックドールなど。スピード豊かで、直線の短いコースを前で押し切るイメージも強いからです。

ということは、東京が得意、福島が不得意の傾向は、直線の長さだけの問題ではないのだろうと推察できます。

モーリス産駒はスピードに乗りやすいコースが得意で、

福島 11R

WIN5⑤

発馬 15.45

第72回 ラジオNIKKEI賞（GⅢ）

㊕三オープン・ハンデ

2　1

	1	2	3	4	5	6	7	8	9
枠	白1	白1	黒2	黒2	赤3	赤3	青4	青4	5
父	ジャスタウェイ	ダノンバラード	ハービンジャー	イスラボニータ	ビーチパトロール	ディープブリランテ	スクリーンヒーロー	スピルバーグ	サトノクラウン
馬名	コレペティトール	グラニット	スズカハービン	オメガリッチマン	シーウィザード	エルトンバローズ	シルトホルン	セオ	ウヴァロヴァイト
母・実績	ベガスナイト 3勝	インディワタナ 1勝	スズカローラン 4勝	エルカラファテ 未勝	メリーウェザー 未勝	ショウナンカラット 未勝	シンメイミヤビ 未勝	ルーラ 英	エイグレット 3勝
毛色・斤量	栗 55 牡3	鹿 55 牡3	栗 54 牡3	鹿 56 牡3	鹿 55 牡3	鹿 55 牡3	黒鹿 54 牡3	鹿 56 牡3	鹿 55 牝3
騎手	替田辺	嶋田	替Mデムーロ	横山典	替三浦	西村淳	大野	松若	菅原明
厩舎	西中竹	美大和田	西高橋忠	西安田翔	美鹿戸雄	西杉山晴	美新開	西上村	美萩原
賞金	900	1000	900	1200	1000	900	900	900	1600
総賞金	1730	2810	2182	2172	3080	2040	2250	2498	3060
馬主名	加藤誠	ミルF	永井啓式	原禮子	岡田牧雄	猪熊広次	ディアレストC	吉田千津	池谷誠一
牧場名	社台F	猿橋義昭	辻牧場	社台F	シンボリ牧場	桑田牧場	飛渡牧場	社台F	ノーザンF
佐藤直				△B		▲	△	△	△
小野智		△						注	○
久光	注			▲		◎			
西田		△	△	△		△			注
中田		▲		△		○	△		
本紙武井	西	△	西	△西		△西		西	注
芝1400〜2000	東1346① 東1476⑦	東1336② 中1493❹ 中2029⑫	三2150⑧ 京1465⑥ 小2028②	三1114⑨ 中1352⑦ 新1471① 東2021⑤	中1345⑩ 中1498⑯ 中2021⑨	京[illegible]① 阪[illegible]② 三[illegible]⑨	東[illegible]② 東[illegible]⑧	三2161⑤ 京1462③ 阪2015④	東1342⑩ 東1476①
上り最高	天33.7⑦	天34.0⑧	天33.7⑤	三33.6⑨	天33.4③	天33.6①	天33.[illegible]①	三34.2⑤	天33.2①
騎乗成績	初騎乗	1114	初騎乗	0003	0001	2000	2202	0010	1000
クラス実績	0001	0105	0001	0103	1014	0000	0002	0011	1001
当該条件	初コース	1000	初コース	初コース	初コース	初コース	初コース	初コース	初コース
芝コース重の実績	○0000	○0002	◎1100	○0000	○0001	○0000	○0002	◎1000	○0000
母の父	コロナドズクエスト	フサイチコンコルド	サンデーサイレンス	ディープインパクト	メジロベイリー	ブライアンズタイム	ラングフール	オアシスドリーム	サンデーサイレンス
兄弟馬	アメリカズカップ	エスティメート	スズカデヴィアス	初仔	シゲルタイタン	ドグマ	ガガク	ミスタースカラマンガ	ミトラ
距離別勝利度数 三 天 天 短	0110 0000 0100 0100	0100 0010 0010 2120	2000 2000 0000 0400	0100 1000 0000 1111	1100 0000 0010 2110	0020 0300 0000 0000	0110 0020 0000 0410	1100 2000 0100 2000	0110 0100 0010 0010

距離別勝利度数：三 二千二の含み／天 千七含む／天 千六のみ／短 千五まで

600 400　セ ノ　56松永幹

前走	1	2	3	4	5	6	7	8	9
4走前	5東 11月13日 ④手1 未勝 8ト12頭 天1482 55岩田望 S④⑤⑤ 472 人気2 好位抜出 1¼ 376中342 リチャ 1484 0.2	6阪 12月18日 ⑥朝日FS10 GⅠ 8ト17頭 天外1349 55松山 M②②② 452 人気9 先行一杯 5¾ 342中370 ドルチェモア 1339 1.0	2小 2月18日 ③手2 未勝 2ト17頭 〒2028 56藤岡佑 M⑭⑨⑧ 466 人気3 後方伸 クビ 386外350 ウインスノーク 2027 0.1	1中 1月5日 ①ジュニア7 L 7ト13頭 天外1352 56横山和 M⑫⑦⑧ 444B 人気7 S後離く 8½ 361外363 クルゼイロドス 1337 1.5	5中 12月28日 ⑨ホープフル9 GⅠ 3ト18頭 〒内2021 55浜中 S③④④ 472 人気13 先行一杯 3½ 364内353 ドゥラエレーデ 2015 0.6	1中京 2月4日 ⑪手9 未勝 11ト13頭 三2168 56Mデムーロ S⑤⑤⑤ 510 人気2 好位一杯 9¾ 365中359 アドマイヤイル 2152 1.6	1東 2月19日 ⑧手4 1勝 2ト12頭 天1332 56大野 M④⑤④ 460 人気5 中位伸も 1½ 352内344 ノッキングポイ 1329 0.3	6阪 12月24日 ⑦手1 未勝 11ト16頭 〒内2015 55岩田望 S②①① 484 人気2 3角先頭 ハナ 376内357 アイザックバロ 2015 0.0	4東 10月10日 ③手1 牝未勝 4ト14頭 天1349 54横山武 M④④⑥ 434 人気1 中位抜出 1¾ 354中348 ウィンターダフ 1352 0.3
3走前	6中京 12月4日 ②こうやま1 1勝 10ト12頭 天1346 55松山 S⑧⑦⑦ 472 人気2 中位抜出 1身 364外346 サトノヴィレ 1348 0.2	1中 1月15日 ⑥京成8 GⅢ 8ト9頭 〒内2033 56嶋田 S①①① 460 人気6 逃一杯 6¾ 376内365 ソールオリエン 2022 1.1	2小 2月25日 ⑤手1 未勝 9ト13頭 〒2031 56藤岡佑 M⑩④③ 464 人気3 G前差す クビ 379中369 ビヨンドザドリ 2032 0.1	1中 1月15日 ⑥京成2 GⅢ 3ト9頭 〒内2026 56石川 S⑤⑤⑤ 434B 人気9 中位伸 2½ 386中350 ソールオリエン 2022 0.4	1中 1月15日 ⑥京成7 GⅢ 2ト9頭 〒内2031 56三浦 S③③③ 474 人気4 好位一杯 5½ 383中358 ソールオリエン 2022 0.9	1阪 3月19日 ⑫手2 未勝 5ト17頭 天外1478 56ルメール M⑤⑤④ 504 人気2 好位粘る 2½ 359中347 ソーダズリング 1474 0.4	2中 3月19日 ⑧スプリン9 GⅡ 8ト16頭 天内1498 56菅原明 H②②② 454 人気10 先行一杯 5¾ 357中377 ベラジオオペラ 1489 0.9	1阪 2月25日 ⑤すみれS5 L 4ト6頭 三内2161 56鮫島駿 S②②② 476 人気5 先行一息 3½ 379中342 シャザーン 2155 0.6	5東 11月20日 ⑥赤松3 牝1勝 5ト6頭 天1369 54横山武 S④④③ 440 人気2 G前鋭い ½身 379中333 ミスヨコハマ 1368 0.1
2走前	1東 2月12日 ⑥共同通信7 GⅢ 2ト12頭 天1476 56松山 S⑤⑥⑧ 472 人気8 中位まま 3¾ 365中337 ファントムシー 1470 0.6	2中 3月19日 ⑧スプリン4 GⅡ 1ト16頭 天内1493 56嶋田 H①①① 456 人気13 逃一息 2½ 354内376 ベラジオオペラ 1489 0.4	3中 4月15日 ⑦崇1 1勝 1ト12頭 〒内2042 56津村 H⑨⑩⑧ 460 人気10 中位一気 アタマ 383外367 シルバーティム 2042 0.0	2阪 3月25日 ①毎6 GⅢ 4ト13頭 天外1471 56石川 M⑧⑧⑨ 440B 人気10 中位差詰 2½ 360内352 シーズンリッチ 1466 0.5	2中 3月19日 ⑧スプリン10 GⅡ 12ト16頭 天内1498 56柴田善 H⑯⑯⑭ 478 人気12 後方差詰 5¾ 382中357 ベラジオオペラ 1489 0.9	2阪 4月16日 ⑧手1 未勝 6ト18頭 天外1337 56西村淳 M⑤⑤⑤ 508 人気2 好位差切 1身 355中351 サンライズブル 1339 0.2	2東 4月29日 ③手2 1勝 6ト13頭 天1323 56大野 M③③② 452 人気3 先行伸 クビ 345中344 ニシノライコウ 1323 0.0	3中 3月25日 ①手1 1勝 6ト11頭 天内1546 56横山和 S①①① 474 人気3 逃切る アタマ 399内357 レーベンスティ 1546 0.0	1東 2月11日 ⑤クイーンC10 牝GⅢ 5ト16頭 天1342 54横山武 M②③③ 444 人気4 直線脱鈍 6¾ 348中359 ハーパー 1331 1.1
前走	4ヵ月半 放牧 乗込み4週間 仕上り○ 連対体重 472キロ 3ヵ月以上休 ①②③外 0010	3中 4月16日 ⑧皐12 GⅠ 13ト18頭 〒内2029 57嶋田 H①①② 448 人気17 逃一杯 13¼ 351内395 ソールオリエン 2006 2.3	1京 5月28日 ⑫白6 L 5ト8頭 天外1465 56鮫島駿 S⑧⑧⑥ 448 人気5 後直だけ 3½ 359内341 パルサムノート 1460 0.5	1京 5月6日 ⑤京都新聞6 GⅡ 1ト12頭 三外2145 56横山典 S⑧③③ 440B 人気5 追上一杯 2½ 388中340 サトノグランツ 2141 0.4	3中 4月8日 ⑤ニュージ10 GⅡ 16ト16頭 天外1345 56武豊 M⑮⑮⑮ 474 人気10 後直だけ 4½ 368外354 エエヤン 1337 0.8	1京 5月6日 ⑤手1 1勝 6ト8頭 天内1336 56西村淳 S③②② 502 人気2 好位差切 2身 358中336 シルヴァーデュ 1339 0.3	2東 5月21日 ⑩手1 1勝 6ト11頭 天1331 56大野 S①①① 458 人気2 逃切る 1¾ 358内335 コンクシェル 1334 0.3	1京 5月28日 ⑫白3 L 1ト8頭 天外1462 56松若 S①①① 466 人気2 逃粘る 1½ 351内343 パルサムノート 1460 0.2	2東 4月30日 ④スイートピー1 牝1勝 13ト13頭 天1476 54菅原明 S⑦⑧⑧ 444 人気2 中位差明 1身 369外332 アリスヴェリテ 1477 0.1

記号の説明

厩舎左側の㊮㊨は
㊮＝関東・美浦所属
㊨＝関西・栗東所属
賞金左の記号は重の巧拙を表します
◎…得意△…苦手

馬場表示

■❶□① → 不良・重馬場・稍重・良馬場　開催日の馬場状態

乗替り記号

㊖…ベスト10外の騎手からベスト10への乗替り
替…それ以外

開催場所・月日
開催日・着順
条件・枠・頭数
距離・タイム
斤量・騎手名
ペース・通過順
馬体重・人気
戦評・馬身差
前半・上り③F
①②着時計・秒

開催場所・月日
開催日・着順
条件・枠・頭数
距離・タイム
斤量・騎手名
ペース・通過順
馬体重・人気
戦評・馬身差
前半・上り③F
①②着時計・秒

2023年7月2日・福島11RラジオＮＩＫＫＥＩ賞（GⅢ、芝1800m良）

1着⑥エルトンバローズ
（3番人気）
2着⑦シルトホルン
（4番人気）
3着⑭レーベンスティール
（1番人気）

単⑥ 830 円
複⑥ 210 円
⑦ 330 円
⑭ 130 円
馬連⑥－⑦ 6460 円
馬単⑥→⑦ 13170 円
3連複⑥⑦⑭ 4690 円
3連単⑥→⑦→⑭ 50060 円

馬番・枠	16 桃8	15	14 橙7	13	12 緑6	11	10 黄
父	ゴールドシップ	ロードカナロア	リアルスティール	モーリス	ヤマカツエース	リアルスティール	モーリス
馬名	マイネルモーント	エマヌエーレ	レーベンスティール	アイスグリーン	ダイシンヤマト	アグラシアド	バルサムノート
母	ゲッカコウ4勝	エマノン4勝	トウカイライフ4勝	グリューネワルト2勝	ダイシンバーティー1勝	サラシー仏	エビセアローム4勝
毛色・斤量・性齢	芦 55 牡3	鹿 54 牡3	[illegible] 56 牡3	青鹿 56 牡3	栗 53 牡3	鹿 54 牝3	黒鹿 57 牡3
騎手	替石川	替石橋脩	替戸崎圭	幸	吉田豊	津村	替松岡
調教師	高木	平田	田中博	池添学	戸田	中村	高野
賞金	900	400	900	900	400	900	1600
総賞金	1810	1637	1890	2770	1383	2528	3383
馬主	ラフィアン	丸山担	キャロットF	シルクR	大八木信行	ライオンRH	吉田勝己
生産者	ビッグレッドF	ノーザンF	広富牧場	ノーザンF	中原牧場	矢野牧場	ノーザンF
印	△ △ ○	△ 西	◎ ◎ ◎ ◎ ◎ ◎	○ △ ◎ △ △ 西	△	△ ▲ △ △ ▲ 西	注 △ △ ▲ 注 △ 西
持ち時計	東1455① 中2012①	新1346① 阪1470⑤	東1[illegible]①	新1364⑤ 京1460② 小2008①	東1330⑧	阪1477④ 東2019②	東1332② 京1460① 中2000⑤
上がり	33.6② 初騎乗	32.5③ 初騎乗	33.0① 0100	33.9⑤ 1100	33.7③ 1212	33.1③ 1010	33.6① 初騎乗
コース	0000 初コース	0001 初コース	0000 初コース	0102 初コース	0000 初コース	0010 初コース	1000 初コース
重	○0000	○0000	○0100	○0001	○0000	◎1000	○0000
母父・兄弟	ロージズインメイ 初仔	ハーツクライ 初仔	トウカイテイオー ルーチェデラヴィタ	スペシャルウィーク ディアンドル	ブライアンズタイム ダイシンハンター	テオフィロ レンヌメファ	ダイワメジャー シトラスノート
距離別	1100 1100 0000 0000	0010 0010 0010 0220	0200 0200 0000 0000	1100 0100 0000 0120	0010 0020 0010 0020	1100 1000 0100 0200	0200 0100 0100 1000
前走4	4中 9月11日 ②芝2 未勝8ト9頭 芝内2039 54 Mデムーロ S⑧④⑥ 444 人気1 後方伸 3/4身 383外347 ファイナルヒーロー 2038 0.1	1中京 1月28日 ⑨芝5 1勝2ト7頭 芝1350 56 和田竜 S④③④ 506 人気4 中位一杯 9 1/2 360中355 カルロヴェローチェ 1333 1.7	5東 11月13日 ④芝2 新馬6ト9頭 芝1508 55 マーカンド S③③④ 480 人気2 中位伸 クビ 400中332 ソールオリエンス 1508 0.0	3新 8月28日 ⑥新潟2歳S5 GIII 10ト11頭 芝外1364 54 坂井 S③②③ 482 人気1 先行一息 3身 369中339 キタウイング 1359 0.5	2中 3月4日 ③芝1 未勝5ト16頭 芝外1344 56 吉田豊 M④⑦⑥ 478 人気2 好位差切 3/4身 357中351 ハルオーブ 1345 0.1	1中京 1月21日 ⑦芝2 牝新馬2ト11頭 芝2019 54 福永 S⑤⑤⑤ 468 人気2 中位伸 アタマ 370外352 マテンロウアケル 2019 0.0	5中 12月3日 ①葉牡丹賞5 1勝10ト18頭 芝内2000 55 レーン S⑦④④ 490 人気4 折合欠 5 3/4 358外357 ミッキーカプチーノ 1591 0.9
前走3	5中 12月4日 ②芝1 未勝13ト16頭 芝内2012 55 Mデムーロ S⑤④② 440 人気1 楽抜出 3 1/2 364中353 アマイ 2018 0.6	1阪 2月18日 ③つばき賞2 1勝3ト12頭 芝外1473 56 和田竜 S①①① 496 人気10 逃粘る 1 1/2 358内341 ロードデルレイ 1470 0.3	5中 12月10日 ③芝1 未勝2ト16頭 芝内1484 55 マーカンド M③③② 478 人気1 先行抜出 3 1/2 360内356 サルヴァトーレ 1490 0.6	2小 2月12日 ②あすなろ賞1 1勝12ト14頭 芝2008 56 幸 S⑧②② 486 人気1 急追すクビ 368中356 ブレイヴロッカ 2008 0.0	2東 4月29日 ③芝8 1勝8ト13頭 芝1330 56 吉田豊 M⑬⑬⑫ 486 人気8 直線不利 4 1/2 358中342 ニシノライコウ 1323 0.7	1小 2月5日 ⑧芝1 牝未勝3ト14頭 芝1490 54 北村友 S⑤⑤④ 470 人気1 内鋭く クビ 374内356 サトノキャサリン 1490 0.0	1東 2月19日 ⑧芝2 1勝10ト12頭 芝1332 56 モレイラ M④④④ 496 人気2 好位伸 1 1/2 350中345 ノッキングポイント 1329 0.3
前走2	1中 1月5日 ①芝 1勝6ト9頭 芝内取消 56 Mデムーロ 右前肢挫創のため アヴニールドブ 2008	2阪 3月25日 ①毎日杯5 GIII 10ト13頭 芝外1470 56 和田竜 M④③③ 484 人気9 好位一息 2 1/4 355中357 シーズンリッチ 1466 0.4	3中 3月25日 ❶芝2 1勝9ト11頭 芝内1546 56 戸崎圭 S②②② 480 人気1 先行伸 アタマ 401中357 セオ 1546 0.0	2中 3月19日 ⑧スプリングS10 GII 9ト16頭 芝内1498 56 西村淳 H⑨⑩⑩ 480 人気5 中位まま 5 3/4 372中364 ベラジオオペラ 1489 0.9	2東 5月21日 ⑩芝3 1勝8ト11頭 芝1340 56 吉田豊 S⑦⑥⑧ 492 人気6 中位伸 5 1/2 367中337 シルトホルン 1331 0.9	3中 3月26日 ❷ミモザ賞1 牝1勝11ト11頭 芝内2069 54 津村 H⑨⑥② 474 人気3 差抜出 クビ 375外392 イーサンオンミ 2069 0.0	2中京 3月19日 ④フローラルウォーク3 1勝2ト8頭 芝1363 56 吉田隼 S③③③ 490 人気4 前粘る 3/4身 375内343 ティニア 1362 0.1
前走	3東 6月18日 ⑥芝上1 1勝6ト15頭 芝1455 55 Mデムーロ M⑥⑥⑤ 444 人気4 中位抜出 3/4身 359中343 トラマンダーレ 1456 0.1	3ヵ月余 放牧 乗込み4週間 仕上り○ 連対体重 484～496 3ヵ月以上休 ①②③外 0010	2東 5月14日 ⑧芝1 1勝3ト13頭 芝1474 56 レーン S③③③ 476 人気1 先行抜出 5身 363内330 ワイドアラジン 1482 0.8	1京 5月28日 ⑫白百合2 L 7ト8頭 芝外1460 56 幸 S③③③ 474 人気4 好位伸 クビ 354中340 バルサムノート 1460 0.0	3東 6月11日 ④芝上2 1勝9ト13頭 芝1350 55 吉田豊 S⑦⑦⑦ 488 人気5 中位伸 3/4身 371中338 マルチャン 1349 0.1	2東 4月30日 ④スイートピーS3 牝L 7ト13頭 芝1477 54 津村 S⑨⑧⑨ 470 人気3 中位伸 1身 369内331 ウヴァロヴァイト 1476 0.1	1京 5月28日 ⑫白百合1 L 8ト8頭 芝外1460 56 西村淳 S⑥⑥⑥ 494 人気3 直線一気 クビ 357外336 アイスグリーン 1460 0.0

福島コースは合わないのか……京都の白百合Sで1、2着だったモーリス産駒の2頭はともに馬券圏には届かなかった。

馬番・枠	7 13	10 黄
父	モーリス	モーリス
馬名	アイスグリーン	バルサムノート
母	グリューネワルト2勝	エビセアローム4勝
毛色・斤量・性齢	青鹿 56 牡3	黒鹿 57 牡3
騎手	幸	替松岡
調教師	池添学	高野
賞金	900 2770	1600 3383
馬主	シルクR	吉田勝己
生産者	ノーザンF	ノーザンF
印	○ △ ◎ △ △ 西	注 △ △ ▲ 注 △ 西
予想	7	4
前走	1京 5月28日 ⑫白百合2 L 7ト8頭 芝外1460 56 幸 S③③③ 474 人気4 好位伸 クビ 354中340 バルサムノート 1460 0.0	1京 5月28日 ⑫白百合1 L 8ト8頭 芝外1460 56 西村淳 S⑥⑥⑥ 494 人気3 直線一気 クビ 357外336 アイスグリーン 1460 0.0

スピードに乗りにくいコースが苦手。私はそう解釈しています。

23年7月2日、福島重賞のラジオＮＩＫＫＥＩ賞(福島芝1800ｍ※馬柱はＰ150～151）が行なわれ、モーリス産駒が2頭出走していました。前走の白百合Ｓ（京都芝1800ｍ）でワンツーした、バルサムノートとアイスグリーンです。

福島芝1800ｍは、モーリス産駒の成績が良くない福島で、小回りコーナー4つのスピードに乗りにくいコース。

京都芝1800ｍは、モーリス産駒の成績が良い京都の外回りで、コーナーが2つのスピードに乗りやすいコース。

2つのレースは対照的な適性を求められる舞台であり、白百合Ｓの結果は普通に考えればラジオＮＩＫＫＥＩ賞にはつながりません。実際にバルサムノートは4着、アイスグリーンは7着に終わりました。

注意して欲しいのは「すべてのモーリス産駒を福島の芝で軽視せよ」といいたいのではないことです。

全体の特徴として、東京は好成績、福島は不振。ということは、スピードに乗りやすいかどうかで前回と今回のコースを比較するのが大事だ、戦歴をその視点で見つめたうえで今回発揮できる走力を見極めるべきだという話です。

「この種牡馬の産駒は、どこの競馬場が得意・不得意」は、暗記するようなものではありません。なぜそういうデータになっているかを理解すれば、それを覚えなくても1頭1頭の馬に応用できるのです。

モーリス産駒にはジャックドールやノースブリッジ、ダートならハコダテブショウのような強力な先行馬もいますから、これらのタイプが直線の短いコースを不得意にするはずはありません。

しかし、それでも福島をはじめとする小回りコースに合わない馬が多いと知っておくことが、産駒のイメージをつかむためには大事なのです。

最後に補足。

「モーリス産駒は中山の重賞をいくつか勝っている。中山は直線の短い右回りコースだから、福島に近いはず。福島が不振なのは、たまたまじゃないのか？」

この疑問に対する答えになるか。モーリス産駒の中山芝重賞4勝を、内回りコースと外回りコースに分けるとこうなります。

〈内回り〉

中山金杯のラーグルフ

〈外回り〉

・スプリンターズSのピクシーナイト
・オールカマーのジェラルディーナ
・AJCCのノースブリッジ

コーナーの緩やかな外回りで3勝、コーナーのきつい内回りで1勝。これは偶然でしょうか、必然でしょうか。今後の観察課題だと思います。

皐月賞とダービーの適性を父系で判断する

サンデー系VS非サンデー系

各種牡馬にはそれぞれ産駒の特徴がありますが、もっと大きなまとめ方として「父系」があります。サンデーサイレンス系とか、キングマンボ系とか、サドラーズウェルズ系とか、あれです。

1頭1頭の種牡馬の特徴を把握するのは大変だけれど、父系の特徴を知っていれば、それだけでたくさんの馬のおおまかな傾向をつかむことができます。

皐月賞とダービーの馬券術で、とてもシンプルながら、効果の大きい父系の基本技を紹介します。皐月賞では非サンデーサイレンス系を重く見て、ダービーではサンデーサイレンス系の評価を上げるという考え方です。

サンデー系とは、種牡馬サンデーサイレンスから発展した父系を指します。

ディープインパクト、ハーツクライ、ステイゴールド、キタサンブラック、キズナ、オルフェーヴル、ゴールドシップ、みんなサンデー系です。

非サンデー系とは、それ以外の父系を指します。キングマンボ系（ドゥラメンテ、ロードカナロアなど）、ロベルト系（エピファネイア、モーリスなど）、ストームキャット系（ヘニーヒューズ、ドレフォンなど）、いろんな父系があります。

日本競馬は一時期、サンデー系があまりにも圧倒的でGⅠレースの大部分を勝利したため、「サンデー系か、それ以外か」という分け方、考え方が生まれました。

この分け方で、皐月賞とダービーの成績の違いを見てみましょう。2013年から22年の10年間です。

〈皐月賞〉

サンデー系　【5－5－6－84】

非サンデー系【5－5－4－59】

〈ダービー〉

サンデー系　【8－8－6－91】

非サンデー系【2－2－4－57】

皐月賞は、サンデー系も非サンデー系も5勝を挙げて、ほぼ互角です。3着以内に来た率なら、非サンデー系が上位です。

しかしこれがダービーになると、サンデー系が8勝、非サンデー系が2勝と、大差がついています。「父系」を見ただけで、ダービーで買っていい馬か、ダービーでは厳しい馬か、わかってしまうのです。これはすごいことです。

サンデー系は、末脚をためて長い直線で鋭い切れ味を発揮するのが得意なため、東京コースの成績がいい。

非サンデー系は、サンデー系の長所が薄まる小回りコースで相対的に浮上するため、中山コースの成績がいい。

大雑把に説明すると、こうなります。

だから、非サンデー系の馬を買うなら、東京のダービーより、中山の皐月賞のほうが効率は良い。でも、ダービーでは過大評価しないほうがいい。

これが**非サンデー系のクラシックの出し入れの基本**です。

もちろん例外はあり、15年のダービー馬ドゥラメンテと、17年のダービー馬レイデオロも非サンデー系。

どちらもキングカメハメハ産駒です。

もう少し、絞ってみましょう。皐月賞で3着以内だった馬のダービー成績を比べます（左の2つの表）。

●「サンデー系で皐月賞3着以内」の馬は、ダービーで【3－6－2－4】。複勝率にすると73・3％とい

●「サンデー系で皐月賞3着以内」のダービー成績【3－6－2－4】

年	馬名	種牡馬	人	着
220529	ドウデュース	ハーツクライ	3	1
220529	イクイノックス	キタサンブラック	2	2
200531	コントレイル	ディープインパクト	1	1
200531	サリオス	ハーツクライ	2	2
200531	ガロアクリーク	キンシャサノキセキ	7	6
190526	ダノンキングリー	ディープインパクト	3	2
190526	ヴェロックス	ジャスタウェイ	2	3
180527	エポカドーロ	オルフェーヴル	4	2
170528	アルアイン	ディープインパクト	4	5
160529	マカヒキ	ディープインパクト	3	1
160529	サトノダイヤモンド	ディープインパクト	2	2
160529	ディーマジェスティ	ディープインパクト	1	3
150531	リアルスティール	ディープインパクト	2	4
150531	キタサンブラック	ブラックタイド	6	14
140601	イスラボニータ	フジキセキ	1	2

●「非サンデー系で皐月賞3着以内」のダービー成績【1－2－1－10】

年	馬名	種牡馬	人	着
220529	ジオグリフ	ドレフォン	4	7
210530	エフフォーリア	エピファネイア	1	2
210530	ステラヴェローチェ	バゴ	9	3
210530	タイトルホルダー	ドゥラメンテ	8	6
190526	サートゥルナーリア	ロードカナロア	1	4
180527	サンリヴァル	ルーラーシップ	12	13
180527	ジェネラーレウーノ	スクリーンヒーロー	8	16
170528	ダンビュライト	ルーラーシップ	7	6
170528	ペルシアンナイト	ハービンジャー	6	7
150531	ドゥラメンテ	キングカメハメハ	1	1
140601	トゥザワールド	キングカメハメハ	2	5
130526	エピファネイア	シンボリクリスエス	3	2
130526	ロゴタイプ	ローエングリン	2	5
130526	コディーノ	キングカメハメハ	4	9

いずれも2013～22年

う高率になります。

●「非サンデー系で皐月賞3着以内」の馬は、ダービーで【1－2－1－10】。複勝率にすると28・6％しかありません。

偉大なるサンデーサイレンス様の直系の子孫かどうかだけで、ダービーの成績はこんなにも違ってしまうのです。

22年のダービーの前、知り合いに「ダービーでジオグリフ（父ドレフォン、非サンデー系）を買いたい。どうか？」と質問され、このデータを教えてあげたのですが、彼は「聞かなかったことにする」といってジオグリフの馬券を買い、玉砕しました。

さらに皐月賞での位置取りを加えると……

さらに皐月賞の位置取りから、ダービーのサンデー系を絞る方法もあります。

●皐月賞で中団や後方（4角6番手以下）から3着以内にきたサンデー系は、ダービーで【3－0－1－1】。1着が多い。

●皐月賞で先行（4角5番手以内）から3着以内にきたサンデー系はダービーで【0－6－1－3】。2着が多い。

さて、以上は23年のダービーの前に書いた原稿です。

簡単にまとめると、皐月賞1着のソールオリエンス（サンデー系）はダービーも有力で、皐月賞2着のタスティエーラ（非サンデー系）はダービーで危なっかしいという内容でした。

ところが、23年のダービーを勝ったのはタスティエーラでした。過去10年で10分の2だった非サンデー系が鮮やかに勝ってしまったのです。ドンマイ。だから100％ではないのです。

そして、この皐月賞とダービーの非サンデー系とサンデー系の出し入れは、GIだけでなく、中山の芝コースと東京の芝コース全般に適用できる、1年じゅう使える血統馬券術なのです。

血統と早熟性——2歳夏から走る牝系

アルーリングアクトは1999年の小倉2歳Sを勝った快速馬です。もう20年以上前で、正確にいうと、当時のレース名は小倉3歳Sでした。

この牝馬の血を受け継ぐファミリーはみんな仕上がりが早く、2歳戦に強い。特に夏の小倉の短距離戦に強い特徴があります。

アルーリングアクトが小倉2歳Sを勝った6年後、今度は娘のアルーリングボイスが小倉2歳Sを勝ちました。親子二代制覇です。このファミリーは早熟のスプリンターが多いのですが、アルーリングボイスは古馬になってからも2007年の北九州記念で2着しました。

すると12年後、今度はアルーリングボイスの娘アンヴァルが19年の北九州記念で3着します。この馬も初勝利は小倉の2歳戦で、福島2歳Sの勝ち馬でした。

祖母から母、母から娘と、同じ小倉芝1200mで初勝利を挙げ、同じ小倉芝1200mの重賞で馬券に

アルーリングアクト一族の2歳新馬を買うだけで蔵が建つ

父系の馬券術があれば、**牝系の馬券術**もあります。

牝系とは、人間でいえば母方の親戚のことです。厳密な言葉の定義はありませんが、「母系」は母の父も含めた母の血統全体を指し、「牝系」は母から祖母、3代母と、血統表の一番下の馬をさかのぼっていく血統を指します。

馬券にすぐ使える特徴を持つファミリーを、例として紹介します。

アルーリングアクト牝系です。

ファミリーという言葉は、牝系と同じ意味で使います。父だけが同じ場合に、ファミリーという言い方はしません。「一族」も本来はファミリーと同じ意味ですが、最近は「ステイゴールド一族」など、父や父系が同じ場合に使う例も目にします。

●アルーリングアクト一族(牝系3代近親)の2歳新馬成績①
2010年まで【4－7－2－7】

日付	開催	馬名	父		人	着		距離
101010	京都	アルティシムス	ディープインパクト	牡	5	1	芝	1400
100821	小倉	カラフルデイズ	フジキセキ	牝	2	2	芝	1200
100717	新潟	ポピュラーストック	サクラバクシンオー	牡	1	2	芝	1400
080720	小倉	アルーリングムーン	タイキシャトル	牡	3	3	芝	1200
080628	阪神	タガノバッチグー	トワイニング	牡	4	3	芝	1400
070707	阪神	オースミマーシャル	ダンスインザダーク	牡	1	2	芝	1400
061118	東京	ディオスクロイ	フォーティナイナー	牡	2	1	ダ	1400
050717	新潟	カサデアンジェラ	フジキセキ	牝	2	2	ダ	1200
050703	阪神	アルーリングボイス	フレンチデピュティ	牝	3	2	芝	1200
040724	函館	シェアザストーリー	コマンダーインチーフ	牝	2	2	ダ	1000
020825	新潟	ストロングメモリー	End Sweep	牝	6	2	芝	1000
020622	福島	デュアルストーリー	End Sweep	牝	2	1	芝	1200
990815	小倉	アルーリングアクト	End Sweep	牝	8	1	芝	1200

●アルーリングアクト一族(牝系3代近親)の2歳新馬成績②
2020年以降【4－3－0－7】

日付	開催	馬名	父		人	着		距離
221211	阪神	アルーリングビュー	イスラボニータ	牝	1	1	芝	1600
211205	阪神	アルーリングウェイ	ジャスタウェイ	牝	1	1	芝	1200
211002	中山	アイヴォリードレス	イスラボニータ	牝	4	1	ダ	1200
201219	中山	リーチザワールド	リーチザクラウン	牡	6	2	ダ	1200
201025	京都	タガノディアーナ	リオンディーズ	牝	5	2	芝	1600
200704	阪神	デュアリスト	ミッキーアイル	牡	1	1	ダ	1200
200627	阪神	アルーリングギフト	オルフェーヴル	牡	3	2	芝	1200

いずれも3着以内のみ表示

なっているのです。

「12年後じゃ長すぎて、気が遠くなるよ！」という人には、もっとシンプルに「アルーリングアクト一族の2歳新馬を買うだけで蔵が建つ」という馬券術があります。

まず、2010年までの一族の2歳新馬成績が右の上の表です。20頭が出走して【4－7－2－7】、連対率は50％を超えています。

アルーリングアクトが活躍すると、同じファミリーの牝馬が輸入され、一族は広がっていきました。快速エンドスウィープの血を持つ馬が多かったため、2歳の新馬に強いのはその影響だろうと、一族の特徴を知る者はむふむふしながら馬券を買ったものです。

しかし、この一族がすごいのはもっと先でした。アルーリングアクトの活躍から20年が過ぎて、エンドスウィープが血統表の奥に引っ込んでも、相変わらず2歳新馬において高確率で馬券になっています。

2020年以降の一族の2歳新馬成績が、その下の表です。

距離にも注目してください。以前は1200mや1400mの新馬しか走らなかったのに、近年は父が多様になったこともあり、1600mの新馬や、ときどき2000mの新馬でも馬券になっています。

合計で【4－3－0－7】。5番人気以内に限ると【4－2－0－2】です。

代を経て、適性距離は広がっても「2歳の新馬から走る」という特徴は変わっていません。ウインブライトのページで紹介した季節適性や、このような2歳から走る早熟性などの成長リズムは、母や兄姉の成績が参考になります。

実践方法としては、新馬戦、特に2歳夏の新馬戦は、**兄や姉が新馬で走っているか、走っていないか**。これを取捨の目安にしてください。

バレークイーン牝系の早熟も見逃せない

もうひとつ、有名な名牝系を紹介します。バレークイーン牝系です。

バレークイーンは、1996年の日本ダービー馬フサイチコンコルドや、2009年の皐月賞馬アンライバルドの母として知られる名繁殖牝馬です。

このファミリーは、抜群の素質の高さを持つ一方、体質の弱さがつきまとい、あまりレース間隔を詰めて使えないという特徴と、3歳春にピークを迎える馬が多いという特徴があります。

フサイチコンコルドはデビュー3戦目でダービー勝利。これが最後の勝ち鞍になりました。

アンライバルドはデビュー5戦目で皐月賞に勝利。これが最後の勝ち鞍になりました。

ヴィクトリー（祖母バレークイーン）もデビュー4戦目で皐月賞に勝利。やはり、これが最後の勝ち鞍になりました。

重賞ホースが山ほどいる牝系なので全部挙げたらキリがありませんが、古馬になってもGI路線で長く活躍したのはリンカーンくらい。

近年では、17年の青葉賞を勝ち、ダービー3着しながら、それが最後のレースになってしまったアドミラブル。

20年の菊花賞でコントレイルの三冠をおびやかし、21年のAJCCで強い勝ち方をしたのに、それっきり勝ち星から遠ざかっているアリストテレスも一族です。アリストテレスは3歳後半に活躍しましたが、急激にピークを迎えて、たちまち絞んでしまったリズムにこの牝系らしさが出ていました。

このような牝系の成長リズムを知っていると、調子を落とした馬を深追いせずに、すっぱり見切りをつけるなどの判断が、的確にできるようになります。

成長リズムをオルフェーヴル産駒に学ぶ

11、12月に突出するオルフェーヴル産駒

2歳戦から走るのか、古馬になって強くなるのか。

前項ではこれらを牝系の特徴として紹介しましたが、もっとシンプルに「夏に上昇する馬が多い種牡馬」や「冬の重賞勝ちが多い種牡馬」も存在します。

オルフェーヴルに登場してもらいましょう。いわずと知れた２０１１年の三冠馬。東日本大震災の年に現れたスターホースです。

父ステイゴールドの血を引き継ぐ気性の荒々しさと、破天荒な走りでも知られ、現役引退後は「金の番長オルフェーヴル」と「銀の番長ゴールドシップ」がステイゴールドの二大後継種牡馬になっています。

●オルフェーヴル産駒の月別重賞成績

月	着別度数	勝率
1月	2- 4- 0- 22/ 28	7.1%
2月	2- 7- 1- 21/ 31	6.5%
3月	3- 3- 3- 25/ 34	8.8%
4月	2- 5- 2- 23/ 32	6.3%
5月	1- 1- 4- 37/ 43	2.3%
6月	1- 0- 0- 16/ 17	5.9%
7月	1- 0- 2- 10/ 13	7.7%
8月	0- 1- 3- 12/ 16	0.0%
9月	1- 1- 2- 23/ 27	3.7%
10月	1- 1- 3- 26/ 31	3.2%
11月	6- 4- 0- 16/ 26	23.1%
12月	7- 5- 3- 26/ 41	17.1%

種牡馬デビューから2023年まで

オルフェーヴル産駒の23年までの重賞成績を月別に集計したのが左の上の表です。

ひと目でわかります。11月と12月の重賞勝ちが突出し、勝率もひときわ高い。逆に夏の暑い時期は全般に振るわないことも見て取れます。オルフェーヴル産駒は涼しい時期の重賞に強いのです。

この11月と12月の強さは、季節的な涼しさだけではなく、冬に長距離重賞が多く組まれていることも理由のひとつでしょう。産駒が２回以上馬券になっている

●オルフェーヴル産駒の得意重賞

重賞名	着別度数
ステイヤーズS	3- 2- 1- 6/12
エリザベス女王杯	2- 1- 0- 3/ 6
アルゼンチン共和国杯	2- 0- 0- 5/ 7
チャレンジC	2- 0- 0- 1/ 3
ダイヤモンドS	1- 2- 1- 3/ 7
きさらぎ賞	1- 1- 0- 2/ 4
福島記念	1- 1- 0- 1/ 3
中山牝馬S	1- 0- 1- 5/ 7
カペラS	1- 0- 1- 1/ 3
ターコイズS	0- 3- 1- 4/ 8
根岸S	0- 2- 0- 4/ 6
中山記念	0- 2- 0- 3/ 5
フローラS	0- 2- 0- 2/ 4

アミ部分は11、12月施行の重賞

得意重賞をまとめたのが、その下の表です。

芝3600mのステイヤーズSや、芝2500mのアルゼンチン共和国杯が上位に入っており、「なるほど、季節の影響じゃなくて、長距離重賞が得意なだけか」と思うかもしれません。

しかし、よく見るとダート1200mのカペラSや、芝1600mのターコイズSも入っており、どちらも12月の重賞です。やはり、季節が最大の理由と考えるべきです。

23年は10月の中旬から急に、オルフェーヴル産駒が各地のメインレースで好走しはじめました。府中牝馬Sのライラック、富士Sのソーヴァリアント、新潟牝馬Sのメモリーレゾンなどなど。興味のある人は確かめてください。

「涼しくなったら、オルフェーヴル産駒に要注意！」なのです。

連勝血統を調べてみると……

さらに血統には、連勝の多い血統（クラスの壁を突破しやすい血統）もあります。以下は「連勝血統」について調べてみます。

対象にするのは1勝クラスと2勝クラスの芝。この2つのクラスを連勝した馬には、どんな血統が多かったのか。その種牡馬ベスト10が右の表です。

アミ部分はキングマンボ系の種牡馬です。ルーラー

●芝・1勝クラス→2勝クラスの連勝が多い種牡馬ベスト10

種牡馬	着別度数	勝率	複勝率
ディープインパクト	27- 22- 15- 61/125	21.6%	51.2%
ルーラーシップ	16- 9- 3- 18/ 46	34.8%	60.9%
ロードカナロア	12- 10- 8- 35/ 65	18.5%	46.2%
オルフェーヴル	11- 4- 2- 19/ 36	30.6%	47.2%
ハーツクライ	9- 9- 4- 35/ 57	15.8%	38.6%
キングカメハメハ	8- 8- 4- 13/ 33	24.2%	60.6%
エピファネイア	6- 4- 4- 13/ 27	22.2%	51.9%
モーリス	5- 2- 2- 8/ 17	29.4%	52.9%
リオンディーズ	5- 1- 1- 1/ 8	62.5%	87.5%
ドゥラメンテ	4- 5- 1- 6/ 16	25.0%	62.5%

2018～22年。勝利数順

シップ、ロードカナロア、キングカメハメハ、リオンディーズ、ドゥラメンテと、なんと5頭が大挙ランクイン。どうやらこの父系は連勝が多い。

特に数字の高い3種牡馬は、**ルーラーシップ、リオンディーズ、ドゥラメンテ**、この3種牡馬が「1勝クラスと2勝クラスの連勝確率が高い御三家」です。

中でも通常の種牡馬ランキングと比べると、ルーラーシップの順位の高さは際立っています。

2023年のマーメイドSを勝ったビッグリボン（父ルーラーシップ）も、1年前に1勝クラスと2勝クラスを連勝した戦歴があります。

普通、1勝クラスと2勝クラスの連勝は3歳馬が多いのに、ルーラーシップ産駒は4歳馬も多いのが、際立った特徴です。

ルーラーもすごいが リオンディーズもすごい！

リオンディーズ産駒は、とんでもない勝率を記録しています。このデータは22年で区切ってあり、23年を

2015年、新馬からの連勝で朝日杯FSを制したリオンディーズ（右から3頭目。鞍上はM・デムーロ騎手）。

含めると数字は下がりますが、それでも高率です。

たぶんまだ世の中に知られていない傾向なので、1勝クラスを勝ったリオンディーズ産駒の芝の格上げ初戦は狙い目です。

22年の夏には、ストーリアが未勝利クラスから2勝クラスまで3連勝。ケデシュは8月から12月に3連勝。テーオーロイヤルにいたっては、1勝クラスと2勝クラスにとどまらず、さらに3勝クラス、重賞のダイヤモンドSまで4連勝しました。いかにリオンディーズが連勝血統かわかります。

このようにクラスの壁を突き破りやすい血統もあるのです。

2022年のダイヤモンドSを4連勝で制覇したテーオーロイヤル。リオンディーズ産駒の象徴的存在だ。

第8章 競馬場の特徴と注目血統

そろそろ終わりが近づいてきました。この第8章では、ＪＲＡの主な競馬場を紹介しながら、その「コースの特徴」と「特注血統」をピックアップしていきます。

中山競馬場の特徴とサドラー系が強い理由

関東の主場・中山と東京の違い

ＪＲＡの競馬場は全部で10カ所ありますが、そのうち主要４場と呼ばれるのが、関東の中山競馬場と東京競馬場、関西の京都競馬場と阪神競馬場です。

関東の主要２場、中山と東京は対照的な競馬場です。

中山は右回り。直線が３１０ｍと短い。小回りでコーナーのカーブがきつめ。ゴール前の約２００ｍから急な登り坂がある。

東京は左回り。直線が約５２６ｍと長い。大回りでコーナーのカーブがゆるめ。直線前半になだらかな登り坂はあるが、芝コースのゴール前は約３００ｍが平坦。

このように直線の長さも、周りの左右も、直線の急坂の有無もまるで異なる、中山と東京というコース形状の違う競馬場でかわりばんこに開催を行なうから、関東の競馬は面白いのです。

馬券につながる要素でいえば、上がり３ハロン（ラスト６００ｍ）のタイムもだいぶ違います。中山の上がり３ハロンは、４コーナーのカーブを含んでいますから、あまり速くなりません。

一方、ラスト６００ｍの大部分が直線コースの東京は、上がり３ハロンが速くなります。このため、上がりの速くないレース向きの馬（＝鋭い切れ味のない馬）は、中山のほうが合う可能性は高いといった適性の差が生じます。

中山芝コースの内回り・外回り

また、中山の芝コースには、内回りと外回りの違いがあります。

【中山】

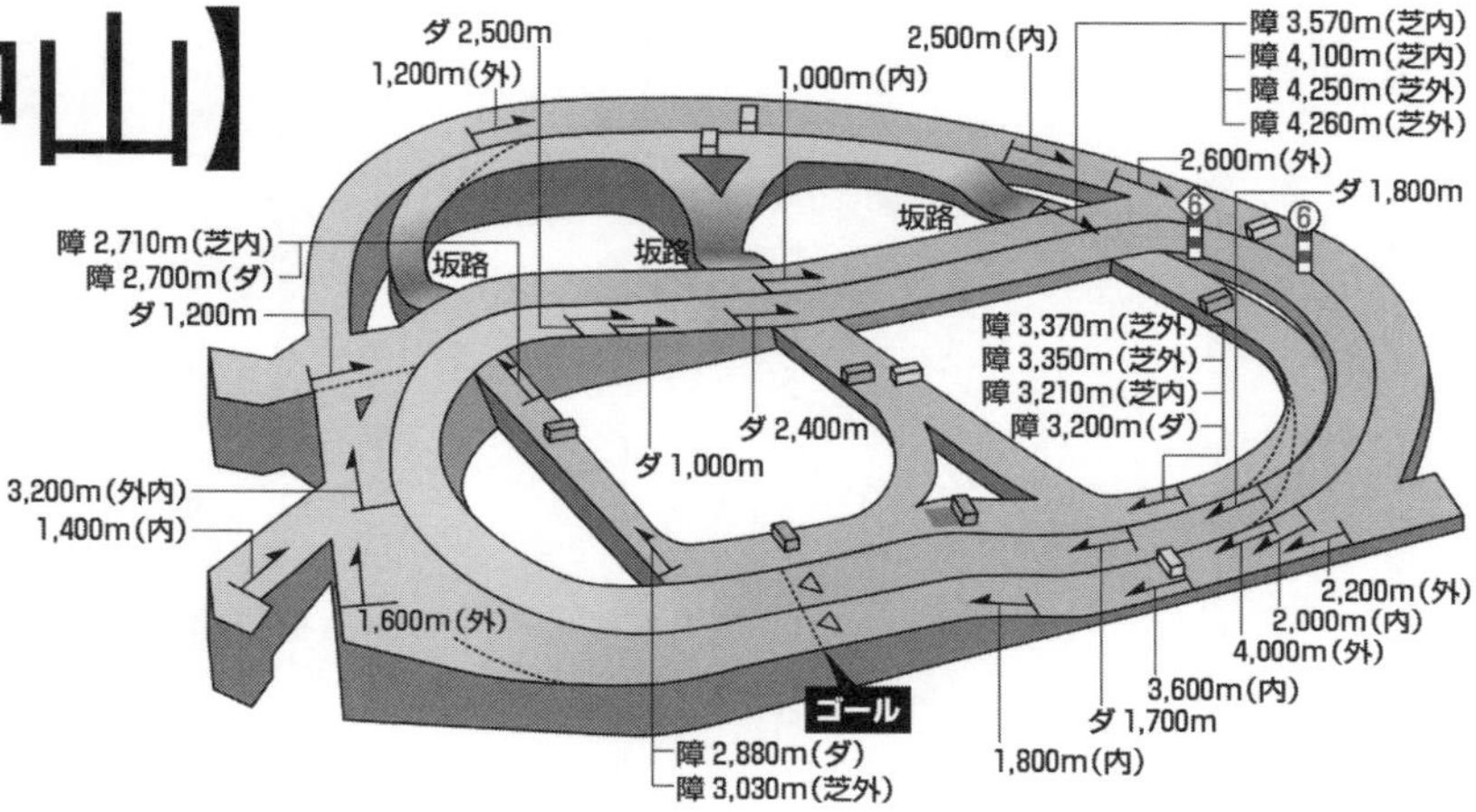
ダ 2,500m
1,200m(外)
1,000m(内)
2,500m(内)
障 3,570m(芝内)
障 4,100m(芝内)
障 4,250m(芝外)
障 4,260m(芝外)
2,600m(外)
ダ 1,800m
坂路
坂路
坂路
障 2,710m(芝内)
障 2,700m(ダ)
ダ 1,200m
障 3,370m(芝外)
障 3,350m(芝外)
障 3,210m(芝内)
障 3,200m(ダ)
ダ 2,400m
ダ 1,000m
3,200m(外内)
1,400m(内)
1,600m(外)
2,200m(外)
2,000m(内)
4,000m(外)
3,600m(内)
ダ 1,700m
1,800m(内)
ゴール
障 2,880m(ダ)
障 3,030m(芝外)

【東京】

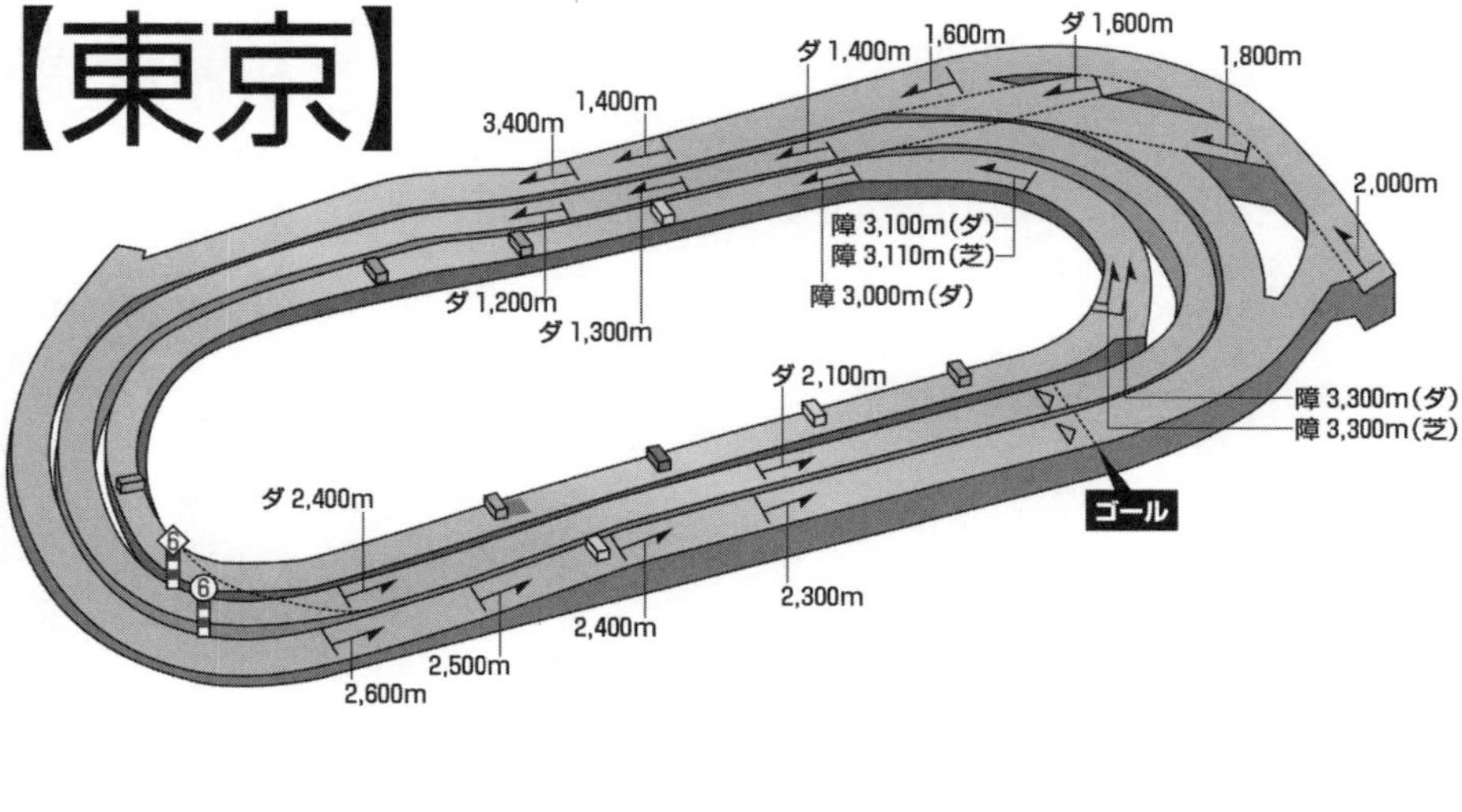
ダ 1,400m
1,600m
ダ 1,600m
1,800m
1,400m
3,400m
2,000m
障 3,100m(ダ)
障 3,110m(芝)
障 3,000m(ダ)
ダ 1,200m
ダ 1,300m
ダ 2,100m
障 3,300m(ダ)
障 3,300m(芝)
ゴール
ダ 2,400m
2,300m
2,400m
2,500m
2,600m

4コーナーから直線コースはどっちも同じですが、2コーナーから3コーナーにかけて向こう正面を、おむすび型に大回りするのが「外回り」コース、楕円状に小さく回るのが「内回り」コースです。

どっちのコースを使うかは距離によって変わり、主な距離では、芝1800m、芝2000m、芝2500mは内回り、芝1200m、芝1600m、芝2200mは外回りを走ります。

内回りは小回りコーナーをちょこちょこ回るコース。外回りに比べてペースの緩急が生まれやすく、器用さを求められます。

外回りは、道中のペースが緩みにくいため、内回りより締まった流れ（緩急の小さなラップ）になりやすい。これだけ覚えてください。

中山芝2200m（外回り）は、距離の長さなら芝2000mに近いのですが、締まったペースになりやすい分、求められるスタミナは中山芝2500mに近いという特徴があります。

2007年の有馬記念を勝ったマツリダゴッホは「中山の鬼」と呼ばれ、中山芝2200mの重賞を4勝、2500mの重賞を2勝しましたが、2000mの重賞は天皇賞・秋など7回走って【0－1－0－6】。中距離は不向きでした。

これは中山芝2200mが中距離ではなく、長距離のカテゴリーに入ることを示しています。

あとは下り坂の位置がちょっと違います。外回りは残り約1400mの地点から下り坂です。そのため、中山芝1200mはスタートからいきなり下り坂でハイペースになりやすい。中山芝1600mもスタートしてしばらくすると下り坂になるため、ハイペースになりやすい。

一方、内回りは残り約1200mの地点から下り坂になりますが、芝1800mや芝2000mではスタート後のペースに影響はありません。

中山で強い血統……それは

では、これらの特徴から中山の芝コースに強い血統は何か。

いや、短距離から長距離までひっくるめて中山に強い血統なんてものはありません。サンデー系はもちろんよく走るし、キングマンボ系もよく走る。

これらの主流血統が強いことは前提としたうえで、少数派なのに「中山の芝で浮上しやすい血統」として挙げたいのが**サドラーズウェルズ系**（サドラー系）です。小回りコーナーで最後に急坂があるというコース形状から、サドラーズウェルズを持つ馬は中山に強い馬が多い。

サドラーズウェルズは、イギリスやアイルランドを中心とした欧州競馬に圧倒的実績を持つ名種牡馬です。ヨーロッパの競馬は日本よりも起伏のあるコースで行なわれ、力のいる芝コースが多いため、タイムも日本よりだいぶ遅い。そんなタフなコースに強くて、スタミナの豊富な血統がサドラー系であり、その長所が中山の芝コースに向くのです。

日本ではテイエムオペラオー、メイショウサムソン、ローエングリンなどがサドラー系の代表産駒にあたります。直系の種牡馬はなかなか日本で成功しにくいため、もっと範囲を広げて、母系にサドラーズウェルズを持つ馬もサドラー系の仲間に入れて馬券作戦を考えたりします。

最近の名馬ではタイトルホルダーやソールオリエンス（どちらも母の父がサドラー系）も「サドラー持ち

●父か母父サドラー系の重賞成績

	レース名	着別度数	勝率	単回値
1	皐月賞	4- 1- 1-11/17	23.5%	173
2	七夕賞	4- 1- 0-14/19	21.1%	227
3	日経賞	4- 0- 1- 8/13	30.8%	128
4	スプリングS	4- 0- 0- 9/13	30.8%	210
5	福島牝馬	3- 4- 1- 9/17	17.6%	212
6	福島記念	3- 3- 4-18/28	10.7%	132
7	安田記念	3- 3- 2- 9/17	17.6%	331
8	阪神JF	3- 1- 0- 8/12	25.0%	111
9	ローズS	3- 0- 1-15/19	15.8%	121
10	NHKマイルC	3- 0- 1-14/18	16.7%	72
11	エルムS	3- 0- 1-13/17	17.6%	269

2003～23年

で中山の得意な馬」に当てはまります。タイトルホルダーは弥生賞、日経賞連覇など、中山の重賞を3勝。ラストランの有馬記念も3着に粘り込みました。

父がサドラー系か、母の父がサドラー系（２００３年以降に生まれたＪＲＡ登録馬）を対象に、得意重賞を調べました。約18年分のデータです。勝利数の多い重賞はＰ１６９の表の通り。

おお、これは鮮やか！　１位から6位は全部、中山か福島の重賞が並んでいます。中山では、皐月賞、日経賞、スプリングＳが各４勝。

重馬場で行なわれた23年の皐月賞は、１着ソールオリエンス（母父モチベイターがサドラー系）、３着ファントムシーフ(母父メダグリアドーロがサドラー系）と、２頭が馬券に絡みました。

ざっくりと父か母父サドラー系で調べただけで、これほど明確な結果が得られるとは思いませんでした。

小回りのカーブが多く、ゴール前に急坂があり、上がりが速くなりにくい中山が、いかにサドラーズウェルズの血を持つ馬に合うか、ひと目でわかります。

福島も得意なので、急坂は大きな理由ではないのかもしれません。福島も中山以上の小回りコースです。

長い直線でヨーイドンの切れ味の勝負をするコースではなく、コーナーを回りながらだらだらと脚を使い、鋭い切れ味より、いい脚の長さ（スピードの持続力）で勝負をするコースに向く。

中山や福島に好成績を残すのはそんな血統であり、その代表がサドラーズウェルズです。

もうひとつ注目すべきは、上位にランクしている中山の重賞の共通点です。

皐月賞、日経賞、スプリングS。すべて春の中山開催の重賞です。サドラー系には「道悪がうまい」という特徴があり、春の中山は道悪や時計のかかる馬場になりやすいためと推測されます。

また、日本の芝生は冬の寒い時期に生育しないため、冬から春の間は「洋芝」と呼ばれるヨーロッパの芝を植えて競馬を行ないます。道悪にならなくても、洋芝というだけでサドラー系に向くという面もあります。ヨーロッパのチャンピオン血統ですから、洋芝に向くのは当然です。

さらにサドラー系の中山重賞の成績を、月別にまとめたのが上の表です。

洋芝の比率が高い冬から春や、雨の多い季節の好成績がわかります。サドラーを持つ馬は中山の芝、特に冬から春の中山で浮上しやすいと覚えておきましょう。

●父か母父サドラー系の【月別】中山重賞成績

月	着別度数	勝率	複勝率
1月	4- 6- 6- 44/ 60	6.7%	26.7%
2月	2- 1- 1- 10/ 14	14.3%	28.6%
3月	12- 6- 7- 53/ 78	15.4%	32.1%
4月	6- 2- 3- 23/ 34	17.6%	32.4%
7月	0- 0- 0- 2/ 2	0.0%	0.0%
9月	1- 5- 4- 42/ 52	1.9%	19.2%
10月	1- 0- 0- 9/ 10	10.0%	10.0%
11月	0- 0- 0- 1/ 1	0.0%	0.0%
12月	1- 4- 5- 43/ 53	1.9%	18.9%

2003〜23年

東京競馬場の特徴と特注血統

中山向きはホンダ、東京はフェラーリ

お次は東京競馬場を紹介しながら、中山より東京が得意な血統について見ていきます。

東京競馬場は日本ダービー、オークス、安田記念、天皇賞・秋、ジャパンＣなどなど、ＧＩレースが多数行なわれ、その地名から「府中競馬場」とも呼ばれます。

中山競馬場が千葉県の西船橋にあり、最寄りの駅から30分近く歩かなくてはいけない立地なのに対して、こちらは競馬場直結の駅もあり、地方から遠征するにも訪れやすい競馬場です。

東京競馬場の特徴は、左回りであることと、直線が長いこと。

芝コースの直線は５２５・９ｍ。ダートコースの直線は５０１・６ｍ。中山の芝コースが直線３１０ｍで

すから、200m以上も長い。

直線に向いて、なだらかな登り坂があり、残り300mはほぼ平坦。中山と差別化するために「直線に急坂なし」という区分に入れられることもあります（コースイラストはP167）。


本書の前半に、自動車にたとえて競走馬の適性を説明しました。

競走馬にはフェラーリのようなタイプもいれば、ジープのようなタイプ、国産の小型車のようなタイプもいる。小回りのカーヴが続くコースで勝負したら、器用で、エンジンの掛かりの速いタイプが有利になり、トップスピードに乗るのに時間がかかるタイプは能力を発揮しにくい。

しかし、これが長い直線コースなら、少々トップスピードに乗るのに時間を要しても、エンジンさえ掛かればフルスロットルで全能力を発揮して、器用な小回り向き自動車を抜いていける。

フェラーリを「エンジンの掛かりが遅い」と書いてしまうと怒られるので固有名詞は出しづらいですが、1980年、90年代のF1ファンふうに表現すれば、中山向きがホンダで、東京向きがフェラーリです。競走馬それぞれ、どっちのタイプなのかを見極めるのが馬券のコツです。

東京で推しの血統……それは

では、血統でいうと、どの種牡馬が東京競馬場を得意にするのか。当初の予定では「東京の芝コースに強いのはサンデーサイレンス系」という、まとめにするつもりでしたが、いざデータを調べると、このまとめ方には無理があります。

サンデー系とはディープインパクト、ハーツクライ、ステイゴールド、ダイワメジャーなどなど、ここ30年ほど、日本競馬の主流を占めてきた血統です。ひと口にサンデー系といっても現在は多様に広がり、長い直線が得意な血統もあれば、短い直線の得意な血統や、ダートの得意な血統もある。父系でまとめるのはやめて、個別の種牡馬で見ていきます。

東京の芝１８００ｍと芝２０００ｍの重賞および特別戦（２０１８～23年の約６年）を対象にしました。これを中山の芝１８００ｍと芝２０００ｍの重賞および特別戦と比較します。結論は次の通り。

●東京成績が中山よりだいぶ良い種牡馬

キングカメハメハ
モーリス
エピファネイア
ルーラーシップ

ジャスタウェイ

●中山成績が東京よりだいぶ良い種牡馬

ディープインパクト
ステイゴールド
ハービンジャー
ダイワメジャー
スクリーンヒーロー

●明確な差は認められない種牡馬

●ディープインパクト産駒
【東京】芝1800m・芝2000mの
主な重賞成績

レース名	着別度数
エプソムC	1- 2- 2-16/21
東スポ杯2歳S	1- 1- 2- 3/ 7
共同通信杯	1- 1- 2- 3/ 7
毎日王冠杯	1- 1- 1-15/18
フローラS	1- 1- 0-12/14
府中牝馬S	1- 0- 0-24/25
天皇賞・秋	0- 5- 2-20/27

●ディープインパクト産駒
【中山】芝1800m・芝2000mの
主な重賞成績

レース名	着別度数
弥生賞	4- 1- 0- 3/ 8
フラワーC	2- 2- 1- 7/12
ホープフルS	2- 1- 1- 6/10
中山牝馬S	2- 0- 1-13/16
皐月賞	1- 0- 1-14/16
中山記念	1- 0- 1- 4/ 6
紫苑S	0- 1- 2-10/13

いずれも2018～23年

ハーツクライ
ロードカナロア
キズナ
ドゥラメンテ
オルフェーヴル

改めて芝1800mと2000mの中距離を対象にした近年の傾向であることを、念押しします。ディープインパクトが東京より中山のほうがだいぶ良いというのは結構な衝撃ですが、近年の中距離においてはそうなっています。

・東京の該当条件／勝率7・3％　複勝率26・8％

・中山の該当条件／勝率14・5％　複勝率34・1％

ディープインパクト産駒の東京の勝率は、中山の半分しかありません。重賞でも同じ傾向です（P173の2つの表）。

ディープインパクトの後継種牡馬でも、新しいところではシルバーステート産駒が中山得意、東京不得意という傾向を示しており、注目したいところです。

●シルバーステート産駒（全距離）
東京芝／勝率4・8％　複勝率16・3％
中山芝／勝率13・9％　複勝率31・1％

ハーツクライに学ぶ東京適性

中山がサドラーなら、東京はトニービン

前項で東京競馬場を紹介しながら得意血統をピックアップしましたが、東京コースに向く種牡馬を個別に並べるよりも大事なことがあるのではないか、と思い直しました。

東京の芝コースが得意な血統、それはトニービンです。

中山競馬場の項目で「サドラーズウェルズを持つ馬は中山の芝に向く馬が多い」という話をしましたが、同じ言い回しで「トニービンを持つ馬は東京に向く馬

が多い」、これが血統とコースの基礎公式です。

トニービンは１９８８年の凱旋門賞などを制したイタリアの名馬でした。

種牡馬として日本に導入されると、初年度産駒からダービー馬ウイニングチケットや、桜花賞とオークスの二冠馬ベガを送り出すなど、クラシックを席巻して大成功を収めます。

トニービン産駒にはわかりやすい特徴が２つありました。

・エンジンの掛かりは速くないが、いい脚を長く使えるため、直線の長いコースに強く、直線の短いコースでは不発も多い

・脚の曲がった馬もいた影響で、左回りはスムーズに走れるが、右回りはコーナーでぎこちない馬もいた

直線が長くて、左回りに強い。直線が短くて、右回りは割引き。その結果、東京コースを得意にする馬が多数出ました。

●トニービン産駒の芝ＧⅠ成績

場	着別度数	勝率	複勝率
東京	11- 6- 5- 30/ 52	21.2%	42.3%
中山	0- 0- 3- 21/ 24	0.0%	12.5%
中京	0- 0- 0- 6/ 6	0.0%	0.0%
京都	1- 4- 10- 54/ 69	1.4%	21.7%
阪神	1- 1- 1- 11/ 14	7.1%	21.4%

JRA通算

トニービン産駒の芝ＧＩの通算成績を競馬場で分けたのが右の表です。

改めて集計しても、影響力の大きさに驚きます。東京のＧＩは11勝に対して、中山のＧＩは０勝。２着すらありません。

ウイニングチケットは、中山の皐月賞を１番人気で

4着に敗れた後、東京のダービーを快勝。

ベガは桜花賞とオークスを制しただけでなく、母になって子供を生むと、長男アドマイヤベガは皐月賞を1番人気で6着に敗れた後、東京のダービーを勝利します。

名牝エアグルーヴは、東京のオークスと天皇賞・秋を制しましたが、有馬記念は3着と5着でした。

ジャングルポケットも、皐月賞を2番人気で3着に敗れた後、東京のダービーを快勝します。


トニービン産駒がデビューした1992年当時はまだ、予想ファクターに「血統」を持ち出すと「けっ、なーにが血統だ」という競馬オヤジたちの反応がたくさん返ってくる時代でした。

そんな中、父だけで東京得意、中山割引が見分けられるトニービンの登場は画期的で、これによって血統に興味を持つ人が増えたという実感があります。

さらにトニービンがすごかったのは、代を経ても特徴を伝えたことです。

ハーツクライと、その産駒ジャスタウェイ

ハーツクライに登場してもらいましょう。

父サンデーサイレンス、母の父トニービン。名馬であり、名種牡馬です。

ハーツクライは現役時代、ダービー2着、ジャパンC2着など東京芝2400mを得意としましたが、4歳暮れに無敗のディープインパクトを破って中山の有馬記念を制します。

トニービン産駒に似たところを見せつつ、成長してトニービン産駒にはできなかったことを成し遂げたのです。


そしてハーツクライは種牡馬になっても、この傾向を産駒に伝えました。

産駒が初めてGIで連対したのは、ウインバリアシオンのダービー2着。

産駒が初めてGIを勝ったのは、ジャスタウェイの天皇賞・秋。

GIの2勝目はヌーヴォレコルトのオークス、3勝

●ハーツクライ　19戦5勝　栗東・橋口弘次郎厩舎
父サンデーサイレンス　母アイリッシュダンス　母父トニービン

アミ部分が重賞での1～3着

日付	開催	レース名	クラス	年齢	騎手	人	着	上り3F		距離	馬場
061126	東京	ジャパンC	GⅠ	5	ルメール	2	10	36.4	芝	2400	良
060729		キングジョージ6世	GⅠ	5	ルメール		3		芝	2400	良
060325		ドバイシーマC	GⅠ	5	ルメール		1		芝	2400	良
051225	中山	有馬記念	GⅠ	4	ルメール	4	1	35.0	芝	2500	良
051127	東京	ジャパンC	GⅠ	4	ルメール	2	2	34.4	芝	2400	良
051030	東京	天皇賞・秋	GⅠ	4	ルメール	2	6	32.8	芝	2000	良
050626	阪神	宝塚記念	GⅠ	4	横山典弘	3	2	35.2	芝	2200	良
050501	京都	天皇賞・春	GⅠ	4	横山典弘	8	5	34.5	芝	3200	良
050403	阪神	大阪杯	GⅡ	4	横山典弘	4	2	34.2	芝	2000	良
041226	中山	有馬記念	GⅠ	3	横山典弘	10	9	34.2	芝	2500	良
041128	東京	ジャパンC	GⅠ	3	武豊	3	10	35.2	芝	2400	良
041024	京都	菊花賞	GⅠ	3	武豊	1	7	35.3	芝	3000	良
040926	阪神	神戸新聞杯	GⅡ	3	武豊	2	3	33.8	芝	2000	良
040530	東京	日本ダービー	GⅠ	3	横山典弘	5	2	34.3	芝	2400	良
040508	京都	京都新聞杯	GⅡ	3	安藤勝己	2	1	33.4	芝	2200	良
040418	中山	皐月賞	GⅠ	3	安藤勝己	5	14	34.3	芝	2000	良
040320	阪神	若葉S	OP	3	安藤勝己	2	1	34.2	芝	2000	良
040215	京都	きさらぎ賞	GⅢ	3	幸英明	5	3	35.2	芝	1800	良
040105	京都	3歳新馬	新馬	3	武豊	1	1	35.3	芝	2000	良

目はワンアンドオンリーのダービー。4勝目はジャスタウェイの安田記念、5勝目はシュヴァルグランのジャパンC……。まるでトニービン産駒を見ているかのように、GI勝利は全部、東京の芝コースでした。

しかし、やがて傾向が少しずつ変化していきます。

・ジャスタウェイやリスグラシューのように、古馬になって覚醒した馬は左回りも右回りも関係なく強い。
・スピードタイプの母馬と配合された産駒は、エンジンの掛かりが遅いという弱点が出にくいと判明。このタイプの馬が増えて「東京得意、中山割引」の特徴が薄れていく。

そして、2023年有馬記念をハーツクライ産駒のドウデュースが快勝！父と同じ4歳暮れの勝利であり、ハーツ産駒では初の有馬記念制覇でした。

現在はハーツクライ産駒の合計データを取ると、東京と中山の成績や、左回りと右回りの成績に大差はありません。配合の工夫によって、トニービンらしさ(トニービンの弱点)が薄まったともいえます。

この一連の変化は「血統馬券術」を学ぶうえで知っておくべき格好の例題です。


ただし、これでは終わりません。ジャスタウェイに登場してもらいましょう。ハーツクライ産駒として初めてＧⅠを勝ったジャスタウェイは現在、種牡馬として活躍中です。

先述した「東京成績が中山よりだいぶ良い種牡馬」のリストにも入れておきましたが、距離を絞るとジャスタウェイ産駒の東京コースの馬券率がとんでもなく高いのです。

東京の芝１８００ｍと芝２０００ｍ重賞におけるジャスタウェイ産駒の全成績を下の表にまとめました。

●ジャスタウェイ産駒の【東京】芝1800m・芝2000mの重賞成績

日付	レース名	馬名	性	年齢	人	着		距離
231014	府中牝馬S	ルージュエヴァイユ	牝	4	4	2	芝	1800
230611	エプソムC	ルージュエヴァイユ	牝	4	7	2	芝	1800
230212	共同通信杯	コレペティトール	牡	3	8	7	芝	1800
221119	東スポ杯2歳S	ガストリック	牡	2	5	1	芝	1800
221009	毎日王冠	ダノンザキッド	牡	4	4	3	芝	1800
220424	フローラS	ルージュエヴァイユ	牝	3	3	5	芝	2000
211120	東スポ杯2歳S	テンダンス	牡	2	6	3	芝	1800
211010	毎日王冠	ヴェロックス	牡	5	7	7	芝	1800
210613	エプソムC	ヴェロックス	牡	5	8	4	芝	1800
201123	東スポ杯2歳S	ダノンザキッド	牡	2	1	1	芝	1800
191116	東スポ杯2歳S	ゼンノジャスタ	牡	2	6	7	芝	1800
181117	東スポ杯2歳S	ヴェロックス	牡	2	2	4	芝	1800

種牡馬デビューから2023年まで

・ジャスタウェイ産駒の東京芝１８００ｍと芝２０００ｍの重賞【２−２−２−６】
勝率16・７％　複勝率50・０％
・ジャスタウェイ産駒の東京芝１８００ｍと芝２０００ｍの特別戦【７−10−５−19】
勝率17・１％　複勝率53・７％

人気馬以外の馬券絡みも多いことに注目してください。トニービンの影響力の強さは、まだまだこんなところに見て取れます。

「トニービンを持つ馬は東京に強い」は昔話ではないのです。

阪神競馬場の特徴とキングマンボ系

阪神の内回り・外回りについて

関西の主要２場は、阪神競馬場と京都競馬場です。どちらも右回り。阪神競馬場で大事なのは、芝コースに内回りと外回りがあることです。

内回りは、直線が３５６ｍから３５９ｍ。ゴール前２００ｍの地点から約２ｍ登る「急坂」があります。

芝１２００ｍ、芝１４００ｍの一部、芝２０００ｍ、芝２２００ｍ、芝３０００ｍなどが、内回りで行なわれます。

外回りは、直線が４７３ｍから４７６ｍ。内回りコースより横長のため、直線が長くなります。ゴール前２００ｍの地点から約２ｍメートル登る「急坂」は同じです。

芝１４００ｍの一部、芝１６００ｍ、芝１８００ｍ、芝２４００ｍ、芝２６００ｍなどが、外回りで行なわれます。そして芝３２００ｍは外回りと内回りを両方使います。

シンプルな違いは、**内回りより外回りのほうが差しが決まる**ことです。

最後の直線が長いだけでなく、向こう正面の直線も外回りのほうが長く、締まった流れになりやすいのが

【阪神】

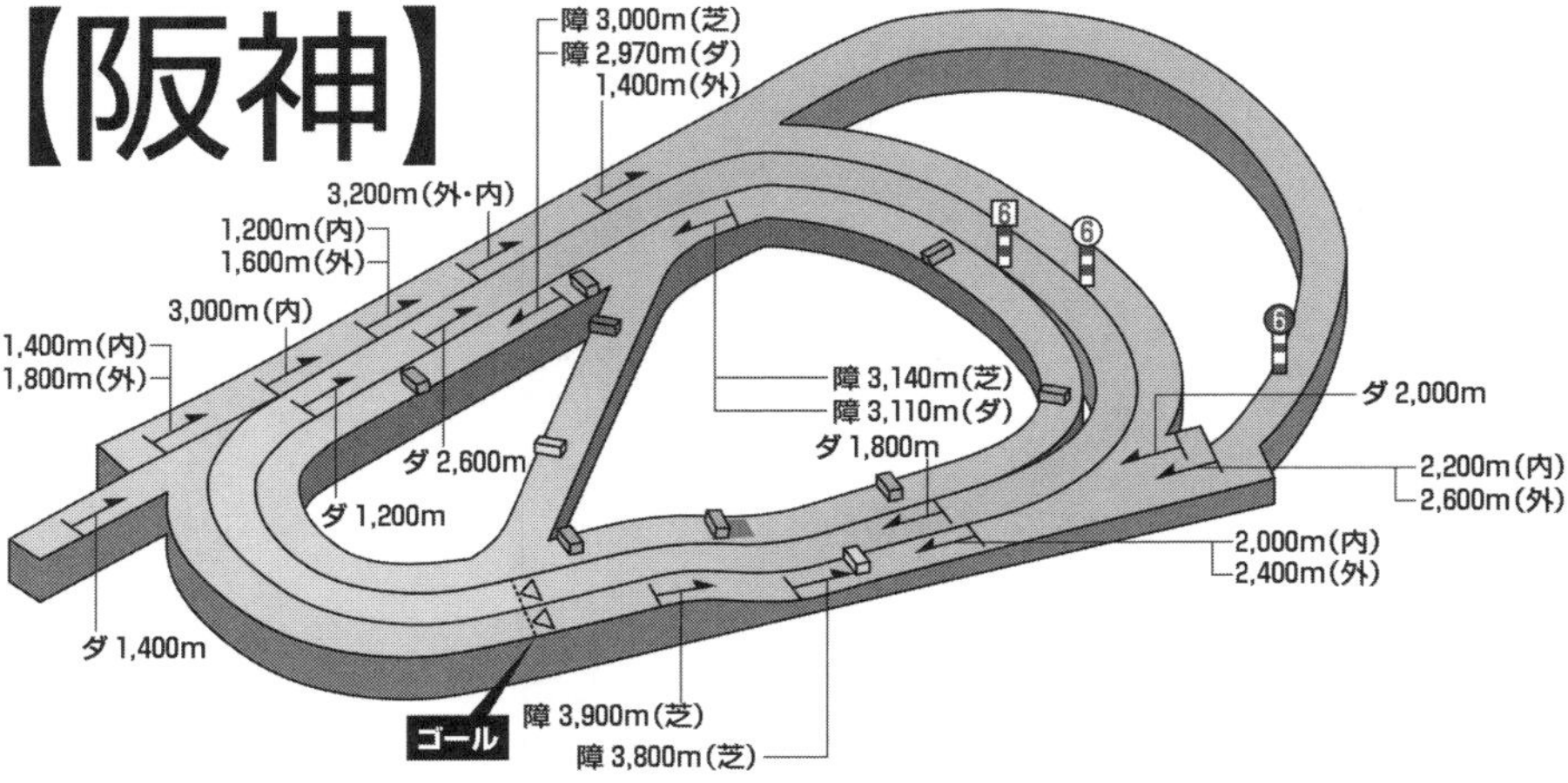
障 3,000m(芝)
障 2,970m(ダ)
1,400m(外)
3,200m(外・内)
1,200m(内)
1,600m(外)
3,000m(内)
1,400m(内)
1,800m(外)
ダ 2,600m
ダ 1,200m
ダ 1,400m
障 3,140m(芝)
障 3,110m(ダ)
ダ 1,800m
ダ 2,000m
2,200m(内)
2,600m(外)
2,000m(内)
2,400m(外)
ゴール
障 3,900m(芝)
障 3,800m(芝)

【京都】

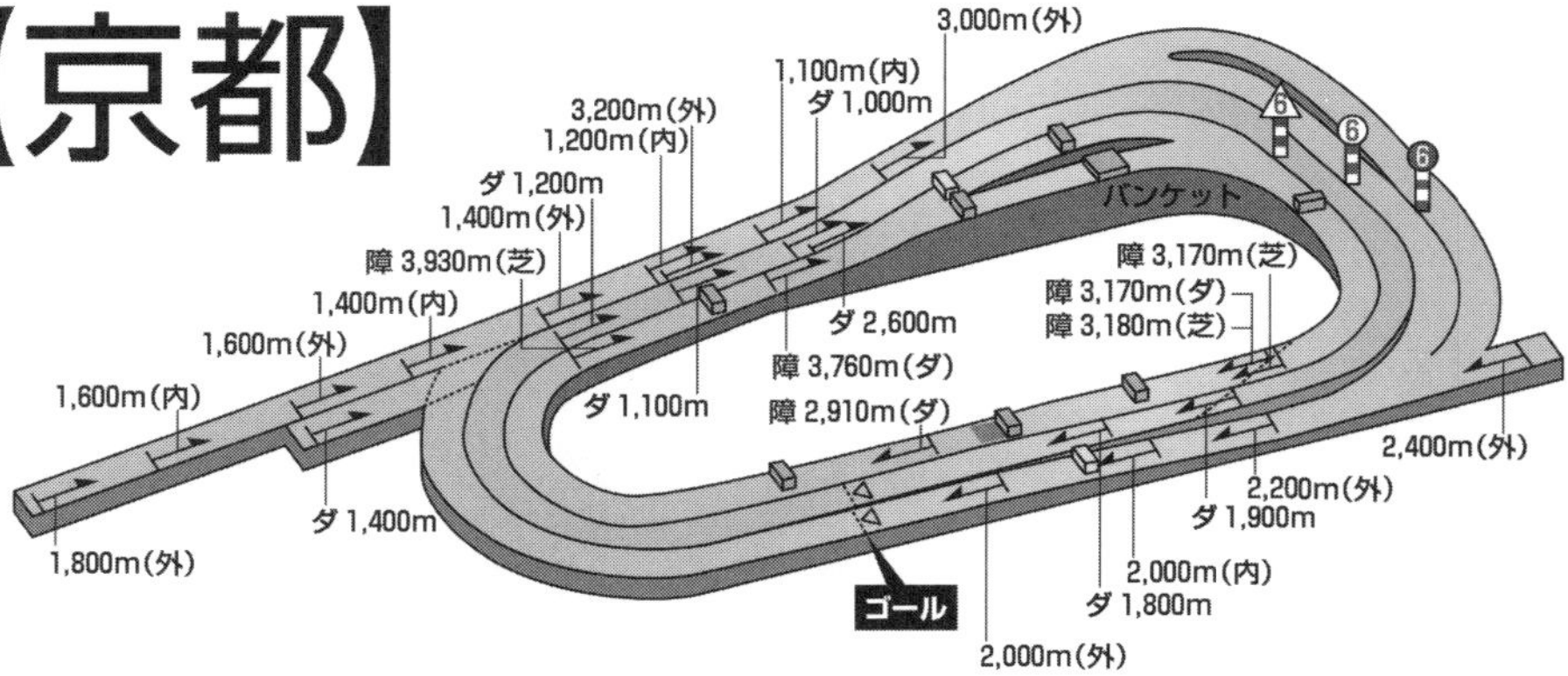
3,000m(外)
1,100m(内)
ダ 1,000m
3,200m(外)
1,200m(内)
ダ 1,200m
1,400m(外)
障 3,930m(芝)
1,400m(内)
1,600m(外)
1,600m(内)
1,800m(外)
ダ 1,400m
ダ 1,100m
ダ 2,600m
障 3,760m(ダ)
障 2,910m(ダ)
バンケット
障 3,170m(芝)
障 3,170m(ダ)
障 3,180m(芝)
2,400m(外)
2,200m(外)
ダ 1,900m
2,000m(内)
ダ 1,800m
ゴール
2,000m(外)

理由と思われます。

特に芝１６００ｍと芝１８００ｍは差しが決まりやすい、と覚えておいて差し支えないでしょう。

阪神の芝１８００ｍ（外回り）と、芝２０００ｍ（内回り）の違いについてまとめた、４章の「逃げ馬の有利・不利はコース形状の違いで決まる」の項目も参照してください。

ただし、差しが決まるかどうかは、レース展開やその日の馬場状態によるため、あくまでも内回りとの比較で、外回りは差しが決まりやすいという違いです。

ドゥラメンテ産駒
タイトルホルダー活躍の舞台裏

阪神の芝コースの特注血統には、キングマンボ系を挙げたい。キングカメハメハ、ロードカナロア、ルーラーシップ、ドゥラメンテ、リオンディーズなど、サンデー系と並ぶ現代日本競馬の主流血統です。今後もレイデオロ、サートゥルナーリアなどのキングマンボ系の名馬の産駒が、続々とデビューしてきます。

阪神の芝１６００ｍから芝２０００ｍの重賞・特別戦の種牡馬ランキングを、京都の芝１６００ｍから芝２０００ｍの重賞・特別戦の種牡馬ランキングと比較

●阪神芝1600〜2000m重賞・特別戦
【種牡馬別】成績

	種牡馬	着別度数
1	ディープインパクト	66- 66- 56-344/532
2	ハーツクライ	30- 19- 17-218/284
3	ロードカナロア	21- 11- 20-133/185
4	キングカメハメハ	18- 20- 15-112/165
5	ハービンジャー	17- 11- 25-130/183
6	ルーラーシップ	16- 12- 15-122/165
7	キズナ	13- 18- 14-106/151
8	ドゥラメンテ	12- 6- 7- 60/ 85
9	オルフェーヴル	11- 6- 13- 63/ 93
10	ダイワメジャー	10- 15- 7-103/135

●京都芝1600〜2000m重賞・特別戦
【種牡馬別】成績

	種牡馬	着別度数
1	ディープインパクト	33- 30- 35-144/242
2	ハービンジャー	11- 10- 13- 68/102
3	ハーツクライ	11- 8- 5- 94/118
4	ロードカナロア	11- 7- 3- 54/ 75
5	キズナ	10- 3- 4- 35/ 52
6	ステイゴールド	9- 3- 8- 41/ 61
7	キングカメハメハ	7- 13- 7- 45/ 72
8	ジャスタウェイ	7- 0- 3- 22/ 32
9	ヴィクトワールピサ	5- 5- 2- 34/ 46
10	エピファネイア	5- 4- 4- 24/ 37

いずれも2018〜23年

したのがＰ１８１の２つの表です。

キングマンボ系の種牡馬には、いずれもアミがかかっています。京都ではロードカナロアとキングカメハメハしかベストテンに入っていないのに対して、阪神ではルーラーシップやドゥラメンテも含めて、計４種牡馬がベストテン入りしているのがわかります。

キングマンボ系がサンデー系と違うのは、ダート馬も多く、パワー型であることです。ホッコータルマエや、ベルシャザールなど、ダートで活躍した馬も種牡馬になっていますが、このパワー型の長所が急坂の阪神コースの好成績につながっているのでしょう。

代表的なのはタイトルホルダー（父ドゥラメンテ）で、急坂の阪神と中山を得意にしました。ちょうど京都競馬場が改修工事の期間中で、菊花賞と天皇賞・春が阪神で行なわれたことが名馬タイトルホルダーを生んだといっても過言ではありません。

ちなみに、阪神競馬場は23年の秋から25年春まで、スタンドのリフレッシュ工事に入っています。そのため阪神開催の一部が京都や中京に振り替えられ、24年の宝塚記念は京都で開催されるなどの変化があります。これがどんな結果をもたらすのかにも注目です。

京都競馬場と外回り内回りの違いをヒシミラクルに学ぶ

淀の坂はゆっくりと、ゆっくりと……

京都競馬場は大規模な改修工事が行なわれ、新装コースが２０２３年４月にオープンしたばかりです。

京都競馬場は右回り。芝は内回りコースと外回りコースがあり、直線の長さは、内回りが約３２３ｍから３２８ｍ。外回りが約３９９ｍから４０４ｍ。移動柵の設定でいくらか変わります。

内回りは直線が短く、３コーナー過ぎの坂の起伏も小さめ。芝１２００、芝２０００、芝１４００ｍと芝１６００ｍの新馬と未勝利クラスなどが、内回りコースで行なわれます。

外回りは直線が長く、坂を登り降りする区間も長い。

ゴールまで残り4ハロン以上ある急な下り坂からラップが速くなるため、内回りよりも長く末脚を使える能力が求められます。

芝1400と芝1600の1勝クラス以上、芝1800、芝2200、芝2400、芝3000、芝3200などが外回りコースで行なわれます。

ダートの直線は329mで、内回り外回りの区別はありません（コースイラストはP180）。

比較の対象になるのは阪神競馬場です。

直線のゴール前に登り坂がある阪神に対して、京都は4コーナーの手前に下り坂があり、加速がついた状態でほぼ平坦の直線に向くため、求められる適性も変わってきます。阪神の結果は京都でアテにならないし、京都の結果も阪神でアテになりません。


京都の内回りと外回りは、もっと重要な違いがあります。それは勾配の差です。

JRAのHPのコース立体図を見てもらうと、よりわかりやすいと思いますが、3コーナー手前からの登り坂を延長したのが外回りコースのため、登り坂が長く、急勾配になります。坂の頂点からの下り坂も長く、急勾配になります。

内回りの高低差は3・1mなのに対して、外回りの高低差は4・3m。外回りは残り800m地点から一気に下り坂を降りるため、ここからペースアップしてレースが動きやすいのです。

競馬実況の吟遊詩人・杉本清アナウンサーの「この坂は、ゆっくりと、ゆっくりと、下らなければいけません」という有名なフレーズを知っているでしょうか。

これは、京都の下り坂でペースアップして走ってしまうと、ゴールまでまだ800mあるため、最後まで持たない恐れがある。だからゆっくり下らなくていけないと、当時のトップジョッキーから聞いたことから生まれたフレーズです。


対比させていうなら、京都の内回りは上がり2ハロンの勝負になり、京都の外回りは上がり4ハロンのロングスパート勝負になりやすい。その結果、外回りは長い末脚を使える馬や、欧州血統を持つ馬がよく走る。

この独特なコース形状は、特に長距離戦において「淀のスペシャリスト」を生みます。京都の長距離は二度の登り坂と下り坂があるため、この舞台だけはお任せというロングスパート型のステイヤーに陽を当てるのです。

京都外回りのスペシャリスト・ヒシミラクル

ヒシミラクルに登場してもらいましょう。デビューは2001年の2歳夏。初勝利は3歳5月の未勝利クラスという遅咲きの馬でした。勝ち上がる前に馬券になったのは京都の外回り芝1800mだけです。

初勝利から5カ月後、ヒシミラクルは菊花賞の舞台に抽選で滑り込み。単勝10番人気という伏兵扱いの中、強烈なレースを見せます。

通過順は14－13－7－2。角田晃一騎手（現・調教師）が3コーナー手前の登り坂からポジションを上げ、下り坂では外から手綱をしごきながら上がっていく。4コーナーで早くも先頭に並びかけ、3分5分9の1着！　晩成ステイヤーの驚異のロングスパート勝利でした。

ところが、その後のヒシミラクルは有馬記念11着、阪神大賞典12着、大阪杯7着と、いいところなし。あの菊花賞はフロックだったのではないかという声が強まった03年の天皇賞・春。7番人気まで評価が下がったところで、再び淀のスペシャリストが本領を発揮します。

通過順は11－11－9－7。ゆっくりと下らなくてはいけない下り坂からぐいぐいと手綱を押して上がっていくと、大外を回って3分17秒0の1着！

レースの間、ずっと追い通しだった角田騎手は、ぜいぜいと息を切らしながら勝利騎手インタビューに答えました。京都外回りの長距離の特殊さを思うとき、いつもヒシミラクルを思い出します。

器用さが求められる内回りと、ロングスパートが生きる外回り。

京都はこの違いを意識してください。

京都vs阪神――関西2場のダート戦を比較

ダ1200、1400mの短距離の種牡馬傾向

京都と阪神のダートの違いについても検証します。

2017年から23年のダ1200mとダ1400mの特別戦を対象にした種牡馬ランキング（勝利数順）は下の2つの表です。

なぜダート短距離にしたかというと、明確な違いがあるのに、あまり知られていないからです。

わかりやすくするために、ヘニーヒューズ、シニスターミニスター、パイロの3種牡馬にはアミをかけています。ヘニーヒューズはストームキャット系、シニスターミニスターとパイロはエーピーインディ系の代表的なダート種牡馬です。

先に下の阪神のダ1200mとダ1400mを参照してください。こちらではヘニーヒューズがダントツの1位。パイロは6位、シニスターミニスターは8位で、どちらも勝率は7%台にとどまり

●京都ダ1200m・ダ1400m
【特別戦】種牡馬ランキング

種牡馬	着別度数	勝率	複勝率
シニスターミニスター	9- 11- 4- 29/ 53	17.0%	45.3%
キンシャサノキセキ	7- 6- 6- 38/ 57	12.3%	33.3%
パイロ	6- 1- 1- 19/ 27	22.2%	29.6%
サウスヴィグラス	4- 7- 11- 81/103	3.9%	21.4%
ロードカナロア	4- 3- 4- 13/ 24	16.7%	45.8%
ゴールドアリュール	3- 7- 5- 38/ 53	5.7%	28.3%
ヘニーヒューズ	3- 7- 1- 40/ 51	5.9%	21.6%
キングカメハメハ	3- 2- 4- 24/ 33	9.1%	27.3%

●阪神ダ1200m・ダ1400m
【特別戦】種牡馬ランキング

種牡馬	着別度数	勝率	複勝率
ヘニーヒューズ	13- 14- 14- 98/139	9.4%	29.5%
サウスヴィグラス	10- 7- 8-115/140	7.1%	17.9%
クロフネ	9- 5- 5- 54/ 73	12.3%	26.0%
エンパイアメーカー	7- 5- 1- 38/ 51	13.7%	25.5%
カジノドライヴ	7- 1- 4- 32/ 44	15.9%	27.3%
パイロ	6- 3- 5- 64/ 78	7.7%	17.9%
キンシャサノキセキ	5- 15- 14- 73/107	4.7%	31.8%
シニスターミニスター	5- 7- 7- 49/ 68	7.4%	27.9%
ロードカナロア	5- 6- 2- 67/ 80	6.3%	16.3%
ゴールドアリュール	5- 4- 5- 87/101	5.0%	13.9%

いずれも2017～23年

ます。

これが京都のダ１２００ｍとダ１４００ｍではどうなるか。シニスターミニスターが1位、パイロが3位に浮上。勝率は阪神の倍以上です。一方、ヘニーヒューズは一気に7位まで下降します。

平場も含めるとここまで大きな差はありませんが、特別戦というワンランク上のフィルターをかけると、京都と阪神の差が見えてくるのです。

まとめます。

●京都のダートは直線ほぼ平坦コース。ダ１２００ｍとダ１４００ｍの短距離に強いのは、シニスターミニスターとパイロを中心とするエーピーインディ系。

●阪神のダートはゴール前に登り坂がある。ダ１２００ｍとダ１４００ｍの短距離に強いのは、ヘニーヒューズとドレフォンを中心とするストームキャット系。

この違いを頭に入れておきましょう。

中京競馬場の特徴とロベルト系

関西主場の代替開催で存在感が増す

最後は中京競馬場とロベルト系について見ていきます。

中京競馬場は位置付けが微妙です。普通「中央4場」といった場合、東京、中山、京都、阪神の4競馬場を指し、それ以外は「ローカル」の競馬場に入ります。

しかし、中京は高松宮記念とチャンピオンズＣというＧⅠ競走も2つ組まれ、京都や阪神が改装中は代替開催が行なわれるため、中央とローカルの中間のような位置付けにあります。

中京は左回り。直線は４１２・５ｍと長め。芝コースは残り約３５０ｍの地点から急な登り坂があり、ラスト約２００ｍは平坦に近い。

直線に入ってすぐ急坂があるという、この坂の位置が独特です。残り約１０００ｍからは、ゆるやかな下り坂があります。

対比の対象になるのは小倉競馬場です。小倉は右回り。直線は２９３ｍと短めで、ほぼ平坦。芝コースは残り約1300mの地点から、ゆるやかな下り坂になっています。

中京とは大きく違うため、中京↓小倉や、小倉↓中京の開催替わりで異なる適性を求められ、そこで穴が生まれます（両コースのイラストはＰ188）。

中京競馬場のポイントを挙げると。

1：コース形状の違う小倉との出し入れ

2：左回りと右回りの違いはあるが、阪神とまあまあつながる

3：距離が少し違うだけで、先行馬有利な距離と、差し馬有利な距離が分かれる

4：最後の直線が長めで、坂もあるため、切れ味勝負よりも、持続力勝負になりやすい

5：芝の1600mから2200mではロベルト系の活躍が目立つ

順に見ていきます。1はそのまんまです。ローカルを走っている関西馬の取捨を考える場合、小倉の良績は信じない。中京の戦歴を重視することです。小倉で負けて人気を落とした馬を、中京で見直す。

2は4とも通じる特徴です。以前、中京芝2000mの金鯱賞で上位に来た馬が、阪神芝2200mの宝塚記念でも好走するという傾向がありました。サイレンススズカ、タップダンスシチー、エイシンデピュティなどが金鯱賞と宝塚記念を連勝しています。

今は金鯱賞が鳴尾記念に代わり、宝塚記念とのレース間隔が短くなったため、以前ほどつながっていませんが、中京と阪神の適性の近さを示す例です。

3は本書の逃げ馬の項目でもピックアップした特徴です。中京の芝1200mと芝2000mは逃げ馬が好成績で、中京の芝1400mと芝2200mは逃げ馬が不振。だから脚質の有利不利によって、着順の逆転が起こりやすい。これを常に意識するようになってから、私の中京の馬券成績も上がりました。

4と5は関連のある特徴で、以下、これを見ていき

#【中京】

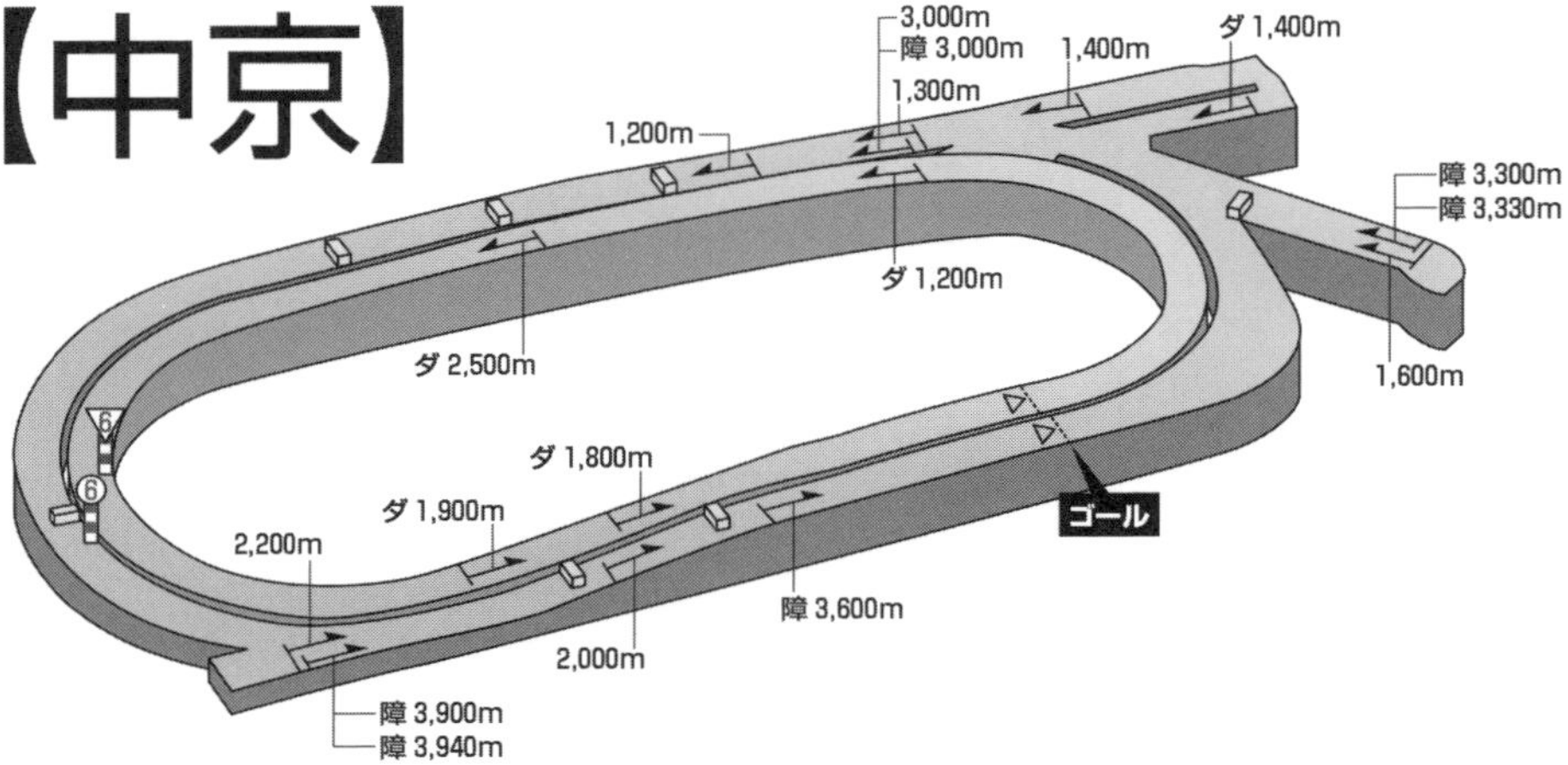
3,000m
障 3,000m
1,400m
ダ 1,400m
1,300m
1,200m
障 3,300m
障 3,330m
ダ 1,200m
1,600m
ダ 2,500m
ダ 1,800m
ゴール
ダ 1,900m
2,200m
障 3,600m
2,000m
障 3,900m
障 3,940m

#【小倉】

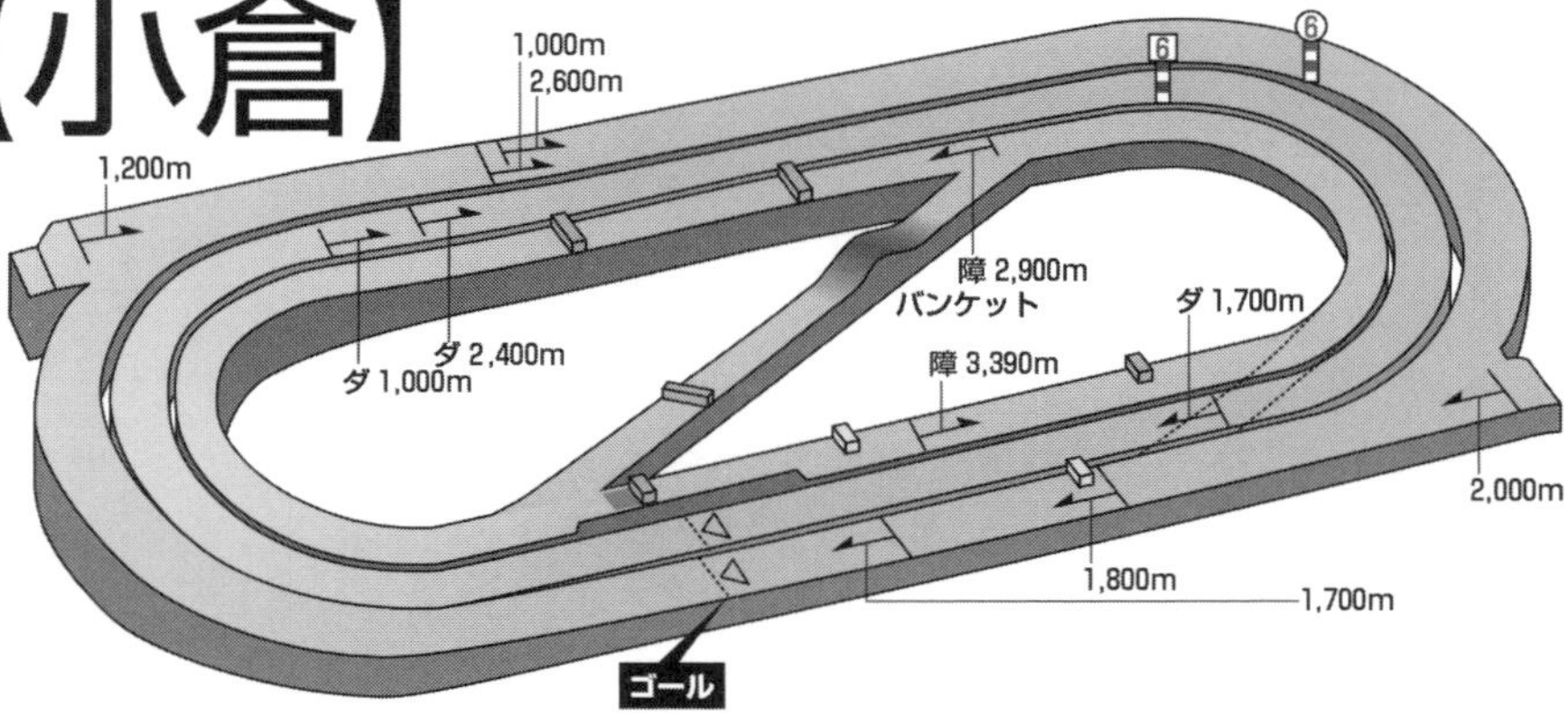
1,000m
2,600m
1,200m
障 2,900m
バンケット
ダ 1,700m
ダ 2,400m
ダ 1,000m
障 3,390m
2,000m
1,800m
1,700m
ゴール

ます。**「中京はロベルト系が強い！」**のです。

ロベルト系の種牡馬は、モーリス、スクリーンヒーロー、エピファネイアなど。母系に入っている種牡馬なら、シンボリクリスエス、ブライアンズタイム、タニノギムレット、リアルシャダイなどもロベルト系です。

1990年代、ブライアンズタイムとリアルシャダイがロベルト系の二大種牡馬として、中長距離のGIを勝ちまくった時代があります。

その後、瞬発力に優れたスーパー種牡馬サンデーサイレンスの登場により、スタミナと持続力が長所のロベルト系は勢いを失いますが、それでもグラスワンダー→スクリーンヒーロー→モーリスや、シンボリクリスエス→エピファネイア、ルヴァンスレーヴのサイヤーラインが名馬を輩出して現在に生き続けています。

エピファネイアは三冠牝馬デアリングタクトや、GI3勝のエフフォーリアを出しました。海外にもロベルト系は多く、リバティアイランドの母は豪州生まれのロベルト系です。

ロベルト系のツボにハマる中京芝2000、2200m

中京の芝2000mと芝2200mの重賞で3着以内に入った「父ロベルト系」と「母父ロベルト系」を、表にまとめてみました（P190）。21年から23年の3年弱でこんなにたくさんあります。

父だけで充分かと思いましたが、ロベルトらしさは母の父としても強く感じるのと、21年愛知杯の母父シンボリクリスエスのワンツーの鮮烈さを入れたくて、母父ロベルト系も表にしています。

ロベルトらしさとは、スパっと切れる脚ではなくて、一瞬伸びないように見えてもズンズンしぶとく伸びる末脚、いわゆる持続力です。ブライアンズタイムやシンボリクリスエスはこのタイプで、ダートにも強い。

エピファネイアやモーリスはもっとスピードや鋭い切れ味があり、こちらはマイルの距離にも強い。

この話を書いたら「サンデー系やキングマンボ系はもっとたくさん来ている。中京でロベルト系を狙えという言い方はおかしいのでは」という意見をもらった

●中京芝2000m・芝2200m重賞【ロベルト系】成績

日付	レース名	馬名	父	性別	年齢	人	着
230114	愛知杯	アートハウス	スクリーンヒーロー	牝	4	1	1
220925	神戸新聞杯	ヤマニンゼスト	シンボリクリスエス	牡	3	12	2
220925	神戸新聞杯	ボルドグフーシュ	スクリーンヒーロー	牡	3	4	3
220918	ローズS杯	アートハウス	スクリーンヒーロー	牝	3	1	1
220604	鳴尾記念	ジェラルディーナ	モーリス	牝	4	4	2
220507	京都新聞杯	ヴェローナシチー	エピファネイア	牡	3	7	2
220507	京都新聞杯	ボルドグフーシュ	スクリーンヒーロー	牡	3	5	3
220313	金鯱賞	ジャックドール	モーリス	牡	4	1	1
210508	京都新聞杯	ルペルカーリア	モーリス	牡	3	1	2
210314	金鯱賞	デアリングタクト	エピファネイア	牝	4	1	2
210117	日経新春杯	ミスマンマミーア	タニノギムレット	牝	6	13	2

2021～23年（以降も同じ）。白抜きは同じレースで複数の馬券がらみ

●中京芝2000m・芝2200m重賞【母父ロベルト系】成績

日付	レース名	馬名	母父	性別	年齢	人	着
221210	中日新聞杯	マテンロウレオ	ブライアンズタイム	牡	3	4	2
220313	金鯱賞	アカイイト	シンボリクリスエス	牝	5	5	3
220206	きさらぎ賞	マテンロウレオ	ブライアンズタイム	牡	3	2	1
210117	日経新春杯	クラージュゲリエ	タニノギムレット	牡	5	4	3
210116	愛知杯	マジックキャッスル	シンボリクリスエス	牝	4	2	1
210116	愛知杯	ランブリングアレー	シンボリクリスエス	牝	5	6	2

●中京芝1600m重賞【ロベルト系】成績

日付	レース名	馬名	父	性別	年齢	人	着
230723	中京記念	セルバーグ	エピファネイア	牡	4	8	1
230723	中京記念	ディヴィーナ	モーリス	牝	5	2	2
220109	シンザン記念	ソリタリオ	モーリス	牡	3	2	2
210110	シンザン記念	ピクシーナイト	モーリス	牡	3	4	1
210110	シンザン記念	ルークズネスト	モーリス	牡	3	8	2

のですが、そういうことをいいたいのではありません。他の競馬場に比べて、中京の芝１６００ｍ以上では相対的にロベルト系の好走が多くなるという話です。どこの競馬場でも一番たくさん馬券になるのはサンデー系です。

中京の芝１６００ｍの重賞で３着以内に入った「父ロベルト系」も、右ページ下の表にまとめました。

２０２３年の中京記念ではエピファネイア産駒とモーリス産駒がワンツーを決め、21年のシンザン記念ではモーリス産駒がワンツーを決めました。

前記の芝２２００ｍ重賞でも、22年の神戸新聞杯や京都新聞杯で２頭が馬券に絡むなど、**「ロベルト系が来るときは一緒に来やすい」**という傾向も見られます。ロベルト向きのレースの流れがあり、その流れになるとツボにハマり、まとめて好走するのでしょう。

この「ツボにハマれば強い」「ＧＩ級の馬を除けば、走れるツボが広くない」という特徴は、ロベルト系の長所であり、短所でもあります。それが中京コースという、急坂あり直線長めの独特な競馬場にぴったり合うのだと思われます。

●著者紹介

田端　到（たばた　いたる）

1962年、新潟県生まれ。早稲田大学中退後、週刊誌記者を経てフリーライターに。『田端到・加藤栄の種牡馬事典』『金満血統王国』シリーズなど、競馬と野球の著書50冊以上。オリンピックとヤクルト・スワローズのマニアとしても知られる。日刊スポーツのＧＩコラムは連載30年目を迎え、競馬ファンの間では「王様」の愛称で知られる。

30年後《ねんご》まで使《つか》える王様《おうさま》の競馬《けいば》教科書《きょうかしょ》

発行日　2024年2月25日　　第1版第1刷

著　者　田端《たばた》　到《いたる》

発行者　斉藤　和邦

発行所　株式会社　秀和システム

〒135－0016

東京都江東区東陽2-4-2　新宮ビル2Ｆ

Tel 03-6264-3105（販売）　Fax 03-6264-3094

印刷所　三松堂印刷株式会社　Printed in Japan

ISBN978-4-7980-7184-8 C0075